U0521773

国家社科基金"当代中国乡村社会变迁研究"（12BSH064）最终成果。

当代中国乡村发展
——以浙江省丽水市为例

彭兵 朱磊 陈旭堂 著

中国社会科学出版社

图书在版编目(CIP)数据

当代中国乡村发展：以浙江省丽水市为例 / 彭兵，朱磊，陈旭堂著. —北京：中国社会科学出版社，2019.10

ISBN 978-7-5203-4445-6

Ⅰ.①当… Ⅱ.①彭…②朱…③陈… Ⅲ.①农村-社会主义建设-研究-丽水 Ⅳ.①F327.553

中国版本图书馆 CIP 数据核字(2019)第 094467 号

出 版 人	赵剑英
责任编辑	宫京蕾
特约编辑	李晓丽
责任校对	李 莉
责任印制	李寡寡

出　　版	中国社会科学出版社
社　　址	北京鼓楼西大街甲 158 号
邮　　编	100720
网　　址	http://www.csspw.cn
发 行 部	010-84083685
门 市 部	010-84029450
经　　销	新华书店及其他书店
印刷装订	北京君升印刷有限公司
版　　次	2019 年 10 月第 1 版
印　　次	2019 年 10 月第 1 次印刷
开　　本	710×1000　1/16
印　　张	17.25
插　　页	2
字　　数	269 千字
定　　价	89.00 元

凡购买中国社会科学出版社图书，如有质量问题请与本社营销中心联系调换
电话：010-84083683
版权所有　侵权必究

作者写作分工：导言、二、结论：彭兵；一、三、四、五、七、八：朱磊；六、九：陈旭堂

目　录

导言 ………………………………………………………………… (1)
　（一）关于市场和国家的经典假设 ……………………………… (1)
　（二）国家对乡村的掌控 ………………………………………… (8)
　（三）国家在乡村的两种形象 …………………………………… (11)
　（四）研究问题和观察层面 ……………………………………… (15)
一　国内外研究述评 ……………………………………………… (18)
　（一）市场与国家双重作用下的村落共同体 …………………… (18)
　（二）发展中国家的乡村变迁 …………………………………… (31)
二　社区与社区发展：研究视角的阐释 ………………………… (39)
　（一）社区 ………………………………………………………… (40)
　（二）社区发展 …………………………………………………… (48)
　（三）研究视角的阐释 …………………………………………… (65)
三　改革前沿的另类实践逻辑：浙江丽水 ……………………… (68)
　（一）区域政治经济地位历来不高 ……………………………… (69)
　（二）结构调整同步与发展水平不同步 ………………………… (71)
　（三）身不由己的生态功能定位 ………………………………… (75)
　（四）强区富民的跨越梦想 ……………………………………… (78)
　（五）调查地选择的说明 ………………………………………… (81)
四　进步与落伍：东部经济后发地区的乡村发展 ……………… (87)
　（一）绝对增长中的相对滞后 …………………………………… (87)
　（二）市场化深入推进的后果 …………………………………… (107)
　（三）讨论 ………………………………………………………… (119)
五　机遇与风险：市郊农业的新定位 …………………………… (123)
　（一）主动担当城市的菜篮子 …………………………………… (123)

（二）农业工厂化和商业化的萌芽 …………………… （130）
　　（三）迈向现代农业的风险 ……………………………… （138）
　　（四）讨论 ………………………………………………… （143）

六　田园诗抑或梦魇：乡村旅游的发展尝试 ……………… （146）
　　（一）乡村的承续与变迁 ………………………………… （146）
　　（二）汇入乡村旅游的大潮 ……………………………… （155）
　　（三）讨论 ………………………………………………… （160）

七　保护与索取：政府主导的农民搬迁 …………………… （164）
　　（一）村庄整治视野中的散居村落 ……………………… （164）
　　（二）积极主动的地方政府 ……………………………… （168）
　　（三）可以选择的安置方式 ……………………………… （171）
　　（四）就地转产和转业 …………………………………… （173）
　　（五）各种支持和优惠 …………………………………… （175）
　　（六）政府与农民的不同考虑 …………………………… （179）
　　（七）讨论 ………………………………………………… （185）

八　下乡还是返城：当村官的大学毕业生 ………………… （190）
　　（一）经济先发地区的经验推广 ………………………… （190）
　　（二）政府主导的人才吸纳机制 ………………………… （193）
　　（三）投身乡村发展的外来精英 ………………………… （197）
　　（四）清晰又模糊的成长通道 …………………………… （202）
　　（五）讨论 ………………………………………………… （206）

九　是土还是洋：返乡华侨的理想与现实 ………………… （212）
　　（一）市场大潮中的幸运与不幸 ………………………… （212）
　　（二）半土半洋的返乡精英 ……………………………… （215）
　　（三）村庄治理的新领袖 ………………………………… （219）
　　（四）善抓时机的地方政府 ……………………………… （223）
　　（五）讨论 ………………………………………………… （226）

结论 …………………………………………………………… （230）

附录　访谈对象列表 ………………………………………… （238）

参考文献 ……………………………………………………… （243）

导　言

中国农村改革向来都是问题导向的。20世纪70年代末，中国在面对国内经济社会发展困境和国际范围政治制度竞争时，开始通过制度调整来解除国家对经济的管制。多年来，经济快速发展的成果之一就是乡村绝对贫困的大幅减少。虽然中国的发展走在其他发展中国家的前列，但许多经济后发地区的乡村转型也面临重重困难。由于乡村在争夺发展所需资源时本来就处于劣势，加上国家在推动经济增长时对市场力量的偏好，经济后发地区乡村发展潜藏着诸多风险和不确定性。经济后发地区乡村的相对衰落往往是由超越地方层面结构性力量所致，因此振兴这部分地区就是个系统性问题，且不能仅靠乡村社区的力量解决。中国正从传统农业大国向现代工业化国家转型，乡村能否顺利转型将成为决定整个国家现代化成败的关键。

（一）关于市场和国家的经典假设

对传统乡村社区而言，市场化无疑是推动乡村经济、社会转型的主要动力。市场力量能够刺激乡村经济发展，推动乡村社区财富增长。但当市场力量的深入推进过度侵蚀乡村社会时，国家对乡村的保护作用就显得特别重要。如果这个问题处置不当，不但直接影响到国家干预的有效性，而且会造成市场与国家对乡村社会的双重挤压。

改革以来，代表市场化倾向的工业化与城镇化为中国乡村产业发展、农民收入增长以及村庄面貌改善注入了强大动力。经济观察家认为，中国的乡村改革受到内外双重因素的影响，即公社化造成的乡村发展困境以及世界范围市场改革的成功范例。① 早在19世纪末，乡村之所以成为中国问题的核心，是因为当时农民的饥饿问题比较突出，以至于在当时情境下不可避免地导致了革命。② 1949年以后，中国共产党致力于解决农民土地等问题，以避免再次出现农民饥饿现象，进而消除革命的根源。于是，新政权就在全国发起了大规模的土地改革运动。当时，获得土地的广大农民爆发了空前的生产积极性，但这种劳动热情很快被随后迅速铺开的公社化运动挫伤。截至1952年年底，国家把全国96%的农户都组织进入高级社，并且将土地等生产资料逐步收归公有。③ 更严重的是，国家对具体的农业生产活动也进行了严格的限制。例如，农民应该种植什么农作物、如何种植、如何分配劳动成果、如何销售农产品等，国家都要插手干预。当然，对这些问题的评价不能脱离当时的历史条件。除了政治上的意图之外，这些策略的选择也和当时的粮食安全、国家战略等有着密切关联。对于当时的农民来说，他们也不反对集体农业本身，而是对在集体中缺乏经济自由表示不满。④ 长期实行的人民公社体制造成农户生产积极性低下，并使农产品供应不足问题更加糟糕。特别是"大跃进"（1958—1960年）的开展，造成了"三年自然灾害"期间（1959—1961年）以及之后的闹饥荒问题。⑤ 当时，农业生产的困难造成许多村庄难以解决农民的温饱问题。这种乡村危机不但加重了乡村的贫困程度，而且因此引发了城镇的消费品短缺。城乡地区普遍的粮食短缺也相应损害了

---

① 20世纪90年代初，有一批文献研究中国大陆经济发展，相关观点，可参见，W. A. Byrd, ed., *China's Rural Industry: Structure, Development, and Reform*, Oxford: Oxford University Press, 1990; C. Chen, L. Chang and Y. M. Zhang, The Role of Foreign Direct Investment in China's Post – 1978 Economic Development, *World Development*, No. 23, 1995, pp. 691-703; J. A. Dorn and X. Wang, eds., *Economic Reform in China: Problems and Prospects*, Chicago: University of Chicago Press, 1990; P. Nolan, Economic Reform, Poverty and Migration in China, *Economic and Political Weekly*, No. 28, 1993, pp. 1369-1377。

② H. Fei, *Peasant Life in China*, London: Routledge, 1939.

③ H. Long, Y. Liu, X. Li, Y. Chen, Building New Countryside in China: A Geographical Perspective, *Land Use Policy*, Vol. 27, 2010, pp. 457-470.

④ J. Unger, *The Transformation of Rural China*, Armonk: M. E. Sharpe, 2002.

⑤ R. A. Thaxton Jr., *Catastrophe and Contention in Rural China: Mao's Great Leap Forward Famine and the Origins of Righteous Resistance in Da Fo Village*, Cambridge: Cambridge University Press, 2008.

国民经济的整体发展，引发了很多社会和政治问题。①

自上而下地看，这个时期出现的生产和生活危机足以让中央层面反思之前指导乡村发展的政策和措施，之后的一系列政策调整在一定程度上缓解了乡村生产和生活的困难。自下而上地看，跑步实现共产主义的计划却激发了分化乡村集体制度结构的历史动机，并激发了农民义无反顾地支持改革。② 林毅夫认为，这主要是因为当时的生产经营制度无法激发劳动者个体的生产积极性；要提高农业经济的效率，促进整个国家经济增长和解决人民温饱问题，就有必要解除一些约束劳动者生产积极性的因素。③ 无论如何，农民在乡村变迁过程中并非一直都是被动接受的角色。很多时候，他们在社区层面对结构性力量的反应汇聚起来，也能推动乡村的制度变革。

20世纪70年代末，对之前农业生产经营制度理想模式的清醒认识，引发了全国范围不约而同、自愿的去集体化进程。背后的假设是，强大的私营领域和界定清楚的产权有助于推动乡村经济发展。④ 面对全国范围农业生产的困境，国家也开始转向推行家庭联产承包责任制，以调整乡村社区的生产关系。新的农业生产经营制度实施，消除了农户收入与其所付出劳动的数量和质量并不紧密联系的"搭便车"问题。⑤ 市场竞争和激励机制的导入，激发了农民个体的劳动热情。农业生产经营制度的改革，将乡村社区从自给自足的状态中解放出来，并从此开启了乡镇企业兴起的新时代。随着工业化和城镇化的升级，人口持续增长对土地的压力在村庄中正引发社会与经济变迁，许多农民开始迁徙到城镇就业，而且城镇里打工的报酬成为有些农民主要的经济收入。⑥ 市场导

---

① 杜润生：《杜润生自述：中国农村体制变革重大决策纪实》，人民出版社2005年版，第98页。

② D. Yang, *Calamity and Reform in China: State, Rural Society, and Institutional Change Since the Great Leap Famine*, Palo Alto: Stanford University Press, 1998.

③ 林毅夫：《制度、技术与中国农业发展》，上海三联书店1992年版，第68页。

④ C. J. Chen, *Transforming Rural China: How Local Institutions Shape Property Rights in China*, London and New York: Routledge, 2004.

⑤ T. B. Wiens, Price Adjustment, the Responsibility System, and Agricultural Productivity, *The American Economic Review*, Vol. 73, No. 2, 1983, pp. 319-324.

⑥ H. Long, J. Zou, J. Pykett and Y. Li, Analysis of Rural Transformation Development in China since the Turn of the New Millennium, *Applied Geography*, Vol. 31, 2011, pp. 1094-1105.

向的改革，还为许多乡镇干部提供了参与办企业的动机，他们积极推动乡村工业化进程。① 当时的乡村社区因此出现经济多样化、私营及合作村镇企业的兴起、乡村人口外流等许多新现象。② 市场激励机制无疑给传统乡村社会带来了巨大的活力，许多乡村社区都实现了巨大的物质财富增长。

然而，市场力量依其自然禀性，总是试图让乡村社区中的产业、劳动力与土地等都服从市场自由竞争、优胜劣汰的原则，从而实现资源的有效配置。古典经济学家和新古典经济学家都强调自由竞争的市场对经济发展的重要性。经济的自由发展需要商品的自由流通，同时要求劳动力与土地的商品化，以及货币的自由流通和兑换。③ 在市场体制下，资源通过价格机制分配，以使供求达到平衡。④ 自由市场经济学家认为，如果没有大规模的不平等，就不需要国家干预。有关自由市场与最小国家的主张，得到奥地利学派哈耶克和米塞斯等的支持。然而，20世纪30年代的大萧条引发了凯恩斯对最小国家的批评。他认为，国家必须进行直接投资，以解决资本主义的危机和失业问题。⑤ 贝茨的研究也指出，引入市场可能是实现经济繁荣的必要条件，但不是充分条件。⑥ 在现实的经济活动中，往往需要国家与市场的互补，而不是替代。市场对经济的推动作用显而易见，资本主义经济的兴起与增长为此提供了佐证。在今天看来，在市场不完善的情况下，国家干预的重要性也毋庸置疑。

一般来说，许多乡村社区在传统农业、劳动力与资本拥有等方面都不具备市场竞争优势。在中国，经过一个时期的发展，市场化对乡村社会的侵蚀作用也开始显现。因为农业易受自然条件的影响，处于相对弱

---

① J. C. Oi, *Rural China Takes Off: Institutional Foundations of Economic Reform*, Berkeley: University of California Press, 1999.

② M. Yang, Reshaping Peasant Culture and Community: Rural Industrialization in a Chinese Village, *Modern China*, Vol. 20, No. 2, 1994, pp. 157-179.

③ [英] 亚当·斯密：《国民财富的性质和原因的研究》（上卷），郭大力、王亚南译，商务印书馆2004年版，第112—137页。

④ B. Sudhir, Onion Prices and State Intervention, *Economic and Political Weekly*, Vol. 39, No. 33, 2004, pp. 3684-3686.

⑤ [英] 约翰·梅纳德·凯恩斯：《就业、利息和货币通论》（重译本），高鸿业译，商务印书馆2002年版。

⑥ [美] 罗伯特·H. 贝茨：《超越市场奇迹——肯尼亚农业发展的政治经济学》，刘骥、高飞译，吉林人民出版社2009年版。

势的地位。改革前国家对农业投入的普遍不足,也造成农业的基础极为薄弱。如今,农业生产经营的突出问题主要集中在四个方面:一是基础薄弱、规模小、科技支撑不足;二是生产经营体系不健全;三是资源约束日益突出;四是应对国内与国际市场风险的能力不强①。市场力量的深入推进造成有些乡村的相对衰落。全国范围内乡村发展不平衡并不是城乡差距、东西差别这样的二分法可以简单概括,村庄之间发展的不平衡已经波及内地的地区之间以及村庄之间②。农业弱质、农民弱势以及资本对于土地和劳动力的强烈索取等,总体上会使许多乡村社区都面临着衰败。在过去的三十多年里,政策的纷纷出台、市场发育、缺少利益代言人、土地非法征用和机遇少等原因都会造成农民对土地的依赖和情感的削弱。③ 快速推进的改革日益凸显城镇扩张和村庄萎缩所带来的经济、社会和环境后果。④ 有些农民陷入了并非由他们自己制造的国家转型的陷阱中。⑤ 这场改革虽然帮助许多农民摆脱了生产和生活困境,但因此也使千千万万的农户并未真正从中获得成就感。⑥ 有些乡村社区面临传统农业衰落、青壮年劳动力外流、农村设施破败和基本公共服务缺乏等问题。在缺乏人才、技术、资金等支持的情况下,部分乡村社区的发展难以为继。

其实,在现代经济学家界定自发调节市场的局限之前,波兰尼就断言,自发调节的市场从来没有真正存在过。无论何时,只要出现信息不完备或者市场不完善,那么干预就存在。从原则上讲,这种干预可以提高资源配置的效率。他并不否认市场力量的积极作用,但也预见到它的

---

① 韩长赋:《农业部部长韩长赋谈"十三五"农业大布局》,《吉林农业》2016 年第 4 期。

② Zhou Yingying, Han Hua and Stevan Harrell, From Labour to Capital: Intra-Village Inequality in Rural China, 1988-2006, *The China Quarterly*, No. 195, 2008, pp. 515-534.

③ Y. Zhao, *China's Disappearing Countryside: Towards Sustainable Land Governance for the Poor*, Aldershot: Ashgate Publishing Company, 2013.

④ T. Miller, *China's Urban Billion: the Story Behind the Biggest Migration in Human History*, London: Zed Books, 2012.

⑤ X. Liu, *In One's Own Shadow: An Ethnographic Account of the Condition of Post-Reform Rural China*, Berkeley: University of California Press, 2000.

⑥ M. Zhang, *China's Poor Regions: Rural-Urban Migration, Poverty, Economic Reform and Urbanisation*, London and New York: Routledge, 2003; M. Su, *China's Rural Development Policy: Exploring the "New Socialist Countryside"*, Boulder: Lynne Rienner Publishers, 2009.

消极后果,并因此强调政府有必要干预经济。他从道德上谴责了将土地、劳动力和货币这些虚拟商品视为真实商品的弊端,并明确指出忽视国家在经济中的调节作用可能带来的风险。① 布洛维在对现代社会考察的基础上也指出,波兰尼的警告应当引起对国家在社会发展中角色的重视,防止劳动力、货币和土地市场化可能产生的累积效应。② 无论是从资本主义世界的发展实践,还是从发展中国家正在经历的冲击,都可以清晰地看到劳动力、货币和土地市场化对社会的侵蚀。各种社会现象表明,在中国,市场经济伴生的各种问题已经不是天方夜谭,由社会、国家解决这些问题的需要已经非常强烈。

从发达国家乡村发展历程看,市场化的侵蚀造成了传统农业衰落、乡村人口外流以及公共服务集中化等问题,并因此在很大程度上导致有些乡村社区的凋敝。针对市场机制激励与侵蚀的双重作用,国家面临两种选择:一是任由市场发展,正如国家在新自由主义意识形态指导下的选择,它一般被认为是乡村衰败的进程;二是意识到市场的效率,但是也要加强对乡村社区的保护。③ 随着市场化的深入推进,无论是基于经济优化的目的还是出于自身的社会责任,国家都需要积极干预、支持乡村的经济发展和社区建设。

在中国,21世纪以来,国家表现出积极干预乡村发展的姿态,中央连续出台指导"三农"工作的"一号文件",借以推动乡村发展。④

---

① [英] 卡尔·波兰尼:《大转型:我们时代的政治与经济起源》,冯钢、刘阳译,浙江人民出版社2007年版,第211—220页。

② [美] 麦克·布洛维:《公共社会学》,沈原等译,社会科学文献出版社2007年版,第64—67页。

③ 毛丹、彭兵:《市场推进、政府干预与农民行动——加拿大乡村的兴衰及启示》,《浙江大学学报》(人文社会科学版)2010年第6期。

④ "一号文件"是中共中央每年发出的第一个文件。人们往往认为,"一号文件"所载明的问题表明了国家的重视程度。改革以来,中共中央涉及"三农"问题的"一号文件"可以分为两个阶段。第一阶段是1982—1986年,第二阶段是2004年至今。在第一阶段,1982年的《全国农村工作会议纪要》,对乡村兴起的包产到户、包干到户或大包干等农业经营形式的社会主义性质进行背书,鼓励农民在制度创新的背景下发挥改革的潜力;1983年的《当前农村经济政策的若干问题》确定了家庭联产承包责任制的政治合法性;1984年的《关于一九八四年农村工作的通知》对家庭联产承包责任制实施中土地承包期限等问题予以规定,以维护农民对乡村制度改革稳定性的预期;1985年的《关于进一步活跃农村经济的十项政策》取消了农副产品的统购派购制度,在农产品产量增长的基础上调整国家与农民的利益关系;1986年的《关于一九八六年农村工作的部署》肯定了农村改革的政治正确性。这个阶段的"一号文件"

从情感上看,国家借助出台"一号文件"表明其对乡村发展的重视。从具体工作上看,国家借此提出乡村发展的设想:对于乡村的产业,国家希望通过继续推进市场化,加大对农业的科技投入,推动传统农业向现代农业的转型;对于乡村的就业,国家希望借助非农产业的发展和城镇化的扩大,使大量乡村剩余劳动力转向第二、第三产业,或就地城镇化;对于乡村社区的面貌,国家希望通过对乡村的规划与整理,改善农民的生产与生活条件。按照这些设想,乡村发展理想的情况应该是农业的转型升级、农民收入的增加以及乡村社区面貌的改善。然而,从中也不难看出,国家仍重视市场化在振兴乡村中的重要作用,并开始转向关注对乡村产业、人口和环境改善的支持与保护。

对从传统向现代转型的乡村社会来说,市场的激励作用不应被忽视,市场的导入直接带来了中国乡村的全面复兴。然而,面对市场力量深入推进给乡村社会带来的发展困境,国家肯定是防止大规模市场化过度侵蚀乡村的重要力量。乡村改革是以村庄生产关系的调整为开端,无

主要围绕阶段 1978 年以来国家支持的农村改革的相关问题,并从政治上确定了农村改革的性质、方向和制度载体。这个阶段的"一号文件"既是对反对乡村制度改革的一个回应,也是从政治上确定并巩固 1978 年以来改革路径的政治地位。在第二阶段,2004 年的《关于促进农民增加收入若干政策的意见》目的在于加快农民增收;2005 年的《关于进一步加强农村工作提高农业综合生产能力若干政策的意见》决定进一步加大支农力度;2006 年的《关于推进社会主义新农村建设的若干意见》明确指出农村发展的整体目标。2007 年的《关于积极发展现代农业扎实推进社会主义新农村建设的若干意见》规定了农村发展目标的要素组成;2008 年的《关于切实加强农业基础建设进一步促进农业发展农民增收的若干意见》强调农业发展对农民增收的重要性;2009 年的《关于促进农业稳定发展农民持续增收的若干意见》着重关心农民的民生问题;2010 年的《关于加大统筹城乡发展力度,进一步夯实农业农村发展基础的若干意见》分类指导全国范围农村发展,并提出解决"三农"问题的中观目标是实现城乡统筹;2011 年的《关于加快水利改革发展的决定》强调农业基本建设的重要性;2012 年的《关于加快推进农业科技创新持续增强农产品供给保障能力的若干意见》强调支持农业科技投入的必要性;2013 年的《关于加快发展现代农业,进一步增强农村发展活力的若干意见》提出农业发展的新目标;2014 年的《关于全面深化农村改革加快推进农业现代化的若干意见》对农业现代化的内涵、要素和实现途径进行了详细的阐述;2015 年的《关于加大改革创新力度加快农业现代化建设的若干意见》阐释了制度改革在农村中的地位和作用;2016 年的《关于落实发展新理念加快农业现代化实现全面小康目标的若干意见》着眼于提升农业的品质以实现农业的可持续发展并提高农业对农民增收的作用;2017 年的《关于深入推进农业供给侧结构性改革加快培育农业农村发展新动能的若干意见》开始着重从农业自身改革,挖掘或发现乡村振兴的动力源泉。这个阶段的"一号文件"主要是将乡村视为现代化进程的拖后部分对待,开始着眼乡村发展相对滞后可能对整个国家发展进程的消极影响方面,并希望通过制度改革和人财物投入等刺激并推动乡村发展。

论是改革的兴起,还是市场化在乡村的深入推进,都无法否认国家在其中的角色。随着市场化在乡村的深入推进,充分发挥国家的作用也理所当然。

(二) 国家对乡村的掌控

从改革的兴起来看,市场力量的导入是挽救许多面临重重困难乡村社区的重要因素。虽然不能将改革以来国家与乡村关系的变化简单地归结为国家力量的加强还是削弱,但至少有一点是明确的,即面对市场力量的兴起,国家力量在乡村难以保持一元主导的局面,需要不断调整对乡村社会的掌控方式。

需要指出的是,国家与乡村的关系有着深刻的历史渊源。特别是民国时期(1912—1949年)以来,国家力量在乡村社会就不断拓展并深化其权威。当时,国家的成长在地方社会中改变了权力的传统文化纽带并使其合法性丧失。特别是在村庄领导权和财政的范畴内,国家的作用愈发明显。国家权力的扩张最终也对革命的爆发负责。而且这种联系还是矛盾的,因为它削弱了村庄生活的基础,且什么都没留下。[①] 由于中国社会与西方的制度基础非常不同,因此要在中国发起改革,就需要认识到这些差异,并将改革建立在这些差异的基础上。[②]

新中国成立后,国家基本政治制度虽然发生了巨大变化,但是国家对乡村经济和社会生活的干预,都曾因为传统社会、文化结构的根深蒂固而难以达到预期的效果。新兴国家通过广泛的政治动员和有效的制度设置,实现了对乡村社会全面直接的掌控。[③] 在经济领域,计划经济体制和工业化优先的发展策略,使国家在乡村采取敌视市场力量的态度,并因此造成大量农民的基本生活都出现问题。

迫于当时的乡村发展困境,一些农民开始自发地转向依靠市场激励来振兴乡村经济,逐步展开的乡村改革也往往被认为是一场大规模乡村

---

① P. Duara, *Culture, Power, and the State: Rural North China, 1900-1942*, Palo Alto: Stanford University Press, 1991.
② H. Fei, *From the Soil: the Foundations of Chinese Society*, Berkeley: University of California Press, 1992.
③ 曹锦清、张乐天、陈中亚:《当代浙北乡村的社会文化变迁》,远东出版社1995年版。

自发的市场化运动。柯丹青（Daniel Kelliher）就特别强调农民在去集体化中的角色。他指出，去集体化是一个自下而上的过程，农民通过增加国家政策偏好的成本来操纵政策。由于国家权力和集体化将所有农民都放在同样的制度限制中，农民个人寻求摆脱集体限制的行动，采取了集体行动的形式，并演化为推翻原有公社制的大众运动。国家失去了对乡村改革进程的控制，因此去集体化更多体现的是农民的力量。① 然而，崔大伟（David Zweig）显然不赞同过于强调农民自主性在去集体化中的作用。他认为，不应忽视当时中央领导中激进改革者的重要角色，过于强调农民的力量降低了市场化改革中领导者的角色以及宗派主义在去集体化中的角色。② 其他的资料也印证了这种观点，《人民日报》于1956年就曾报道过四川江津和安徽芜湖等地实行包产到户的试点，《浙江日报》也于1957年1月27日刊发浙江省永嘉县委副书记李云河的文章，探讨包产到户的农村经营方式，但这些做法由于没有得到中央层面的有力支持而很快被批判中止。③ 魏昂德（Andrew G. Walder）认为，转向市场分配对权力和收入的分配本身没有内在影响。其实市场本身并不是重点，重要的是界定市场的各种制度和条件。④ 事实上，如果没有中央领导中支持改革者的推动，单靠农民自身的力量难以全面深入地调整乡村的生产关系。之后，各级政府也逐渐认识到，市场对经济的激励作用是国家计划体制、公社制度无力实现的，因此开始全面推行乡村的市场化改革。

市场力量大规模导入的直接后果是改变了国家力量在乡村一元主导的局面。安格（Jonathan Unger）指出，市场的导入可能造成国家在乡村社会中的角色被削弱。⑤ 社会和经济精英抓住了经济改革带来的机遇，他们的影响越来越大，并形成了对国家权力的有力限制。而且这些

---

① D. Kelliher, *Peasant Power in China: The Era of Rural Reform*, 1979-1989, New Haven: Yale University Press, 1992.

② D. Zweig, *Freeing China's Farmers Rural Restructuring the Reform Era*, Armonk, New York, London, England: M. E. Sharpe, 1997, pp. 12-13.

③ 吴象：《中国农村改革实录》，浙江人民出版社2001年版，第40—43页。

④ A. G. Walder, Markets and Inequality in Transitional Economies: Toward Testable Theories, *American Journal of Sociology*, Vol. 101, No. 4, 1996, pp. 1060-1073.

⑤ J. Unger, State and Peasants in Post-Revolutionary China (Review Article), *Journal of Peasant Studies*, Vol. 17, No. 1, 1989, pp. 114-136.

行动在体制变迁之前和之后,也削弱了再分配国家社会主义(redistributive state socialism)的制度基础。① 倪志伟(Victor Nee)提出的市场转型理论的核心观点是:干部的优势可能会下降,以至于市场取代再分配成为经济分配的主导模式。转向市场意味着除了国家通过再分配方式控制资源分配,乡村也可以通过市场这个渠道获得资源配置,因此这个转变也减少了乡村对国家的依赖。② 村干部也不再直接控制经济活动的管理,他们的角色转变为地方经济交易的中间人和经纪人,且权力也被大大削弱。③ 如此分析乡村去集体化过程,强调了国家以外因素在乡村社区生产关系调整中的重要性。而且乡村家庭和社区的富裕程度日益与市场而非国家和干部的行为相联系。④ 可见,改革之初,国家是通过制度调整实现了乡村经济和社会生活的复兴。此外,之前政治因素主导乡村社区权力配置的局面也被改变,经济和社会因素开始成为推动乡村社区转型的重要力量。

在现实中需要看到的是,经济和社会因素在乡村发展中所起作用的凸显,并不意味着国家对乡村掌控能力的削弱,这主要表现在国家对乡村资源的汲取能力并未受到实质性的威胁。有研究指出,国家在乡村的角色是从"再分配—动员"型转变为"规制—发展"型。⑤ 去集体化的一般假设是,国家在乡村的权力受到严重削弱,经济决策的解除管制给予农民更多的自主权。然而,改革不是国家权力单方面削减的过程,其实国家权力在这个过程中只是被重塑了。更重要的是,在改革的社会主义体制下,国家特征发生变化,国家对农民生活的干预更加间接。中国改革的目标就是要减少国家对微观经济行为的干预。在现代市场经济中,国家主要起到维持市场秩序、减少交易成本的规制者角色。

---

① V. Nee, A Theory of Market Transition: from Redistribution to Markets in State Socialism, *American Sociological Review*, Vol. 54, 1989, pp. 663–681.

② V. Nee, Social Inequalities in Reforming State Socialism: Between Redistribution and Markets in China, *American Sociological Review*, Vol. 56, 1991, pp. 267–282.

③ V. Nee and F. W. Young, Peasant Entrepreneurs in China's "Second Economy": An Institutional Analysis, *Economic Development and Cultural Change*, Vol. 39, No. 2, 1991, pp. 293–310.

④ V. Nee and R. Matthews, Market Transition and Societal Transformation in Reforming State Socialism, *Annual Review of Sociology*, Vol. 22, 1996, pp. 401–435.

⑤ X. Lu, The Politics of Peasant Burden in Reform China, *Journal of Peasant Studies*, Vol. 25, No. 1, 1997, pp. 113–138.

改革的实施实际上是国家试图通过市场力量刺激劳动者个体牟利的积极性,以此帮助乡村摆脱发展困境,因而在实践过程中受到农民的普遍欢迎。尽管市场和社会因素开始成为乡村发展中的重要力量,乡村发展在一定程度上呈现为多元力量共同作用的格局。尽管如此,国家仍然在乡村发展中保持独特优势。

(三) 国家在乡村的两种形象

表面上,国家在乡村社会的独特优势因为市场的兴起而被削弱,实际上,从作为国家代表的中央和地方政府的行为来看,国家也不断调整与乡村社会的关系,保持对乡村资源的汲取能力。市场化进程中,中央政府与地方政府在利益和形象上不断发生分化,这似乎使国家在干预乡村发展中的角色难以界定。然而,在制定公共政策的过程中,两者都有可能基于自身的政治偏好和利益触及乡村社区的利益。即使中央政府与地方政府在对待乡村工业化、城镇化的深入推进以及防止乡村社会受到市场化过度侵蚀等方面的态度有所不同,但国家确需反思在乡村发展中所扮演的角色,进而能够更好地支持乡村发展。

改革以来,中国乡镇企业在许多地方迅速地发展起来,且在乡村经济中的地位逐渐显著起来。有人将乡镇企业的蓬勃发展归结为国家的推动和主导。[①] 戴慕珍(Jean C. Oi)在分析中强调,经济动机是地方政府积极推动乡镇企业发展的决定性因素。她创造了"地方政府公司主义"这个概念来讨论地方政府在乡镇企业发展中的角色,揭示地方政府像商业公司一样,直接经营和管理乡镇企业并参与利润分成。财政体制改革中企业利润余额的支配权成为地方干部发展乡镇企业的动力,有些基层干部甚至直接担当集体企业的董事长。随着中央控制和财政支持的相对减弱,地方政府从乡镇企业获得的收入可以用于维持财政收支平衡、公共服务支出等。因此,地方政府的工具性特征趋于明显,并在地方经济增长中发挥积极作用。在实际的企业经营中,地方政府可以动员所属部门培育优质乡镇企业,甚至可以作为企业的监管人,利用私人及工作联

---

① J. Eyferth, How not to Industrialize: Observation from a Village in Sichuan, *Journal of Peasant Studies*, Vol. 30, No. 3, 2003, pp. 75–92.

系为企业筹集资金。在此过程中，地方政府承担了企业家的新角色，并通过分配稀缺的发展资源来影响地方经济的增长模式。① 随着乡镇企业的不断发展壮大，中央和地方政府对待乡镇企业的态度也逐渐发生了分歧，其中财政体制改革是根本原因。本来，中央政府从改革之初就开始逐步放松对地方事务的控制，大量的决策权从中央逐级下放，目的是提高地方政府的积极性。从 20 世纪 80 年代中期开始，全国各地的地方政府都开始开展财政分配体制改革。财政分权政策使地方政府成为财政独立的实体，地方政府拥有了前所未有的处置财政收入余额的权力。当时，乡镇企业为地方财政实力的增长做出很多贡献，自然也成为一些地方政府追求新的经济利益的重要方式之一。

需要看到的是，财政体制的改革也在一定程度上削弱了中央政府直接汲取资源的能力。面对财政收入的下降，中央政府于 1994 年开始实行分税制改革，此后中央政府在税收分成中所占的份额开始增大。国家在汲取乡村资源方面是通过压力型体制实现的，具体说是上级政府借助干部责任制控制下级政府的绩效。有人强调非经济动机在乡镇企业发展中所起的作用，即干部负责制或者岗位目标责任制产生的政治动机所起的作用更大。岗位目标责任制能够解释为什么地方干部会将集体资金用于投资一些基础工程，并会用于资助私营企业，因为这是上级政府工作目标的要求。② 因此，魏昂德在研究中指出，乡镇企业出色的经济表现可以归结为地方政府对乡镇企业的监控能力。③ 戴慕珍也承认，改革以来，中国的发展是国家主导型的，改革是路径依赖的，受到了制度变迁的影响。④ 地方发展依赖科层体系与结构，地方政府利用科层制促进生产，利用行政力量推动公司发展。有些乡镇企业即使不盈利，也能解决乡村剩余劳动力的就业问题。虽然趋利性是地方政府积极参与乡镇企业

---

① J. C. Oi, Fiscal Reform and the Economic Foundations of Local State Corporatism in China, *World Politics*, Vol. 45, No. 1, 1992, pp. 99-126.

② M. Edin, Local State Corporatism and Private Business, *Journal of Peasant Studies*, Vol. 30, No. 3, 2003, pp. 278-295.

③ A. G. Walder, Local Governments as Industrial Firms: An Organizational Analysis of China's Transitional Economy, *American Journal of Sociology*, Vol. 101, No. 2, 1995, pp. 263-301.

④ J. C. Oi, The Role of the Local State in China's Transitional Economy, *The China Quarterly*, Vol. 144, 1995, pp. 1132-1149.

发展的重要动力，但中央政府却能够利用干部责任制使地方政府的行为服从宏观政策导向。在此过程中，中央政府既激励了地方政府发展乡镇企业的积极性，又使地方政府有效地服从中央的工作全局。这在20世纪90年代初面对乡镇企业发展困境时，中央政府出于整体经济发展需要，敦促地方政府与乡镇企业在利益上脱钩并成功实现乡镇企业全面改制上也能体现出来。

经济增长伴随着乡村迅速的城镇化，这种乡村加速发展的新趋势进一步反映了地方政府的牟利取向。尽管沿海和内地在经济结构上存在差异，乡村城镇化在富裕和贫穷的地区同样推行开来。而且地方政府在发起、领导和推动乡村城镇化中起到关键作用。然而，国家的发展导向使地方政府把城镇化视为自身的政绩表现和追求经济利益的手段，有些地方的城镇化是以农民利益的损害为代价的，农民也开始抗议地方政府的征地拆迁。甚至有人认为，城镇化带来的区域繁荣和现代化远远不及有些乡村居民所付出的社会和生态成本，例如失地、环境恶化及经济负担加重等。[①] 此外，去集体化与随后的改革使农民收入提高，但也造成农民负担增加。有人指出，农民负担是国家、集体、农民之间利益分配的整体性问题，处理不好会危及社会的稳定。[②] 蔡永顺甚至指出，政府的汲取成为乡村基层矛盾的一个源头。[③] 面对因为自身的利益和需求导致的矛盾和对抗，国家即使是从维护社会稳定的角度也需要调整与乡村社会之间的关系。

财政体制改革强化了地方政府在公共服务供给中的责任，地方财政压力增大。分税制改革虽然削弱了地方政府的财政能力，但也给予他们更大的自主性，实际上强化了他们自己筹资的动机和能力。由于公共财政无法提供必要的资金，这就造成针对农民的一些集资和摊派的增加。之后，由于农民负担过重，中央政府又开始实施税费改革，并全面废除农业税。随着国家转向发展主义，发展的导向也从"不惜一切代价的经

---

① X. Guo, "It's All a Matter of Hats": Rural Urbanization in South-West China, *Journal of Peasant Studies*, Vol. 29, No. 1, 2001, pp. 109-128.

② X. Li, Rethinking the Peasant Burden: Evidence from a Chinese Village, *Journal of Peasant Studies*, Vol. 30, No. 3, 2003, pp. 45-74.

③ Y. Cai, Local Governments and the Suppression of Popular Resistance in China, *The China Quarterly*, Vol. 193, 2008, pp. 24-42.

济增长"转向加强农村的经济、社会建设。在世纪之交,城乡生活差距,有些乡村社区的发展滞后程度以及乡村管理的一些弊病都日渐被看作社会和谐和政治稳定的显而易见的威胁。反过来说,随着"社会主义新农村建设"的启动,中国开始把发展的注意力转向长期被忽略的农村。[1] 减轻农民负担使农民因为税费负担过重的抱怨逐渐消失;国家开始向乡村注入大量资金,使农民获益;公共服务的"去商品化"使农村居民开始更普遍地享有教育、卫生、养老等社会福利。同时,税费改革的另一个直接的后果是乡镇政府自主性的下降以及地方服务供给的减少。税费改革的目标是减轻农民负担并提高地方政府的效率,但最终的结果是,一些较穷的乡镇政府在财政上不得不依赖上级政府,这也直接导致有些乡镇的合并。因此,有人指出,税费改革实际上加快了政府的结构调整和"柔性"集权。[2] 加上中央关心农民和欢迎上访的态度,农民对中央政府维护公道的能力充分信任,这在一定程度上鼓励了农民上访,以申诉有些地方政府的滥用职权。[3] 在许多中国农民的眼中,这个时期的国家分为"好"的中央政府和"不好"的地方政府。对于农民来说,中央政府是"好"的,因为它减税、减轻农民负担、增加财政转移支付,以扩大乡村地区公共服务。中央政府出台政策治理干部腐败,遏制开发商牟取暴利。乡镇政府是"不好"的,不仅是因为他们收取税费,还和城镇开发商合谋掠夺农民土地。有人认为,这也因为农民与中央的联系多数是政治性和象征性的,与地方政府的联系是社会的和经济的。[4] 因此,农民与中央的联系是间接的、无形的,与地方的联系是直接的、有形的。总之,中央政府的政策调整加速了中央与地方政府在乡村的利益分化,并进一步导致两者在乡村的形象迥异。

不难看出,中央政府通过财政体制改革和税费改革,地方政府在此

---

[1] A. L. Ahlers, *Rural Policy Implementation in Contemporary China: New Socialist Countryside*, London and New York: Routledge, 2014.

[2] K. J. James, From the Tax-for-Free Reform to the Abolition of Agricultural Taxes: The Impact on Township Governments in North-west China, *The China Quarterly*, Vol. 189, 2007, pp. 43-59.

[3] L. Li, Political Trust and Petitioning in the Chinese Countryside, *Comparative Politics*, Vol. 40, No. 2, 2008, pp. 209-226.

[4] A. Y. So, Peasant Conflict and the Local Predatory State in the Chinese Countryside, *Journal of Peasant Studies*, Vol. 34, No. 3, 2007, pp. 560-581.

过程中则实现了治理方式的转变。然而，它却成为农民道德批判和政治抗争的对象。而且，此间兴起的城镇化所激发的对土地等稀缺资源的争夺，又进一步加深了地方政府与农民之间的矛盾。在此过程中，中央政府则积极取消农业税、加大对农民的基本公共服务供给、批评地方政府的趋利行为，因此赢得了农民的信任和好评。对国家来说，这个时候开始出现中央和地方层面的两种形象。这种形象分化既使国家在整个改革与发展过程中从乡村获取大量资源，又为化解国家与乡村社会之间的矛盾留了余地。不可否认的是，这种形象的分化使中央和地方财政能力在工业化和城镇化进程中都得到加强。

（四）研究问题和观察层面

改革以来，中国乡村社会的变迁往往是市场、国家和乡村关系不断变化的结果。20世纪70年代末以来的市场化改革，推动中国从传统向现代社会快速转型。国家也不断调整与市场以及乡村社会之间的关系，以构建更加适合新形势的现代治理体系。从中国改革的实践看，市场和国家在当代乡村社会变迁中分别发挥了不同的作用。但乡村社会也并不完全就只充当被动变迁的角色。乡村社区对待市场与国家的态度以及乡村变迁过程中的社区分解与重组都不断形成新的互动态势。

市场力量导入乡村为其经济振兴带来了激励和动力，但其深入推进也使许多乡村社区陷入发展相对滞缓的尴尬境地，许多传统乡村社区成为现代化进程中的拖后部分。多年实践证明，市场机制肯定不是解决经济发展差距和公共福利不足的首要选择。市场不完善与乡村发展的内在动力不足，使得国家的积极干预成为必要。在构建与市场经济相适应的现代治理体系过程中，国家不断探索调整自身与市场、社会的关系。这个过程可以粗略地表述为，国家对市场的解除管制，以及对乡村社会的放松管控。面对市场化深入推进可能带来的风险，国家愿意主动承担起保护乡村社会的责任。无论中央政府还是地方政府，当国家在干预乡村发展的过程中裹挟着"理性计算"与"利益索取"时，无疑会给部分乡村社区的发展和农民的利益造成影响。国家对乡村社区发展的干预在很大程度上决定了乡村生活共同体的命运。那么，政府干预乡村社区发展的向度、内容与限度是什么？如果这个问题处置不当，会直接影响到政府干预的效果，同时也会造成市场与国家对乡村社会的双重挤压。

在理论和实践层面上尝试从乡村小型聚居共同体的意义上探讨乡村社区的出路，对于中国这样的发展中大国有重要意义。事实上，中国的现代化进程既表现为市场化的不断推进，也表现为国家面向市场化以及由此带来的社会变迁而改变自己的态度。在长期的城乡二元体制下，当代中国乡村社会变迁有着特定的轨迹。城镇化和新农村建设两大战略同时推进，导致乡村社区面临市场的激励与侵蚀、政府的保护与索取等悖论式的发展困境。在以市场化和现代国家构建为代表的现代化进程中，许多乡村社区普遍面临加速瓦解和重组的问题。看上去，现代化的趋势是瓦解传统村落，但无论是市场化还是现代国家构建都没有将其扫荡干净。现实中，作为现代化拖后部分的传统村落，反倒表现出强大的生命力。在这个意义上，乡村普遍被视为中国社会最难改造的部分。

客观上讲，当代中国乡村社会变迁在很大程度上表现为乡村社区的变迁和转型，因此乡村社区一直以来都是观察中国乡村社会变迁的重要单位和层面。① 就社会变迁而言，把乡村社区仅仅视为乡村社会的浓缩版是简单和草率的，但社区层面上发生的产业、人口、文化和社会治理方面的变化有助于阐释乡村社会的变迁。乡村社区仍是组织乡村人口共同生活的重要方式。对于国家而言，多数乡村社区与农业互相支持，对于保证食品供应及国家粮食安全有直接贡献。从文化价值上来说，乡村社区在自然环境、居民生产和生活方式等方面代表着与城镇社区不同的文化价值，扶持和发展乡村社区经常意味着保存文化多样性。在社会治理的意义上，乡村人口的居住模式有分散化和小聚居的特征，乡村社会治理仍然需要依托乡村社区。

---

① 在汉语社会学界，除了农村、乡村的区别之外，还有村庄、农村社区、乡村社区、村落共同体等多种术语。关于中国村落共同体的界定，李国庆曾站在日本学者较多认同的角度，指出中国村落具有较强的行政功能，不同于自主自治的共同体村落（李国庆：《关于中国村落共同体的论战——以"戒能—平野论战"为核心》，《社会学研究》2005 年第 6 期）。在本书讨论中，现就农村和乡村的工作定义做如下区分："农村"是政策严格界定的、相对城市而言的地区；"乡村"是从人口、产业、文化和社会治理四个方面不同于城市地区。相比较而言，乡村更适合本书所讨论的主题，因此也包含一定的学术偏好。"村庄"多是从国家治理的视角出发，往往指传统意义上的行政村；"农村社区"是在国家整理乡村社会过程中产生的，是政策意义上新的乡村行政单位；"村落"则更多指自然聚居所形成的自然村。

作为乡村社会的重要生产、生活单位,村庄能否顺利转型将决定中国现代化进程的成败。市场的秉性在世界范围内通行,国家对待市场和乡村的态度最终决定乡村社区能否成为现代社会的有机组成部分。无论是在改革实践还是学术研究中,国家的角色成为观察和阐释当代中国乡村社会变迁的关键。尽管村庄的地理空间并不大,用于阐释当代中国乡村社会变迁的宏大问题有很大局限,但作为各种结构性力量相互作用的重要场域,它能够提供深入阐释变迁内在逻辑的生动素材。更重要的是,恰当运用个案拓展法,也可以在一定程度上弥补案例研究普遍面临的局限。

一　国内外研究述评

在中国这样一个农业人口占多数的大国，乡村问题长期以来都受到广泛的关注和研究。在国内外关于乡村的研究中，有许多关注市场与国家双重力量作用下乡村社区的命运。这些研究主要关心乡村发展所处的外部环境、具备的要素、面临的问题以及解决的办法。研究者们探讨了市场与国家力量在乡村的配置、政府干预的措施及其效果、乡村社区发展的前途等方面。通常来看，相关研究都比较注重乡村的产业、人口及环境等要素，以及它们在市场化进程中的变化对乡村社区发展的影响。

（一）市场与国家双重作用下的村落共同体

中国是一个"村庄大国"，在长期存在的城乡二元体制下，村庄在组织乡村社会方面一直具有独特的作用。国内许多研究者都把村庄视为观察中国乡村变迁的重要层面。近年来，越来越多的研究者意识到中国乡村社会的变迁和转型在很大程度上表现为村庄的变迁和转型。许多研究注意到在现代市场经济和现代国家进程的双重作用下，村庄的变迁面临诸多风险和不确定性。

1. 村落共同体变迁及其前景

改革以来，在逐渐加速的城镇化与人口流动、工业化以及税费改革、新农村建设等复杂因素共同作用下，传统村落加速进入瓦解与重组的复杂过程。一方面，传统村落很难经受资本和市场力量的侵蚀；另一方面，村民自治制度、农民经济合作、农村社区建设等为村落共同体的存在与强化提供了支持。

现代化进程往往被视为共同体的瓦解过程。许多研究者通过田野调查，对不同区域古村落的概况、历史沿革、经济变迁、村落建筑格局、乡村聚居共同体的生活进行了描述，以展示市场与国家双重力量作用下村庄的变迁。① 市场力量在乡村延伸，导致乡村大量青壮年劳动力外流，最终使得有些村庄出现了"空心化"的现象。② 工业和城镇在市场机制的配合下，不断吸引乡村的劳动力、资本等，必然会导致传统村落共同体的衰落。③ 随着市场经济的不断扩张，许多传统村落因为缺乏资金、技术、人才等要素的支持而难以为继。就村落共同体的前景而言，有研究则提出了更深一步的问题，即它究竟能否及如何成为现代社会的组成部分。④

中国的现代化进程是以市场化和现代国家构建为主要特征，两者对传统村落共同体影响的深度和广度都前所未有。鉴于传统村落共同体在现代化进程中的弱势地位，它在产业、资金、技术等方面都需要更多的

---

① 国内关于当代中国乡村社会变迁的研究很多，有些主要选取了特定区域作为观察和分析的对象。其中，对浙江省的区域性案例研究也有一些。近年来，这方面的研究主要参见覃主元等《大石山区的祥和村落：广西布努瑶社会经济文化变迁》，民族出版社 2007 年版；车裕斌《浙江山区村落经济社会变迁研究》，中国社会科学出版社 2007 年版；李长江《浙江现代农业型村落经济社会变迁研究》，中国社会科学出版社 2007 年版；朱华友、陈修颖、蔡东《浙江省现代工业型村落经济社会变迁研究》，中国社会科学出版社 2007 年版；陈修颖等《浙江省市场型村落的社会经济变迁研究》，中国社会科学出版社 2007 年版；李静、杨须爱《交往与流动话语中的村落社会变迁》，中国社会科学出版社 2008 年版；廖荣富《山陬海隅客家歌——厦门客家古村落研究》，厦门大学出版社 2009 年版；王宏森等《闽南沿海乡村的工业化与城镇化》，中国社会科学出版社 2009 年版；姜新旺等《苍坡古村落经济社会变迁研究》，中国社会科学出版社 2010 年版；王道《走向市场：一个浙南畲族村落的经济变迁图像》，中国社会科学出版社 2010 年版；王景新等《溪口古村落经济社会变迁研究》，中国社会科学出版社 2010 年版；朱晓明《一个皖南古村落的历史与现实》，同济大学出版社 2010 年版；程瑜、刘思霆、严韶《一个客家村落的都市化：深圳樟树布村改革开放 30 年的发展与变迁》，广东人民出版社 2010 年版；周岚、刘大威等《2012 江苏乡村调查》，商务印书馆 2015 年版。

② 刘杰：《乡村社会"空心化"：成因、特质及社会风险——以 J 省延边朝鲜族自治州为例》，《人口学刊》2014 年第 3 期。

③ 改革以来，工业化和城镇化对乡村的影响非常深刻。多数研究者都注意到现代化进程中传统村落共同体的衰落，并对此开展分析和讨论。近年来，这方面的研究可以参见江涛《乡村共同体的衰落——从赣南山区自然村庄的消亡看农村社区的变迁》，《广西民族大学学报》（哲学社会科学版）2007 年第 6 期；彭大鹏、吴毅《单向度的农村——对转型期乡村社会性质的一项探索》，湖北人民出版社 2008 年版。

④ 毛丹：《村落共同体的当代命运：四个观察维度》，《社会学研究》2010 年第 1 期。

外部支持。① 市场和国家在乡村变迁中发挥的作用和功能本来不同。其中，国家就是要在支持和保护传统村落共同体方面起到关键作用。有人主张，国家应发挥超越市场的功能，采取积极措施挽救村庄、支持乡村发展。② 然而，事实往往难以令人满意。例如就有研究强调，国家力量并非一定有利于村落共同体，各种问题的叠加，可能导致乡村出现"复合性危机"。③ 也有研究发现，在城镇化战略中，政府主导的色彩比较强烈。④ 如果政府在挽救乡村问题上处置不当，不但没有起到挽救乡村的作用，而且可能会使问题更加复杂。因此，国家在乡村发展中的角色和定位对于村落共同体的命运具有至关重要的影响。

从国家与村庄的关系来说，1949年后政权的力量打破了村庄坚固的外壳，农民被纳入超经济形式的单位之中。但将他们联系在一起的纽带是与当时生产力水平并不相符的外在权力，因而并非出自农民自愿。只是到改革后，小共同体才又有了勃兴的迹象。⑤ 乡村发展中出现的突出问题是，村庄的有机关联缺失导致了村庄原子化。有人主张通过扶持和反哺农业，重塑村庄的精神内聚力，建立和完善村民利益表达和维护机制，发展各类农业行业协会或者合作组织。⑥ 农村社区因能够内部化处理成员合作的交易成本，所以在要素配置与社会治理领域具有弱化风险、维护稳定的作用。⑦

客观上看，国家意图一直以来都直接影响着村庄的地位和作用。刘华安指出，中国村庄的权力结构经历了国家政权内卷化、人民公社和乡政村治三个重要阶段。⑧ 当前我国的村落社区权力结构多元化的态势部

---

① 龙花楼、邹健：《我国快速城镇化进程中的乡村转型发展》，《苏州大学学报》（哲学社会科学版）2011年第4期。
② 彭兵：《超越市场：中国乡村社区发展道路研究》，《丽水学院学报》2010年第4期。
③ 肖唐镖：《近十年我国乡村治理的观察与反思》，《华中师范大学学报》（人文社会科学版）2014年第6期。
④ 谷荣：《中国城镇化公共政策研究》，东南大学出版社2007年版。
⑤ 黄琳、刘翠玉：《农民主体性发展的共同体陷阱》，《辽宁行政学院学报》2008年第7期。
⑥ 牟成文：《关于破解市场化背景下村庄原子化难题的思考》，《当代世界与社会主义》2010年第5期。
⑦ 温铁军、董筱丹：《村社理性：破解"三农"与"三治"困境的一个新视角》，《中共中央党校学报》2010年第4期。
⑧ 刘华安：《村落社区权力结构变迁及其影响》，《理论与改革》2007年第5期。

分满足了农民的多样化需求，在一定程度上促进了农村经济发展和基层民主的生长，同时增加了村落社区社会整合的难度。从政策设计的角度看，新农村建设本来是要在整个乡村地区坚持社会主义制度的前提下，全面提升传统村落在经济、政治、文化、社会方面的发展水平。然而，从实质上说，这项战略的实施并不是要建立一个全新的乡村，而是希望通过乡村社会的再组织化，重构村庄的权力结构。①

在中国乡村治理转型过程中，国家一直没有放弃向乡村社会渗透，既依靠村庄替代国家承担乡村公共服务，又用各种方式改变村庄。有学者试图表明，传统乡村社会形成了公共产品的社区供给机制；人民公社时期社会结构单一，以政府为主导形成了与之相适应、低水平但具有较高效率的农村社区公共产品供给机制；改革后，由于新的乡村社会结构没有形成且不稳定，出现了乡村社会结构与公共产品供给的不协调，此时公共产品供给水平有所提高，但供给相对不足、效率较低。②也有学者进一步指出，税费改革及其配套的体制改革，加速瓦解了农村基本经营制度中"统"的力量，并导致村民共同体意识下降。农村基层组织退出了农村公共品的统筹领域，也使农民退出了农村公共品的合作供给。③地方政府追求政绩却导致乡村基本公共服务供给碎片化。④有人指出，对传统的、分散落后的乡村社会进行改造和整合，是现代国家建构的一般趋势。在中国，除"政权下乡"等一系列国家控制性渗透外，国家还通过"七站八所"等公共服务机构，在为农民提供服务的过程中，将国家力量渗透到农民的日常生产、生活中。⑤一方面，在乡村社

---

① 曹海林：《乡村权力结构的演变与新农村建设的再组织化》，《社会科学》2008年第3期。

② 贾先文、黄正泉：《乡村社会结构演进中的农村社区公共产品供给机制变迁》，《学术交流》2009年第10期。

③ 赵晓峰：《重读税费改革：国家、集体和农民关系的视角》，《人文杂志》2010年第3期。

④ 杜春林、张新文：《乡村公共服务供给：从"碎片化"到"整体性"》，《农业经济问题》2015年第7期。

⑤ 乡镇的"七站八所"是指县、市、区以及上级部门在乡镇的派出机构。它主要包括乡镇直属的事业单位、县直部门和乡镇双层管理的机构、上级业务部门直接管理的机构。其中乡镇直属的事业单位包括司法所、房管所、农机站、农技站、水利站、城建站、计生站、文化站、广播站、经管站、客运站等；县直部门和乡镇双层管理的机构包括土管所、财政所、派出所、林业站、法庭、卫生院等；上级业务部门直接管理的机构包括国税分局（所）、邮政（电

区建设中,地方政府充分利用社区组织平台,把乡镇基层和市直部门人员派驻社区,统一服务机构和标识,实现服务下移和重心下沉,促进地方政府从管治到服务的职能转变①。另一方面,在"压力型体制"下,乡镇政权仍然能够通过各种手段支配村级组织。税费改革凸显了政府在乡村的资源掌控和配置能力,因此造成村庄失去了治理乡村的主动性,从而导致村庄治权上移②。这种情况下,村庄治理模式也从原来以"官治"为主的"硬治理"转向以"官治"与"自治"相结合的"软治理"③。乡村治理呈现乡镇与村组织之间的权力错位现象④。乡村社会权力主体的多元化,使得村庄陷入权力离散化的困境⑤。当然,村庄中两委关系不和谐、村庄内部关系紧张、村民委员会的代表性以及村庄选举的质量和水平都会影响乡村治理制度效用的发挥⑥。然而,必须认识到的是,税费改革前形成的国家对乡村的领导关系并没有发生根本变化,只是更讲策略,更加隐蔽、间接而已⑦。如今,国家虽然放弃对乡村的直接控制,但国家在履行基本公共服务供给职能的过程中,也获得对乡村社会间接管控的机会,在相当程度上替代了村庄的职能。

信)所、供电所、工商所、信用社等。从以上机构设置可以看出,所谓的"七站八所"只是概括的数字指称乡镇所辖机构的庞大。(这方面的研究可以参见徐勇《"服务下乡":国家对乡村社会的服务性渗透——兼论乡镇体制改革的走向》,《东南学术》2009年第1期。)

① 许远旺:《社区重建中的基层治理转型——兼论中国农村社区建设的生成逻辑》,《人文杂志》2010年第4期。

② 农村税费改革就是从2001年开始,中央为了进一步减轻农民负担,规范农村收费行为,明确提出了对现行农村税费制度进行改革。农村税费改革先是在部分省市试点,然后向全国其他地区逐步推广。其主要内容可以概括为:"三取消、两调整、一改革"。"三取消"就是取消乡统筹和农村教育集资等专门向农民征收的行政事业性收费和政府性基金、集资;取消屠宰税;取消统一规定的劳动积累工和义务工。"两调整"就是调整现行农业税政策和调整农业特产税政策。"一改革"就是改革现行村提留征收使用办法(这方面的研究可以参见杨华、王会《重塑农村基层组织的治理责任——理解税费改革后乡村治理困境的一个框架》,《南京农业大学学报》(社会科学版)2011年第2期)。

③ 刘祖云、孔德斌:《乡村软治理:一个新的学术命题》,《华中师范大学学报》(人文社会科学版)2013年第3期。

④ 李祖佩:《项目进村与乡村治理重构——一项基于村庄本位的考察》,《中国农村观察》2013年第4期。

⑤ 赵旭东、辛允星:《权力离散与权威虚拟:中国乡村"整合政治"的困境》,《社会科学》2010年第6期。

⑥ 马宝成:《乡村治理结构与治理绩效研究》,《马克思主义与现实》2005年第2期。

⑦ 张建华:《浅析新的历史时期下乡村关系》,《农业经济》2010年第5期。

研究者对此评价显得不同。乡村社区一般是一定地域范围内的人们基于共同的利益和需求、密切的交往而形成的具有较强认同的社会生活共同体。而新农村建设中的"农村社区"并非是一种自发形成的"自发型社区",也不是一般意义上的"共同体",而是一种政府主导的规划性的社会生活共同体,是一种"规划型社区",承担着农村社会的组织、管理和服务功能。① 有研究者认为,促进乡村社区由自然村落制度,向社队村组制度,再向社区制度的转变,有助于整合资源、完善服务,实现城乡一体。然而,另一些研究者认为,这些新型社区制度可能有助于加强国家在乡村的存在,更有可能导致乡村自治组织成为国家的延伸机构。② 村民自治在实际运行中产生了明显的行政化倾向,因此村民自治更多地成为一种完成国家行政任务的载体。③ 由于村民自治组织兼政务、村务于一身,因此会导致有些村民自治组织更乐意与乡镇权力"合谋",从而使农村公共产品供给失效。④

2. 内部组织形式的变化

乡村社会的结构性变化也导致其社会关系有简单化的趋势。在现代化进程中,国家试图通过"阶级化""集体化"和"社区化"分别消除宗族、家庭和个体在乡村社会中的突出作用,以强化阶级、集体和社区在乡村社会的整合和组织作用。⑤ 随着农民之间利益的不断调整,当前村庄中外围社会关系更趋于以利益为基础,内核社会关系更趋于以情感为基础。⑥ 村庄内部,宗族的重建与瓦解并存,且呈现区域差异。⑦

---

① 项继权:《论我国农村社区的范围与边界》,《中共福建省委党校学报》2009年第7期。
② 徐勇:《在社会主义新农村建设中推进农村社区建设》,《江汉论坛》2007年第4期。
③ 宫银峰、刘涛:《乡村社会的变动与村民自治的实践——国家与社会视角下的乡村政治解析》,《长白学刊》2010年第1期。
④ 梁淮平、吴业苗:《村民自治制度安排与农村公共产品供给》,《云南行政学院学报》2007年第3期。
⑤ 徐勇:《阶级、集体、社区:国家对乡村的社会整合》,《社会科学战线》2012年第2期。
⑥ 徐晓军:《内核—外围:传统乡土社会关系结构的变动——以鄂东乡村艾滋病人社会关系重构为例》,《社会学研究》2009年第1期。
⑦ 肖唐镖:《宗族在重建抑或瓦解——当前中国乡村地区的宗族重建状况分析》,《华中师范大学学报》(人文社会科学版)2011年第2期。

有研究者认为，在现代化进程中，村庄的家族与宗族纽带也不断发生变化。群体性质的血缘关系日趋松懈，家庭规模呈逐渐缩小之势，辈分等级秩序逐步被平等性、法制性所替代；族居方式的地缘关系大为削弱，族员的流动性、杂居性与聚居性交相并存；新的业缘关系逐步生成，村落家族结构日趋消解。① 代表村庄灰色势力的混混在从乡村社区的"边缘人"转变为经济精英的过程中，都影响到基层治理的合法性。②

然而，也有研究者认为，改革后，国家与乡村社会的关系得到了调整和改善，使得乡村社会内部活力增强，自主发育空间增大。在体制、制度发生巨大变迁的背景下，许多乡村的宗族得到复兴和重建，重新成为乡村社区的一支重要力量，在乡村社区自治组织的产生和自治组织对村庄的治理方面与国家发生互动关系，乡镇政府、村自治组织和宗族三者都对村庄治理发挥程度不同的影响和作用，形成有意无意的互动。③ 在宗族型村庄，某些自发的非正式组织如村庄、宗族等自治组织按民主—自治的规则治理着基层乡村。虽然其自治结构与运行质量尚是初级的、"原始的"，但却表明了农民对民主—自治的内在意愿与实际能力。乡村的宗族等传统组织资源，不仅不是社区公共治理的障碍，相反有可能成为民主—自治的基础。不过，宏观体制与政策，如政府对资源的垄断、不允许农民自己组织起来的政策以及乡村治理体制的行政化约束等，都严重地制约着农民的组织和治理能力。④ 村庄社会内部实际上存在两个层面：其一是由村民组成的"草根"社会；其二是由草根社会中产生出来并位居更高一层的自我治理组织。通过发展草根社会中的志愿组织，促使草根社会与村庄政治的弥合。⑤ 宗族之间的利益冲突，往

---

① 李永芳：《改革开放30年中国村落家族文化的嬗变》，《内蒙古社会科学》（汉文版）2009年第1期。

② 李祖佩：《混混、乡村组织与基层治理内卷化——乡村混混的力量表达及后果》，《青年研究》2011年第3期。

③ 刘良群：《宗族与国家在"第三领域"的互动关系研究——以XJ县为实例》，《江西社会科学》2007年第6期。

④ 肖唐镖：《村庄治理中的传统组织与民主建设——以宗族与村庄组织为例》，《学习与探索》2007年第3期。

⑤ 陶传进：《草根志愿组织与村民自治困境的破解：从村庄社会的双层结构中看问题》，《社会学研究》2007年第6期。

往也会成为乡村治理的难题。例如，相关研究就指出，宗族集团利益的争夺制约农村公共产品的供给及"一事一议"制度的效率和公正。①

乡村社会关系的变化导致农民在社区层面组织形式的变化。随着市场化导入乡村，国家逐步放开对村庄的直接控制，有些村庄内部生长的次级组织②开始萌生。有研究者发现，新农村建设理事会的产生、发展是对中国村治传统的成功借助和根本改造，是农村内部的一种诱致性制度变迁，是对中国乡村民主治理的重要制度创新。它不是对现有村庄"两委会"治理结构和制度安排的解构，而是对现有村庄治理制度的一种有益补充。③与此同时，传统社会中就存在的一些村庄次级组织在形式上恢复起来，并在村庄生活共同体中发挥新的作用。有人依据当代民间文书资料和人类学的参与观察，描述了一个村庄老人会十多年自治成长的过程，分析了这个内源性自治组织成长的内外契机和实践的学理意义。他们的研究表明，村庄次级自治组织的培育是村民自治、农村公民社会成长的重要生长点。④然而，村庄次级组织的自治功能并不被国家重视，社会自治力处于被忽视的地位。⑤有研究表明，像老年人协会这样的村庄次级组织，是在与乡土社会的制度环境长期互动的情况下形成的制度化组织，而不是人为设计的结果；老人协会的成立和生存都依赖乡土社会的制度资源，即乡村传统文化资源、共享的社会价值观念等，它能否正常运转取决于制度为人们所接受的程度和协会对制度资源的利用程度。虽然村庄次级组织在实际上承担了社会自治的功能，加强了村庄的凝聚力，但是这些内源性自治组织的发展前景仍不明朗。⑥

---

① 吴业苗：《农村公共产品供给与"一事一议"制度安排》，《理论与改革》2007年第1期。

② 这种村庄次级组织，是以谋求特定利益为目的的利益组织，而不是全体成员利益共享的共同体，因此也可以被称为次级共同体（参见李国庆《关于中国村落共同体的论战——以"戒能—平野论战"为核心》，《社会学研究》2005年第6期）。

③ 李勇华、黄允强：《新农村建设理事会：民主治村的重要制度创新——对赣州"新农村建设理事会"的调查与分析》，《中州学刊》2007年第1期。

④ 阮云星、张婧：《村民自治的内源性组织资源何以可能？——浙东"刘老会"个案的政治人类学研究》，《社会学研究》2009年第3期。

⑤ 蒋鸣湄：《社会契约与国家法律在现代乡村社会中的实践方式——对广西三江侗族自治县多元化纠纷解决机制的考察》，《广西民族研究》2009年第4期。

⑥ 杨晓明：《农村老年人协会在本土语境下的诠释：一种制度主义的视角——基于粤东农村的一个个案研究》，《中国农村观察》2009年第6期。

值得注意的是，村庄内部社会关系的变化还直接影响乡村社区对待外界的态度。在市场化推进和现代国家建构的过程中，一方面是村庄的难以为继，另一方面，村庄的自我性、排他性也被强化。有研究者认为改革以来，村庄的单位化有扩大或加强的趋势，这是在城镇化背景下村落组织发展的一种自我选择，城镇化反而强化了村庄成员对村庄资源的独享性。① 有研究指出，社区内部本地居民与外来居民之间的分隔，与族群特性、城乡差别、生活方式、职业类型、受教育水平等因素并无多大联系，主要是各种涉及现实利益、权利或资源分配的制度性障碍营造了社区原居民社会的封闭性和排他性，进而在市场开放的背景下导致了社区内部本地居民与外来居民之间的分隔。② 在以户籍为基础的社会管理体制下，外来流动人口大部分只是作为抽象意义上的市场要素即劳动力在流动，而不是作为完整意义上的社会成员在流动。社会内部空间结构上的"龟裂"、封闭状态受到户籍制度等的强化。

3. 文化认同的转变

作为乡村地区小型聚居共同体，乡村社区本身有着特定的可分享的生活方式。无论是精神文化遗产，还是生产、生活方式，都承载着特定的社区认同方式。随着市场和国家等外部力量的渗透和冲击，许多生活形式都发生了变化，传统的纽带随之松解，有些不得不重新组合。有关研究就发现，随着工业化和城镇化的推进、农民流动，乡村社区中伦理秩序发生了很大的变化，传统"乡土性"的伦理准则逐步退出乡村社区，但新的伦理准则尚未形成，因此出现了空档。③ 乡村社区重建面对的是农村集体生活的缺失和人际伦理关系的断裂。④ 市场化的推进以及有些政策导致乡村公共空间萎缩，造成了集体记忆衰退，这会引发村庄

---

① 包路芳：《单位化的村庄——一个乡村变迁研究的视角》，《学术探索》2010年第1期。

② 赖金良：《我们与他们：关于社区内部分隔的观察与思考》，《浙江社会科学》2010年第8期。

③ 王露璐：《伦理视角下中国乡村社会变迁中的"礼"与"法"》，《中国社会科学》2015年第7期。

④ 仝志辉：《派性的性质与农村组织重建的资源——湖村、路村、岭村三村比较》，《中国农村观察》2007年第4期。

公共生活的各种危机。① 因此，国家需要增加对乡村的渗透，以鼓励乡村自组织的发展，进而拓展乡村公共空间。特别是，公共空间的萎缩导致村庄原有的"捆绑式社会关联"的弱化，并相应呈现出"自治性社会关联"的关系形态。② 但也有研究发现，村庄的公共空间仍发挥传承乡村文化的作用。③ 尽管农民自觉遵守的非制度性规范日益失去效用，使得乡村文化也不再是承载社区居民认同的基础。④ 但作为中国传统社会向现代社会转型的一个缩影，有些乡村社区也表现出一定的抗拒现代化侵蚀的特性，加上有些制度性的固化，仍然表现出一定的顽强性。

传统观点认为，农民及其所承载的文化体系是现代化进程中无可奈何的牺牲品，现阶段农民文化认同出现严重的拔根状态。现代化对乡村文化冲击的突出表现之一是传统文化的衰落以及由此导致的伦理危机和村庄秩序紊乱。⑤ 在现代化进程中，乡村文化并不是原封不动地传承下去，而是以动态的模式不断更新并延续。⑥ 尽管如此，国家在治理乡村的过程中，还是希望尽量摆脱乡村道德规则或文化的束缚。⑦

在传统时期，村落家族文化熏染下的农民通过家族集体行动和邻里互助来实现合作；在再分配时期，社会主义意识形态强势灌输下的农民主要在生产领域开展国家主导的集体合作；进入转型时期，在以理性化为特征的经济话语渗透下的农民却陷入了合作难的困境。⑧ 基于高度的非契约化的村庄信任而形成的非正规金融组织，在传统乡村社会长期存在。⑨ 传统社会的生产互助和资金互助行为是在农民社会共同体的基础上产生的。现在的资金互助，首先是资金上的联合，其次才是资金上的互助，再次才是农民相互意义上的互助。从逻辑过程来看，资金上的合

---

① 董磊明：《村庄公共空间的萎缩与拓展》，《江苏行政学院学报》2010 年第 5 期。
② 曹海林：《村社会变迁中的村落公共空间——以苏北窑村为例考察村庄秩序重构的一项经验研究》，《中国农村观察》2005 年第 6 期。
③ 吴燕霞：《村落公共空间与乡村文化建设——以福建省屏南县廊桥为例》，《中共福建省委党校学报》2016 年第 1 期。
④ 赵霞：《传统乡村文化的秩序危机与价值重建》，《中国农村观察》2011 年第 3 期。
⑤ 江立华：《乡村文化的衰落与留守儿童的困境》，《江海学刊》2011 年第 4 期。
⑥ 李佳：《乡土社会变局与乡村文化再生产》，《中国农村观察》2012 年第 4 期。
⑦ 刘正强：《"甩干"机制：中国乡村司法的运行逻辑》，《社会》2014 年第 5 期。
⑧ 邱梦华：《新农村视野下的文化建设与农民合作》，《调研世界》2009 年第 9 期。
⑨ 王曙光：《村庄信任、关系共同体与农村民间金融演进——兼评胡必亮等著〈农村金融与村庄发展〉》，《中国农村观察》2007 年第 4 期。

作决定了生产上的互助，这是一种纯粹经济意义上的互助行为，它抛弃了传统意义上维系村庄社会关系的纽带，将货币的作用置于村民互助合作的首位。这将对传统的农民思想发生相当大的冲击作用。①

此外，现代化进程还渗透进农民的日常认识中，并在很大程度上动摇了农民的传统观念。由于现代性因素的持续冲击，农民的慎终追远、传宗接代等传统的本体性价值观已经被动摇，但"守望相助、疾病相扶"的道义观也受到"气人有，笑人无"等负面社会价值观的严峻挑战。随着乡村社会流动的进一步增强，村庄的负面因素很可能破坏村庄的团结，致使村庄共同体解体，以致村庄呈现原子化状态。② 改革以来，由于农民拥有的个人文化资源日益丰富，农民的个体文化活动逐渐增多，在一定程度上丰富了农民个体式的日常文化生活。与之相比较，农民的公共文化生活却严重式微。因此，有研究者主张，重建文明健康的农民公共文化生活，不但可以培育农民之间的新集体主义意识和互助合作精神，增强乡村社区内聚力，而且有助于实现对乡村社会的有效治理。③ 也有人认为，需要重塑农民主体价值和文化认同，利用文化、社区和政治的力量再造农民的新文化认同体系，实现农民的文化蜕变和乡村文化社区的重建，使得农村社会从现代化进程中被抛弃和歧视的"乡下"，转变为相对于城镇社会生活模式而言的乡村"田园牧歌"。④ 而有研究者则在对广西龙脊壮族家族和村寨组织研究的基础上发现，"家门"与"寨"以劳动合作和互助以及仪礼交换为基础进行建构；它们充当社群联结及友情的蓄水池，承载龙脊壮人共同劳动、吃住，及族内通婚的理想。⑤

作为与城镇文化不同的类型，村落聚居共同体内部分享的共同生活

---

① 刘金海：《互助：中国农民合作的类型及历史传统》，《社会主义研究》2009 年第 4 期。

② 贺雪峰：《中国农民价值观的变迁及对乡村治理的影响——以辽宁大古村调查为例》，《学习与探索》2007 年第 5 期。

③ 吴理财、夏国锋：《农民的文化生活：兴衰与重建——以安徽省为例》，《中国农村观察》2007 年第 2 期。

④ 孙斐娟：《进入现代世界的农民文化命运与新农村建设中的农民文化认同再造》，《社会主义研究》2009 年第 6 期。

⑤ 郭立新：《劳动合作、仪礼交换与社会结群——广西龙脊壮族村落的社群结构分析》，《社会》2009 年第 6 期。

方式具有塑造农民心理归属与认同的功能。鉴于乡村信仰文化的多样性，佛寺、祠堂和庙宇都占据重要地位。① 作为传统文化重要内容的民间信仰，是传统乡村社会的一种意识形式，它在广阔社会中的影响和作用超过了任何一种学说与宗教。② 有研究指出，民间信仰的地方性大多来自该社会特定的生态系统，此信仰反过来又对生态系统有一定的保护功能；反映群体成员共同生活利益与需求的群体监护神信仰是传统乡村社会的建构性因素，它缩小了个人与群体间的差异，造就了群体认同和凝聚力；行业神崇拜对行业群体也有教化作用，它增强了行业人士的自我约束和规范行为，有利于维持良好的经济秩序。③ 总之，除个别情况之外，民间信仰是社会教化和生产、生活控制功能的重要环节，有利于社会秩序的稳定。有研究者在对普米族村庄社会变迁考察的基础上指出，人群的隔离和分化使社会处于裂变的危机边缘，而基于祖先记忆的氏族体系、以政治为导向的"集体"意志及市场经济环境中的多种利益诉求体现了不同历史阶段社会裂变和整合的特征。④ 尊重文化的多样性、利益诉求的主体性及社会发展的整体性是达致社会团结、融洽与和谐的有效机制。有研究表明，村庄的民俗活动有助于唤起村民的集体情感，强化成员的归属感和认同，并通过强调村民认可的价值观进行社会规训，调节和维护社群间的关系。⑤

4. 研究述评

乡村研究或者说是村庄研究在中国有一定的传统。一方面是因为中国本来就是一个村庄大国，农业、农村、农民问题一直以来都是中国社会变迁的重要议题。另一方面是因为乡村社会的变迁总是包含许多不确

---

① [法]劳格文、科大卫编：《中国乡村与墟镇神圣空间的建构》，社会科学文献出版社2014年版。
② 王守恩：《社会史视野中的民间信仰与传统乡村社会》，《史学理论研究》2009年第3期。
③ 王守恩：《诸神与众生——清代、民国山西太谷的民间信仰与乡村社会》，中国社会科学出版社2009年版。
④ 朱凌飞：《裂变与统合——对一个普米族村庄社会过程60年变迁的人类学研究》，《中央民族大学学报》（哲学社会科学版）2010年第5期。
⑤ 王康康、祁进玉：《热贡地区土族"六月会"祭祀活动的仪式分析——以同仁县尔沙日村为个案》，《青海民族大学学报》（社会科学版）2010年第4期。

定的因素，并可能产生深远的影响，突出的矛盾表现引发了大量讨论。由于本研究的问题聚焦于市场和国家双重力量作用下乡村社会的变迁，因此在文献梳理中主要关注了结构性力量本身的变化，以及对乡村社会产生的直接和间接影响。

近十几年研究一个突出的特征是，相关研究主要在两个层面上平行展开。如果将两者汇集起来，又能够深入地阐释中国乡村社会变迁的问题和机制。就整个乡村地区的变迁而言，主要受到市场化和现代国家构建两大进程的左右。乡村地区以外结构性力量的变化，必然给乡村社会变迁带来重大影响。然而，从当前乡村社会变迁的实践看，城镇化与新农村建设有可能形成合力，加速传统村落共同体的解体和重组。有些地方政府出于自身的利益偏好和政策理解水平，有可能将两者叠加组合为消灭传统村落的推土机。这个问题应该引起学界的足够重视和深入探讨。

长期以来，村庄都是中国乡村社会基本的生产和生活单位。相关研究也表明，村庄在乡村社会一直充当着经济共同体、政治共同体和文化共同体的角色。固定的经济交往方式和国家权力结构造成村庄的生产组织形式、社会交往方式、文化认同与归属都形成了一贯的传统。市场化的导入同时带来了国家治理形式的变化，因此对村庄和村庄中生活的人们都产生了前所未有的影响。

在现代化进程中，传统村落共同体衰落的命运似乎无法挽回。从相关研究看来，村落共同体在现代化进程中也不应被误解为完全是被动的角色。在村庄层面，结构性力量的影响不可避免，也没有哪个村庄可以完全置身事外。但不可否认的是，有些更大范围的社会变迁，恰好是由一个一个村庄中农民的主动选择汇聚而成的。在这个意义上，村庄内部不但产生了导致整个中国乡村社会变迁的推动力，也延续了维系村庄的内生力。在中国，不但有必要在村庄层面系统地观察结构性力量变迁所带来的影响，而且有必要观察村落共同体采取的应对策略。在理论和实践层面上尝试从乡村小型聚居共同体的意义上探讨乡村社会的出路，对于中国这样的发展中大国格外有意义。

（二）发展中国家的乡村变迁

从全球范围看，多数发展中国家都主动或被动地卷入市场化进程。经济和社会发展的相对滞后，使得这些国家的乡村发展成为普遍难题。在类似背景下展开的乡村变迁，几乎都表现出对乡村外部力量的依赖。面对来自全球、全国和地方的市场力量冲击，国家和乡村社区到底如何应对成为研究关注的焦点。

1. 并非抗拒市场化

市场化客观上激发了农民的生产积极性，提高了农业生产效率，提升了乡村整体发展水平，但市场力量在乡村推进所带来的消极影响不应被忽视。在东南亚一些国家，虽然种植经济作物能够改善农民生活，但会使他们面对更多市场风险。[①] 有些农民感到，相对经济作物市场价格波动较大，种植传统农作物则能提供更多保障。由于乡村社区之间和内部对市场经济都会持不同态度，因此在市场化进程中会产生利益分化，最终导致有些农民被边缘化。同样，埃塞俄比亚的一些农民因为缺少应对市场变化的能力，因此无法有效管理日常生产、生活中碰到的各种市场风险。[②]

对广大发展中国家而言，虽然市场力量快速推进可能会给乡村带来很大风险，但经济落后终究是乡村发展的首要难题。当前，乡村发展困境更多是由市场经济不发达和不完善造成，因此更需要的还是刺激经济发展。在非洲，由于乡村经济整体发展水平不高，国家干预的主要目标是为了保证人类生存，提高当地居民生活水平。[③] 对乡村来说，由于生产、生活都距离市场较远，加上普通农民的企业家精神不

---

① R. A. Cramb, C. J. P. Colfer, W. Dressler, P. Laungaramsri, Q. T. Le, E. Mulyoutami, N. L. Peluso and R. L. Wadley, Swidden Transformations and Rural Livelihoods in Southeast Asia, *Human Ecology*, Vol. 37, No. 3, 2009, pp. 323–346.

② D. Aredo, The Iddir: An Informal Insurance Arrangement in Ethiopia, *Savings and Development*, Vol. 34, No. 1, 2010, pp. 53–72.

③ T. Binns, Making Development Work in Africa: Enhancing Sustainability, *Geography*, Vol. 94, No. 2, 2009, pp. 100–107.

够,发展受到限制。帮助农民进入市场,拓宽他们与市场联系成为乡村振兴的迫切任务。热带农业国际中心(The International Centre for Tropical Agriculture)积极推行的乡村振兴措施,有助于提高发展中国家农民市场信息掌握能力,并帮助他们发展效益好的农业企业,以提高乡村经济发展水平。①

在走向市场的过程中,充分利用地方资源振兴乡村经济的路径日益受到乡村欢迎。许多乡村居民发现,乡村在自然环境、文化等方面都具有与城市不同的独特性,乡村文化意义上的重构给其带来了经济振兴的机会。在许多国家,政府鼓励乡村居民积极发展乡村旅游,以振兴经济。由于这种发展路径被认为不耗费什么成本就能带来经济效益,因此被当作一个可持续发展策略在许多国家推行。在博茨瓦纳,当地推行的社区为基础的自然资源管理(Community Based Natural Resources Management)方法,使许多农民受益于游猎带来的现金分红和就业机会,并带动了乡村社区娱乐设施建设和家庭卫生条件改善,因而促进了当地的经济增长。②同样,阿尔巴尼亚由于拥有大量自然与文化遗产,因此鼓励有些地区的农民将有机农业、高品质葡萄酒生产和可持续渔业等融入乡村旅游发展中,以推动乡村经济增长。③农民对此抱持欢迎态度,并从中受益。可见,农民不是抗拒市场化,而是希望改变经济地位低下的状况。

2. 国家支持与支持不当

公共服务供给匮乏也成为乡村摆脱发展困境的一个严重障碍。特别是在广大发展中国家,大量人口仍生活在乡村,由于贫穷、医疗条件差和环境破坏等问题非常突出,因此提高乡村公共服务供给水平几乎成为

---

① P. C. Sanginga, R. Best, C. Chitsike, R. Delve, S. Kaaria and R. Kirkby, Linking Smallholder Farmers to Markets in East Africa: Empowering Mountain Communities to Identify Market Opportunities and Develop Rural Agroenterprises, *Mountain Research and Development*, Vol. 24, No. 4, 2004, pp. 288-291.

② O. T. Thakadu, K. T. Mangadi, F. E. Bernard and J. E. Mbaiwa, The Economic Contribution of Safari Hunting to Rural Livelihoods in the Okavango: The Case of Sankuyo Village, *Botswana Notes and Records*, Vol. 37, 2005, pp. 22-39.

③ D. R. Hall, Rural diversification in Albania, *GeoJournal*, Vol. 46, No. 3, 1998, pp. 283-287.

时代挑战。从加纳的情况看,住房和卫生条件差是乡村中低收入家庭的普遍特征,并成为导致乡村居民中疾病流行的主因。① 有人发现,乡村发展程度不高,一定程度上是政府公共服务供给效率低下造成的。② 即使像印度这样的发展中大国,乡村发展也急需政府在农业研究、教育和道路方面的大量投资。③ 可以想象,政府在乡村的公共服务供给不足,往往会使乡村发展面对更多挑战。

而且乡村振兴需要大量高素质劳动力。然而,劳动力的商品化,却使许多乡村地区面临青壮年劳动力外流问题。在墨西哥,大量男性劳动力移民美国,妇女成为农业家庭的主导,并因此造成乡村贫困问题加剧,乡村社区被进一步边缘化。④ 虽然乡村急需受教育程度高的人才,但乡村的教育现状看上去却有点南辕北辙。有人发现,乡村学校更多训练了学生适应城市就业的劳动技能,因此反倒加速了青年人才从乡村到城市的流动。⑤ 在非洲乡村,即使青少年对自己成长的村庄有强烈的情感依赖,但他们的家庭却不愿让他们长大成人后留下来就业。⑥ 客观上看,典型农业社区在现代市场经济中能够提供的就业机会非常有限,因而难以在短期内吸引大量青壮年劳动力返流。这种情况下,加强对现有劳动力的培训,能在很大程度上缓解乡村对掌握农业技能劳动力的需求。在喀麦隆,许多乡村青少年辍学导致失业,政府为此建立了农业家庭学校(Agricultural Family Schools),加强对青年人的农业技能训练,

---

① P. O. Adjei and P. O. Kyei, Linkages Between Income, Housing Quality and Disease Occurrence in Rural Ghana, *Journal of Housing and the Built Environment*, Vol. 28, No. 1, 2013, pp. 35-49.

② J. L. Bajaj and Rita Sharma, Improving Government Delivery Systems: Some Issues and Prospects, *Economic and Political Weekly*, Vol. 30, No. 21, 1995, pp. M73-M80.

③ S. Fan, P. Hazell and S. K. Thorat, Impact of Public Expenditure on Poverty in Rural India, *Economic and Political Weekly*, Vol. 35, No. 40, 2000, pp. 3581-3588.

④ K. G. Vasquez, A Pluralist Alternative: Mexican Women, Migration, and Regional Development, *The American Journal of Economics and Sociology*, Vol. 70, No. 3, 2011, pp. 671-698.

⑤ G. G. Huang, S. Weng, F. Zhang and M. P. Cohen, Outmigration among Rural High School Graduates: The Effect of Academic and Vocational Programs, *Educational Evaluation and Policy Analysis*, Vol. 19, No. 4, 1997, pp. 360-372.

⑥ C. W. Howley, Remote Possibilities: Rural Children's Educational Aspirations, *Peabody Journal of Education*, Vol. 81, No. 2, 2006, pp. 62-80.

培养青年农民投身乡村发展。① 为乡村社区培养农业人才尽管不是解决失业和贫困问题的根本,但它明显有助于化解乡村发展的困境。值得注意的是,如果乡村的人才培训不从当地需求出发,就可能事与愿违。在所罗门群岛,为了防止青壮年劳动力外流,当地政府发起了一项社区青年教育与实践项目。这个项目的目的是帮助解决失业青年在乡村就业,但由于采取了变相的市场化手段,没有起到真正帮扶乡村的作用。②

乡村社区内部资本、人才等资源有限,乡村居民往往依靠外部力量振兴乡村。在外部结构性力量中,最应担负起这个责任的就是国家。然而,情况并非都如人意。在秘鲁,由于乡村基础设施并未得到应有发展,因此国家被批评为"虚假的民粹主义"。③ 国家被认为只是口头上重视边缘化人口,并建立为了满足他们需求的集权政治、经济体制,但未从实质上考虑乡村穷人的利益。

当然,国家对乡村的所有支持也并不都是恰当的。由于不同社区或居民的基本需求有差别,因此政府在推进乡村发展项目时就要让当地居民自己提出要求。如果还没有弄清楚乡村社区的需求就开展援助,会造成干预的针对性不强。在肯尼亚,政府是根据当地的失业率,向乡村社区提供相应援助。因为单靠失业率这个指标难以反映当地的经济发展状况,所以可能会造成有些急需援助的乡村社区得不到应有的支持④。在泰国,国家希望通过发展小规模非农产业推动乡村经济增长,但政府对乡村社会性质的误判却导致许多社区企业遭受损失。⑤

---

① F. M. Baye and F. A. Amungwa, Training in Partnership for Development: The Case of Agricultural Family Schools in Rural Cameroon, *Pakistan Economic and Social Review*, Vol. 40, No. 1, 2002, pp. 35–55.

② D. W. Gegeo and K. A. Watson-Gegeo, Whose Knowledge? Epistemological Collisions in Solomon Islands Community Development, *The Contemporary Pacific*, Vol. 14, No. 2, 2002, pp. 377–409.

③ H. Vandenburgh and J. Liu, Campesino Communities in North Peru: Local Consequences of Globalization, *The Global South*, Vol. 4, No. 1, 2010, pp. 119–133.

④ R. J. Reeder, Targeting State Aid to Distressed Rural Communities, *Publius*, Vol. 19, No. 2, 1989, pp. 143–160.

⑤ D. Arghiros and J. Moller, Thai Rural Enterprise Development Strategies in the 1990s: A Critical Appraisal, *Sojourn: Journal of Social Issues in Southeast Asia*, Vol. 15, No. 2, 2000, pp. 153–183.

3. 社区行动的喜与忧

市场化进程中相对衰落的乡村确实需要外部援助。然而，这也不免让人担心，过多支持可能会影响农民生产积极性，并在不同程度上造成援助依赖。在博茨瓦纳，政府向乡村居民免费发放食品和农具的项目被称为"饭来张口"（Open-Your-Mouth-and-Eat）计划。有人认为，这种援助方式不是给乡村的穷人带来发展希望，反倒让他们养成反生产的态度。[①] 因此，应该让乡村居民发挥自己的潜能，承担起改善社区生活的责任，以减少对外部援助的依赖。更有甚者，有些社区发展项目非但没有改善穷人生活，反倒加强了传统精英地位，穷人并未因此获益。因此，有人质疑自上而下的乡村发展干预的合理性，原因在于这些项目没有实现对乡村居民的真正赋权。[②] 对大规模、自上而下社区发展项目的质疑，促使人们更多关注培养乡村自力更生能力的"自下而上"的发展策略，导致当地社区对改善居民生活负有更多责任。

国家从乡村发展领域的撤离，促使许多社区发展项目更多强调积极公民，鼓励当地居民积极参与社区发展。社区参与策略更加注重当地居民的参与和对其自身发展能力的培养，它主要解决的是干预不当以及自我发展能力不足等问题。它通过让受援对象参与发展项目，既提高援助的效果，也提高社区自身发展能力。由于乡村居民长期处于边缘化地位，参与式发展路径就显得相对重要。从塞内加尔乡村的情况看，发动社区居民积极参与，并通过社区服务向居民赋权非常重要。[③] 印度的"分水岭发展计划"（Watershed-Development Projects）就是通过让乡村穷人参与水土保持、提高土地生产力和自然资源利用率，以帮助他们应

[①] R. N. Lekoko and M. V. D. Merwe, Beyond the Rhetoric of Empowerment: Speak the Language, Live the Experience of the Rural Poor, *International Review of Education*, Vol. 52, No. 3/4, 2006, pp. 323-332.

[②] Á. Macken-Walsh, Operationalising Contemporary Rural Development: Socio-Cultural Determinants Arising from a Strong Local Fishing Culture, *Human Ecology*, Vol. 40, No. 2, 2012, pp. 199-211.

[③] D. C. Galvan, The Social Reproduction of Community-Based Development: Syncretism and Sustainability in a Senegalese Farmers' Association, *The Journal of Modern African Studies*, Vol. 45, No. 1, 2007, pp. 61-88.

对经济挑战。① 由于初步试行的成功,这种参与式社区发展项目被一些发展中国家当作乡村发展策略推广,并因此变成提升社区自身发展能力的重要措施。在所罗门群岛,国际与地方层面的干预之所以成功,就得益于居民的积极参与。② 如果让乡村居民积极参与社区发展,就会不断出现适应性强的发展策略。参与式乡村评估（Participatory Rural Appraisal）技术就曾让南非的乡村居民通过参与,重新认识到河流及沿岸地区开发价值,进而促进乡村发展。③

社会领域的自救并不代表乡村振兴黄金期的到来,因为政府仍是公共资源的主要掌控者。虽然国家的积极支持对乡村能否获得资源有深远影响,但国家在此过程中夹带自身利益也会给乡村发展带来新的风险。坦桑尼亚政府在广大乡村实施的一项乡村供水计划（Rural Water Supply Program）,表面上是通过改善饮用水质量推动地方经济和社会发展,但国家的真实意图却是希望通过控制和管理水资源,让人们逐渐认识到水不是一种地方资源。政府通过这个能触及乡村每个人日常生活的资源,削弱传统权威的地位,以确立国家在乡村的存在。④ 此外,国家在干预乡村发展时,还潜藏着推卸责任的企图。在坦桑尼亚,政府在乡村积极推行减贫和社区发展,但对新自由主义公民身份的强调却隐藏着新的市场化倾向,最终可能导致国家摆脱对乡村的责任。⑤

由于乡村社区在争取资源的过程中往往处于劣势地位,因此需要提高从国家获取资源的政治能力。有人通过对肯尼亚的考察发现,农民如果具有与国家讨价还价的能力,就能够争取到社区发展所需资源,反过

---

① P. K. Dash, T. Dash and P. K. Kara, The role of local institutions in sustainable watershed management: lessons from India, *Development in Practice*, Vol. 21, No. 2, 2011, pp. 255-268.

② J. Cox, Active Citizenship or Passive Clientelism? Accountability and Development in Solomon Islands, *Development in Practice*, Vol. 19, No. 8, 2009, pp. 964-980.

③ N. Motteux, T. Binns, E. Nel and K. Rowntree, Empowerment for Development: Taking Participatory Appraisal Further in Rural South Africa, *Development in Practice*, Vol. 9, No. 3, 1999, pp. 261-273.

④ M. V. Bender, "For More and Better Water, Choose Pipes!" Building Water and the Nation on Kilimanjaro, 1961-1985, *Journal of Southern African Studies*, Vol. 34, No. 4, 2008, pp. 841-859.

⑤ A. Pallotti, Tanzania: Decentralising Power or Spreading Poverty?, *Review of African Political Economy*, Vol. 35, No. 116, 2008, pp. 221-235.

来也有助于提高政治体制的合法性。① 另外一种途径就是加强乡村社区与外部力量的合作。单个乡村社区之所以要加强与外部团体、组织或服务供应者之间的伙伴关系，主要是因为这些外部力量往往掌握更多资源。② 社区只有加强与他们的合作，才能扩大服务范围，增长专业知识，并获得日常运作和服务供给所需资源。

4. 研究述评

从全球范围看，多数发展中国家都主动或被动地卷入市场化进程。经济和社会发展的相对滞后，使得这些国家的乡村发展成为普遍难题。在类似背景下展开的乡村变迁，几乎都表现出对乡村外部力量的依赖。面对来自全球、全国和地方的市场力量冲击，国家如何处理与乡村的关系成为乡村命运的关键。

从以上研究可以看出，市场化的深入推进必然造成乡村的普遍衰落。这既表现在传统农业相比工业的衰落，也表现在乡村人口外流以及传统乡村社会组织形式的瓦解。由于乡村在争夺资金、技术和人才等发展资源时处于劣势，因此乡村复兴不得不依赖国家这样的外部力量。作为一个发展中大国，中国乡村近几十年的发展转型也是在同样的背景下展开的，国家不免也要处理好对待市场化进程中的乡村问题。历史逻辑和政治制度的不同，使得不同国家对待乡村的态度有所差异，但也呈现可以把握的脉络。

乡村社会在外部援助有限的前提下摆脱发展困境是世界范围内所有发展中国家需要解决的难题。在现代化进程中，乡村社区如何提升自身的发展能力也成为国家履行支持乡村的责任时考虑的问题。从国外发展中国家的情况看，许多乡村社区在面对市场深入推进造成的相对衰落时，往往会采取行动，迫使国家和社会关注乡村发展问题，并促使各方给予一定的支持。社区行动为乡村发展争取到一定的资源，并使有些乡

---

① J. D. Barkan and F. Holmquist, Peasant-State Relations and the Social Base of Self-Help in Kenya, *World Politics*, Vol. 41, No. 3, 1989, pp. 359-380.

② G. Halseth and L. M. Ryser, The Deployment of Partnerships by the Voluntary Sector to Address Service Needs in Rural and Small Town Canada, *Voluntas: International Journal of Voluntary and Nonprofit Organizations*, Vol. 18, No. 3, 2007, pp. 241-265.

村社区看到了希望。

在中国,面对改革前的乡村发展困境,以村庄为单位的乡村社会努力挣脱制度束缚,与改革者一道将市场力量导入乡村。在面对当前的乡村发展困境时,许多村庄也积极行动,为乡村发展赢得了政府的政策支持,也获得了实实在在的资金、技术、人才援助。然而,村庄本身在现代化进程中到底扮演了什么角色?国家在干预乡村发展中到底应该怎么做?这些问题都有待在中国语境中深入观察和探讨。

二 社区与社区发展：研究视角的阐释

在古典社会学中，社区主要被视为前工业化社会的现象，社区与共同生活的要求只能在有限、文化高度共享的范围内产生和实现。但是，当代社会的各种社区生活现象和社区社会学的研究都表明，社区仍然具有重要性和生命力，并且表明需要从关系条件、地域条件等各方面综合理解它。面对城乡社区层面的发展问题，各国政府往往会诉诸"社区"或"社区发展"来寻求解决问题的办法。① 在现代化进程中，市场深入

---

① 美国学者查尔斯·罗密斯（C. P. Loomis）将滕尼斯的"Gemeinschaft"与"Gesellschaft"分别翻译为英语的"Community"与"Society"。古典社会学关于社会关系理想类型的讨论进入英语世界后，"Community"这个词就被美国社会学家用来讨论城市社会中社会团结存在的可能性。1933年费孝通等在翻译芝加哥学派帕克的论文时，首次将"Community"翻译为"社区"，从而成为中国社会学的通用术语。在汉语中还有来自日语的"共同体"这个词用来翻译"Community"。在汉语习惯中，社区经常会用来指称地域性的共同生活组织，而共同体用来指社会与组织的关系形式。1955年，希拉里（George Jr. Hillery）曾总结了94个社区定义，发现其中有三个共同的要素：共同的地域、共同的纽带与社会交往。（参见 George Jr. Hillery, Definitions of Community: Areas of Agreement, *Rural Sociology*, Vol. 20, No. 4, 1955, pp. 111-122。）在英语文献中，"Community"一般被视为具有地域性和脱域性双重特征。而在关于共同体的一些新近研究中，例如鲍曼认为，共同体被视为社会中基于主观或客观的共同或相似特征而组成的各种层次的团体、组织，规模可以小到社区，大到国家和民族；形态既可指有形共同体，也可指无形共同体。（参见［英］齐格蒙特·鲍曼《共同体》（第二版），欧阳景根译，江苏人民出版社2007年版。）从现代社会中的日常生活经验来看，人们与所居住的区域在就业、公共服务享有以及社会互动等方面的联系似乎越来越疏离。以确定地域为基础的生活共同体不仅是地理上结合在一起的土地细分单位，更重要的是，这种社区在人们的人际关系、生活联系、文化纽带以及环境共享等方面仍具有独特的意义。聚居共同体在很大程度上仍是亲戚、朋友等社会关系网以及生产、消费、物流和服务等日常生活功能的汇集地。此外，聚居共同体有时还承载着宗教、民族身份、经济地位和生活方式等方面的共同特征。虽然脱域的社区强调了人们的兴趣、爱好所产生的社会联系的重要性，但以小型聚居共同体为代表的地域社区仍然包含个体社会成员之间的联系，提供了群体认同与集体行动的可能性。（参见 Robert J. Chaskin, Perspectives on Neighborhood and Community: A Review of the Literature, *The Social Service Review*, Vol. 71, No. 4, 1997, pp. 521-547.）实际上，各种脱域社区的产生是社会团结和归属形式的变化、社

推进造成城乡社区的生活困境。国家也不断调整自己的角色,以适应市场的变化和社会的诉求,进而逐步担当起现代国家的角色。社区发展也是在这样的背景下,由政府提出和社会认可,并被广泛应用于公共政策领域的社会干预手段。鉴于发达国家在从农业国家向工业化国家转变的过程中,工业化和城镇化开展得比较彻底,因此社区发展更多地是面向解决城市聚居共同体的生活困境,并被广泛应用于城乡社区。

(一) 社区

从滕尼斯开始的研究中,社区被视为是代表个人主义的市场与代表集体主义的国家之间的中间地带,它总是被作为明确的善、高质量生活的标准。因为它带着这种积极的内涵,社区被人们用来强调市场与国家

会关系和互动范围的扩大,而不是对原有小型聚居共同体的取代。作为社会群体生活的一种形式,社区往往有地域性和脱域性的区别。通常情况下,社区既可指像邻里、村庄、村落、城镇这样具有清晰地理界限的社会群体,又可以指具有独特社会纽带的群体,即拥有共同特性、归属感并形成像民族、宗教、学术等的共同体(参见 Victor Azarya, Community, in Adam Kuper and Jessica Kuper, eds., *The Social Science Encyclopedia*, London, Boston and Henley: Routledge and Kegan Paul, 1985, pp. 135-137.)。社区这个概念容易使人想起像村庄或小城镇所包含的亲密、熟悉、同情、相互依赖的社会关系,这与现代城镇生活中随机、短暂、缺乏感情投入且以自利为基础的社会关系形成对照。按照传统的社区概念,共同生活的满足也能够超越有限、有形的地域界限。在社会关系和社会互动的形成中,地域性既不是必要也不是充分条件(参见 Gunnar Almgren, Community, in Edgar F. Borgatta, ed., *Encyclopedia of Sociology*, New York: Macmillan Reference, 2000, pp. 362-367.)。因此,地域性和脱域性并不是界定社区的决定性因素。一般来说,社区概念是从以下三个方面阐释人们对群体生活的追求:(1)具有共同地域背景的社区,它表明在特定地点区域内生活的人们的定居地。仅仅是从地理学意义上讨论共同生活的地点不具有社会学意义,地方区域在任何意义上都不是社区,交流及参与像在超地域的任何正式组织中一样容易被分割。(参见 Scott Greer, *The Emerging City*, New York: Collier Macmillan, 1962, p 103.)(2)具体地点内发生的社会关系。这是从具体地点上生活的人们之间社会关系角度来考察社区,所以社区在这里指的是在共同地点上生活的人们之间的社会关系网络。虽然这些讨论具有了社会学的意义,但仅仅注意到社会关系本身还是不够,更进一步的讨论需要探讨这些社会关系的具体内容与意义。(3)社会关系中个体之间的互动,即个体之间的认同感。有时候人们之间的认同感并不是建立在个人之间的直接联系上,它倾向于指具有相同的兴趣、爱好和价值观的人们之间的心理归属感。(参见 Howard Newby, Community, in Kenneth Thompson (ed.), *Key Quotations in Sociology*, London and New York: Routledge, 1996, pp. 23-26.)第三个意义上的社区更容易在日常用语中被用来指根据各种虚拟社区,然而这个词更多的暗示了人们之间的社会认同,而不注重地理意义或成员之间的直接社会联系。在社会学范畴内,社区的内涵既是描述的,也是规范的,它可以被用来描述人们群体生活的状态,也可以被看作群体生活的价值观与理想。

领域之外的任何事业。社区成为人们对共同善生活的期待以及所经历的困惑,它虽然遭到持续的批评,但是作为讨论社会生活组织形式的重要概念,社区概念又不断成为研究利用的资源。

1. 古典社会学的理想模式

社会学领域的社区讨论一般都会回溯到古典时期的滕尼斯（Ferdinand Tonnies）、涂尔干（Emile Durkheim）。古典社会学家将社区视为讨论人们群体生活的重要方式,并且将它区别于孤立或个人主义的状态。古典社会学思想家通过观察传统秩序与社会生活传统模式的破坏,以及工业化、城镇化和资本主义的兴起,形成了关于社区与共同生活转型的论断。

滕尼斯在构建自己社会学两大领域的时候,使用社区（Gemeinschaft）与社会（Gesellschaft）之间的区别来讨论社会关系形式的变化,他的社会学体系主要是通过这两个概念来观察社会生活的结构形式。[①] 滕尼斯使用二分法的主要目的是,描述人们之间社会关系的两种理想情景。其中,社区与社会之间的互动反映了人与人之间联系形式在现代性条件下的变迁。滕尼斯在讨论人类群体生活时赋予以共同善为目的的共同生活以道德优先性,同时暗示以手段为导向的社会生活有潜在的危险。社区与社会是理想模式,与社会事实并不完全符合。但它有利于比较分析,可被视为连续体的两端。需要注意的是,两者都不一定是两个极端的情况。[②] 在德国古典社会学的奠基人中,因为滕尼斯普遍被认为对现代性持悲观态度,所以是相对被忽视的人物。从根本上来说,滕尼斯确实不喜欢社会状态下人与人之间的社会关系,并对社会中的社会关系形式抱批评态度。他批评了对传统的拒绝、价值观的相对化、对同胞道德关心的排斥以及对个体的过度强调。虽然他描述了现代社会没有根基、冷漠、精于算计的个人,但他希望唤起过去的主要目的是为未来提出蓝

---

① 根据社区与社会之间的区别,滕尼斯认为社会学可以分为两大领域：普通社会学与专门社会学。前者针对的是有意识或无意识的任何形式社会生活。它包括社会生物学和社会心理学。专门社会学包括纯粹、应用与实证社会学。（参见 LouisWirth, The Sociology of Ferdinand Tonnies, *The American Journal of Sociology*, Vol. 32, No. 3, 1926, pp. 412-422.）

② Ferdinand Tonnies, Community and Society [1887], in Jan Lin and Christopher Mele (eds.), *The Urban Sociology Reader*, London and New York: Routledge, 2005, pp. 16-22.

图，并以其中良心、同情与关心所谓的女性特征支配社区①。滕尼斯曾被认为是"文化悲观主义者"，但他只是在现存社会或文化上是悲观的，他对普遍的人类文明并不悲观。也就是说，作为"应用"社会学家，他对现代社会的命运也不乐观。但是作为"纯粹的理论"社会学家，他的目光超越眼前社会的局限而投向未来的社会。② 将来，人们可以在合作社而不是社会组织的竞争性环境中发现具有潜在生命力的亲密力量，而且社区与社会不是最终的社会实体，并不服从变迁。

涂尔干在讨论个体性与群体性之间的关系时，他的核心假设是努力阐释社会产生于个体，以及从社会到个体的因果关系。③ 在1889年对滕尼斯所著《社区与社会》(Gemeinschaft und Gesellschaft) 的书评中，涂尔干拒绝"社区是有机的，而社会是机械的"的假设，但接受了滕尼斯关于社会得自社区的主张。他认为功利的个人主义与机械的社会关系并不是社会的主要特征，大型群体中的生活与小型群体中的生活同样是自然的。实际上，他在《社会分工论》(De La Vivision Du Travail Social) 中，颠倒了滕尼斯的主题，断言现代性也能够产生有机团结，并且在逐步取代过去的机械团结。虽然滕尼斯承认，小型村庄与大型城市中个人的社会态度可能有相似性，但社会的有机本质对于他是次要的，因此涂尔干关于复杂社会中生活的观点没有他那么悲观。④ 涂尔干坚持认为，社会生活源于意识的相似性与社会劳动分工。其实，《社会分工论》中所包含的社会团结理论根源于关于原始社会生活、自然与文化之间的界限以及人类本质的许多假设，它描述了产生于相似性或相互依赖的社区生活，即从以群体相似性为基础的团结到以劳动分工为基础团结的社会演进。在涂尔干社会变迁理论中，担心在于有机团结的出现可能被过度的个人主义以及代表共同目的合作意愿的丧失所威胁。如果现代社会不

---

① Cristopher Adair – Toteff, Ferdinand Tonnies: Utopian Visionary, *Sociological Theory*, Vol. 13, No. 1, 1995, pp. 58–65.

② Werner J. Cahnman, Toennies and Social Change, *Social Forces*, Vol. 47, No. 2, 1968, pp. 136–144.

③ R. Keith Sawyer, Durkheim's Dilemma: Toward a Sociology of Emergence, *Sociological Theory*, Vol. 20, No. 2, 2002, pp. 227–247.

④ Joan Aldous, Emile Durkheim and Ferdinand Tonnies, An Exchange Between Durkheim and Tonnies on the Nature of Social Relations, with an Introduction by Joan Aldous, *The American Journal of Sociology*, Vol. 77, No. 6, 1972, pp. 1191–1200.

能提供个体忠诚与关心的社会组织，失范与自我中心主义就会增加，解决的办法是现代社会培养正义与平等的普遍理想作为日常生活中个人主义的基本尺度。① 涂尔干社会学是由对欧洲和法国"道德危机"的深刻关心所激发，他的社会学支撑是道德，它的意旨是被高于、超越和外在于个体的东西的意识指导或限制的生活。② 他关心的是个体道德与精神生活的社会基础，以及社会生活的规范与道德基础。

2. 芝加哥学派的现实比照

古典社会学家所构建的理想类型激发了一批社会学家与社会地理学家田野工作的热情，他们利用原型来描述社会关系形式的意图被忽略，理想类型不再是分析工具，而是被视为能够观察与检验的实际社会结构。于是理想类型就被对照为现实生活中村庄与城市这两种具体的居住或地理模式，学者们普遍关注的是现实社会生活中社区的命运。

自古典社会学的社区研究开始，现代社会学不断地探讨社区在现代社会条件下存在的可能以及形式的变迁。19世纪末20世纪初，欧美社会的工业化和随之而来的城镇化高潮激发了对人与空间利用关系的研究。20世纪20年代帕克（Robert Ezra Park）和伯吉斯（Ernest Burgess）开创的人文区位学为特色的芝加哥学派，主要关注人群空间分布的社会及非社会原因。从那时起，现代社会学的主题之一就是讨论城市社会中社区的命运，核心是社区中人与人社会关系的疏离，即社区的危机与衰落。芝加哥学派主要代表人物帕克、伯吉斯与沃思（Louis Wirth）的共同特点是，都强调田野工作，并对作为空间现象的社会结构进行描述性研究。他们的研究对象包括各种规模、人口构成、技术、经济或文化特征及自治程度的单位，而社区特征也被用于解释像不平等、偏离、变化的能力等现象，研究人员关注城乡差异对社区结构与互

---

① Charles E. Marske, Durkheim's "Cult of the Individual" and the Moral Reconstitution of Society, *Sociological Theory*, Vol. 5, No. 1, 1987, pp. 1-14.
② John B. Harms, Reason and Social Change in Durkheim's Thought: The Changing Relationship between Individuals and Society, *The Pacific Sociological Review*, Vol. 24, No. 4, 1981, pp. 393-410.

动中变迁的解释力。① 芝加哥学派受到詹姆斯（William James）和杜威（John Dewey）实用主义哲学运动的影响，他们不是把城市当作与人类无关的外在物，也不只是把它当作住宅区的组合，而是把它视为人类意志塑造的产物。他们认为城市包含人类的本质特征，它是人类的普遍表现形式，尤其是由空间分布特性决定的人类社会关系的表现形式。城市居民的生活传统、习俗和浪漫主义的渴望逐渐把区位、经济与工业等因素转化为社会关系，这种社会组织意味着新的价值观念和社会目标的创造。② 城市社会学家试图在大量异质性、相对固定、紧密聚居的人口中发现最有特色和典型的社会行动与组织形式。城市主义就被看作整体性社会中普遍建立的关系所产生的一系列社会关系，它们被表达为城市现象组织、调整及构建的规律。③ 由于人文区位学被认为无视人口大规模流动与交通通信形式变迁所带来的社会变化，以及阶级、人种、性别、民族等因素对社区生活的影响，所以被批评为形式主义。而帕克和伯吉斯也因为寻求城市社区自然与有机生活形式而被批评为肤浅，理由是他们忽视了城市生活的社会和文化层面以及工业化对城市布局的政治经济影响。④ 20 世纪 60 年代，芝加哥学派所持的"城市是社区的天然生活环境并且代表社会的人类秩序"的观点开始受到质疑，到 20 世纪 70 年代他们的许多命题都逐步衰落。科恩（Anthony P. Cohen）认为，古典传统及芝加哥学派对社区讨论的问题在于，通过探讨社区概念理论上的构成要素，找出社会变迁与发展的理由，这种结构决定论产生了"社区"在连续谱意义上的丧失⑤。由此，人们可以根据社区要素的强弱程度，将它区分为从联系紧密的村落到社会关系松散的城市的连续谱，这种分析方式很大程度上类似于以定量为基础的"简单"与"复杂"二重性的讨论。

---

① Louis Wirth, Urbanism as a Way of Life, *The American Journal of Sociology*, Vol. 44, No. 1, 1938, pp. 1-24.

② ［美］莫里斯·詹诺维茨:《导言》，载 R. E. 帕克、E. N. 伯吉斯、R. D. 麦肯齐《城市社会学》，宋俊岭、吴建华、王登斌译，华夏出版社 1987 年版，第 3 页。

③ David Harvey, *Social Justice and the City*, London: Edward Arnold, 1973, pp. 303-304.

④ Ernest W. Burgess, The Growth of the City: An Introduction to a Research Project ［1925］, in Jan Lin and Christopher Mele (eds.), *The Urban Sociology Reader*, London and New York: Routledge, 2005, pp. 73-81.

⑤ Malcolm Young, Review, *Man*, Vol. 23, No. 3, 1988, pp. 570-571.

在现实社会生活环境中,村庄提供了研究传统社区的原型,两者有时达到等同的程度。这不完全是规模的问题,因为村庄是最小的,而且可能是自给自足的社区空间单位。村庄生活的许多非市场性的因素也有助于形成强烈的地方纽带和相互依赖感。城乡两极连续谱的支持者容易通过确定"城市"或"乡村"生活方式的特征,轻易地进行实证研究来观察与讨论现实社会结构中社区生活与原型的一致程度。① 由于美国社会学研究的城市导向,美国乡村研究主要关注农业及相关政策问题,这涉及乡村人口的变化、经济转型、环境保护及减贫等方面。英国乡村社区研究则主要盛行于 20 世纪 40 年代到 60 年代,当时乡村与城市生活的关键区别在于农业在乡村经济中的地位,它成为历史上村庄存在的重要因素,并且曾赋予了乡村居民共同的目标与观念。乡村社区的研究更多的是对传统社会秩序丧失的描述,而不是对社会变迁的批判性解释。② 学者们对乡村社区的关注于 20 世纪 70 年代逐渐衰落,主要原因是二战后英国社会结构发生了根本性变化。③ 其实,古典社会学的共同体研究勾勒了"社区精神"的衰落,它为许多当代社会问题提供了解释。作为从事农业劳动的地方,村庄经常被视为长期建立、慢慢演变的,并且与自然接近、环境和谐、有机的人类环境。村庄因此受到绝大多数城市批评者的极度偏爱,它被认为能够提供现代社会及人工构建社会已经丧失的社会团结的美德。④ 社区的关系形式令人向往,从而成为现实生活中人们对社区,以及安全和稳定性的渴望,即对在现代工业社会中已经丧失的认同和真实性的渴望。

---

① 这种研究包括齐美尔(George Simmel)的《大都市与精神生活》(*Die Großstadte und das Geistesleben*)(1903)、芝加哥学派沃思的《作为一种生活方式的城市主义》以及雷德菲尔德(Robert Redfield)的《乡民社会与文化》(参见 L. Wirth, Urbanism as a way of life, *American Journal of Sociology*, Vol. 44, No. 1, 1938, pp. 1 – 24; Robert Redfield, *Peasant Society and Culture*, Chicago: University of Chicago Press, 1956)。

② Sam Hillyard, *The Sociology of Rural Life*, Oxford and New York: Berg, 2007, p. 17.

③ C. Bell and H. Newby, *Community Studies: an Introduction to the Sociology of the Local Community*, London: Allen Lane, 1971.

④ Graham Day, *Community and Everyday Life*, London and New York: Routledge, 2006, p. 40.

3. 脱域的研究转折

由于芝加哥学派带来的社区研究的量化倾向遭到了普遍批评,社会人类学家开始强调对社区的质性研究。他们认为,社区的内在本质是具体体现的、感性的、充满情感的联系,而人们对真正社区的探讨却将它变成要么是唯一的,要么是无法解释的,因此放弃了对情感产生于亲密、熟悉、多元且长期存在人际关系的社区的描述。然而随着社会日益复杂与流动,研究者发现人们对集体的情感尚未消失。[1] 面对这种矛盾,研究者开始转向强调社区想象或象征性的特征。

安德森(Benedict Anderson)将社区与面对面社会关系之间的联系分离,并把社区的概念当作解释民族主义中情感忠诚的工具。[2] 安德森提出大型共同体的认同问题,即民族主义如何激发人们甚至在战争与革命中放弃自己的生命。他没有给出最终答案,但他让人看到,民族主义到处都用世俗荣耀的新形式代替更古老的宗教与朝代抱负。在这个意义上,民族主义不是"不成熟"的状况,而是人类才智最接近的地理与技术调节的结果。[3] 安德森也强调,人们不应将"想象的"解读为"虚假的"或"虚构的",因为超越直接面对面关系的任何共同体都吸纳了想象的公共性这个元素。民族主义的情感责任是,人们认同且有时甚至愿意为了陌生人而去斗争,或代表他们赴死的能力。其中,关键是利用了团结的构想而不是实现它。在自我批评和解释中,想象共同体的概念好像提供了一个特别有用的阐释性选择。这是因为根据定义,它关心的是团结的解释与意识形态,而不是有争议的社会描述,或就此而言的社会关系。从20世纪90年代开始,人类学家逐步吸收全球化、人口流动、脱域等大众与学术见解,并将它们融合为好像无形的"感觉结

---

[1] Vered Amit, Reconceptualizing Community, in Vered Amit (ed.), *Realizing Community: Concepts, Social Relationships and Sentiments*, London and New York: Routledge, 2002, pp. 17-18.

[2] 自从《想象的共同体》(*Imagined Communities*)(1983)出版后,安德森就成为后现代社会科学重要偶像之一(参见 Benedict Anderson, *Imagined Communities: Reflections on the Origin and Spread of Nationalism*, London and New York: Verso, 1983/1991; Daniel Chirot, Review, *The American Historical Review*, Vol. 104, No. 5, 1999, pp. 1651-1652)。

[3] George M. Wilson, Review, *The American Historical Review*, Vol. 90, No. 4, 1985, pp. 903-904.

构"、归属感结构及想象共同体。① 想象的共同体包含拥有共同价值观、愿望或经历的人们，它产生于人们对民族的认同，而且必然包括大量未曾谋面的人们。它被认为涵盖广泛，民族共同体中的所有成员无论阶级、性别与代际差异，民族归属感都同样牢固。虽然在民族内部有时有激烈的争执甚至是公开的斗争，人们也可能会意识到自己陷入不平等及剥削的分裂关系中，但是对于外界来说，这些都被共同的民族身份与标签所掩盖。② 想象共同体的缺陷正是在于没有对共同体概念进行批判性分析，忽视了共同体内部成员之间责任与归属的差异。这些讨论虽然发生在族群层面，但共同体的讨论对社区这种聚居共同体也构成暗中能动。

结构主义者关注共同体变迁的外部因素，讨论破坏社区完整性的外部压力，而社会人类学家更注重共同体内部的社会组织，以及共同体与外部世界的界限与认同的复杂界定。③ 科恩的观点代表了从古老的类推法到符号论的转向，他认为社区的核心是根本的人类社会经历，以及对那些关心它的人们有意义的方式。他将人们的注意力转向社区非常积极的构建，以及它实现无限创造的途径。④ 他不赞同流行的社区丧失的说法，反对社会必定趋同的观点，相反却认为地点差异仍是根本的，因为表面相似性经常掩盖含义的差异。从 20 世纪 70 年代初开始，"社区"就表明集体性、共同性，甚至同类的相似性，但是这些可以是从全球到地方的任何层面的东西，这比 20 世纪 30 年代到 50 年代关心社区语义区别的社会学家对现实更敏感。符号社区理论的贡献在于，它表明了社区是如何通过界限界定的，以及如何流动及变迁。社区不是强制性的道德结构，它可以决定个体行为，但也能够成为人们利用的资源。然而，它的缺陷是不考虑社区可能采取暴力形式压制个体并具有排他性。暴力经常是社区界限的维护者，它清楚界定自我与他人之间的分离。社区受到界限构建的影响，而社区的现实却因此被否定。但是文化不仅是

---

① Vered Amit, Reconceptualizing Community, in Vered Amit (ed.), *Realizing Community: Concepts, social relationships and sentiments*, London and New York: Routledge, 2002, pp. 2-9.

② Graham Day, *Community and Everyday Life*, London and New York: Routledge, 2006, pp. 162-163.

③ Marilyn Aronoff, Review, *Contemporary Sociology*, Vol. 13, No. 1, 1984, pp. 46-47.

④ Anthony P. Cohen, *The Symbolic Construction of Community*, London and New York: Tavistock, 1985.

符号主义的,还有更宽泛的认知与创造功能,其中社会世界就是被文化创造的。

4. 虚拟化的新趋向

虽然社区这个概念在 20 世纪 80 年代开始经常被视为过时、含混并且应该被抛弃的,但是近年来由于它日益表现出非常大的弹性而又重新成为讨论群体生活的重要概念。新的信息技术形成新型的社会组织与社会互动,它们是以电子技术为基础的信息网络。虽然新的信息技术不是这个社会变迁的决定因素,但它们却是社会变迁的当前过程实际表现不可缺少的手段,人们有可能围绕共同兴趣而利用电子通信来建立虚拟社区。虚拟社区的关键之处在于它不是由命运或"运气"决定,很大程度上是根据品味及兴趣组织的。关于虚拟社区的三个主要理论立场与莱茵戈德(Howard Rheingold)、卡斯特(Manul Castells)和卡尔霍恩(Craig Calhoun)的研究相关。莱茵戈德将英特网视为现实的另一选择,并具有转变社会的能力。他认为,信息与通信技术本身不但能够改变社会关系,而且可能产生新的社会关系,但他与众不同之处在于认为虚拟社区是"网上社区",并不存在于现实的日常生活中。卡斯特却坚持虚拟社区虚拟性与现实性的双重特征,但他认为虚拟社区最重要的功能是以不同人组成的网络为基础,并能够扩大他们的社会关系网络。但这个观点遭到卡尔霍恩的反对,他认为在社会团结上,社区的力量是淡薄的。他认为英特网在创造相似性上有重要作用,但无法加强不同人之间的地方网络。虚拟社区有构建社会与政治世界的力量,因为它提供了创造与想象社区的无限可能性[1]。虚拟社区具有混合特征,所以有可能为创造空间与非空间社会关系提供条件。然而,以计算机为媒介的交际确实是在社会关系网络中发生,这些网络既可能提高个体的归属感,也可能放大社区的排他性,成为产生社会分裂的推动力。

(二) 社区发展

社区这个词所指的具体内容在不断变化,但它所表明的人们对社会

---

[1] Gerard Delanty, *Community*, London and New York: Routledge, 2003, pp.173-185.

团结的关注没有变。对社区的寻求不能仅仅被看作对现代性的保守拒绝,对丧失东西恢复毫无希望的怀旧诉求,它是非常现代价值观的表达方式,并且当今生活于其中的核心社区长期以来一直与社会有张力。社区发展成为社会领域抵御市场的过度侵蚀并向国家争取权利的工具。国家也积极推动社区发展,希望通过加强对社区居民的经济支持与服务供给,为塑造居民对聚居共同体生活的认同感与归属感创造条件。

1. 城市聚居共同体的衰败

市场化推进的最明显表现是劳动力商品化和住房商品化造成的社会问题空间集聚。早期快速推进的工业化和城镇化加剧了劳动力的商品化,大量人口从乡村涌入城市就业和生活,人口在中心城市的集聚在客观上也造成失业、贫困在这些地方的集聚。住房的商品化使得贫富差距进一步体现为富人与穷人在聚居空间上的分隔。在许多中心城市,贫困呈现为空间上的集中分布。由于城市变得拥挤,加上污染严重,一些中产阶级开始搬出内城区,而他们留下的房子却成为许多本国农民和外国新移民的驻留地。为了减少交通成本,许多穷人的社区就围绕工厂形成,因为这些产业工人可以在工厂附近找到廉价的住房。对于这些刚刚进入城镇的农民和外国移民,找工作并不容易,因此这些社区很容易成为失业和贫困的聚集地。不是说失业和贫困的人就一定有犯罪倾向,但从美国的情况来看,一些穷人和外来移民聚居的区域犯罪问题比较严重。[1] 一般来说,人们如果居住在贫民区,就意味着没有机会获得好的工作和住房,且无法获得优质的教育和医疗等公共服务。20世纪20年代和30年代,城镇的失业、贫困、犯罪、家庭破裂、黑帮行为、道德冲突、自杀和精神失常等问题较为突出,因此引起了许多社会学家的注意,并一度成为社会学研究的重要议题。[2] 此外,这些问题经常同民

---

[1] Jurgen von Mahs, *Down and Out in Los Angeles and Berlin: The Socio-spatial Exclusion of Homeless People*, Philadelphia: Temple University Press, 2013.

[2] 这个时期,社会学家与人类学家们较为关注社会变迁和社会瓦解问题,并选择社会越轨者、无家可归者、少数民族作为研究对象,深入观察犯罪、离婚、家庭破裂、黑帮行为、道德冲突、自杀和精神失常等现象盛行的地区。(参见 L. Wirth, Urbanism as a way of life, *American Journal of Sociology*, Vol. 44, No. 1, 1938, pp. 1-24; Gerald D. Suttles, Urban Ethnography: Situational and Normative Accounts, *Annual Review of Sociology*, Vol. 2, No. 4, 1976, pp. 1-18.)

族、种族等问题交织在一起,许多生活在贫民区的人们感到聚居共同体生活的衰败。

城市经济结构的调整使内城区生活进一步恶化。20 世纪中期,城市产业形态发生变化,大量劳动力密集型产业迁出中心城区,取而代之的是知识密集型和技术密集型产业。由于中心城区大规模结构性失业,到 20 世纪 60 年代,贫困问题再次凸显出来,城市生活的同质性以及社会秩序的脆弱性令人震惊。① 大量的人口迁徙改变了城市的人口构成,产业结构调整也造成内城更容易成为失业者和移民的聚集地。社会精英们生活在核心商业区、富人区,穷人与无家可归者居住在贫民窟、外来移民区等边缘地带。由于社会精英阶层的大量外迁,政府的公共设施与公共服务的投资开始转向郊区,这加剧了内城区有些聚居共同体生活的衰败。对社会精英来说,他们甚至可以不依赖所居住的社区获得就业和公共服务等资源;而穷人和失业者一般处于市场化资源配置的劣势,因此格外依赖所生活的社区获得经济支持和公共服务供给。由于这些问题难以有效解决,就造成城市内城区成为社会问题的集聚地。②

就社区认同与居民归属感而言,邻里稳定性理论上对于社区及其居民都是好的,而且可能对于穷人聚居的共同体生活特别有好处。如果就社会隔离而言,邻里稳定性对经济上处于劣势的社区居民心理健康则有明显的负面影响。在贫困、失业和犯罪集聚的社区,邻里稳定性对居民心理健康的负面影响并不是因为邻里之间缺少社会纽带,关键还取决于社区居民的经济生活状况。这是因为当社区中混乱的社会秩序对居民造成负面影响时,许多穷人都无力逃脱这种威胁和危险。③ 在贫民聚居的社区中,共同体生活的衰败既不是因为居民流动的增加,也不是因为居

---

① 甘斯(Herbert Gans)的《城市村民》及萨图尔(Gerald D. Suttles)的《贫民窟的社会秩序》重新开启了芝加哥学派以来一系列问题的讨论与调查,社会学家与人类学家重新关注作为文化载体的社区生活(参见 Herbert Gans, *Urban Villagers: Group and Class in the Life of Italian-Americans*, New York: The Free Press, 1982; Gerald D. Suttles, *The Social Order of the Slum: Ethnicity and Territory in the Inner City*, Chicago: University Of Chicago Press, 1970)。

② Anna Leon - Guerrero, *Social Problems: Community, Policy, and Social Action* (3rd edition), Thousand Oaks: SAGE, 2010.

③ Catherine E. Ross, John R. Reynolds and Karlyn J. Geis, The Contingent Meaning of Neighborhood Stability for Residents' Psychological Well-Being, *American Sociological Review*, Vol. 65, No. 4, 2000, pp. 581-597.

民异质性的增加，原因却在于他们无力改变自己生存的恶劣环境。由于社区中处于社会底层的人士社会流动性较小，他们在社会中所处的地位也就越发孤立，哪怕居民的同质性也难以让他们有强烈的认同和归属感。

2. 国家的积极干预和责任推卸

结构性社会问题在社区层面的集中反映，引起国家的重视，因为社会矛盾的积累有可能导致严重的后果。面对"市场失灵"造成的深层次问题，国家开始积极改变现有社会秩序，探索振兴社会共同生活的办法。

在美国，社区发展被当作解决社会衰败问题的出路，并广泛应用于社会物质成就的提升。20世纪50年代和60年代，由于城市成为贫穷和社会疾病的聚集地，国家开始转向借助社区发展振兴内城区小型聚居共同体生活。[①] 美国从1964年正式引入社区发展计划，并设立了福特基金会和预防青少年犯罪总统委员会以推进社区发展项目。后来，国家尝试着推进模范城镇计划，并开展了社区发展年度拨款项目的试点，试图挽救市场化对部分小型聚集共同体生活的侵蚀。[②] 在美国，社区发展首先是被国家用于提高对居民的经济支持，增强居民对社会集体生活的信心，为塑造居民的社会认同与归属感创造条件。之后，社区发展也被广泛应用于解决造成社区生活衰败的其他问题，并试图通过向广大民众提供基本公共服务，达到塑造居民对小型聚居共同体生活归属感等目的。在社区发展实践中比较成功的范例是政府支持建立的社区发展公司，它是一种社区层面的非营利组织，主要设立在低收入人口集聚的社区、公共服务供给不足的社区或者经济不景气的社区。[③] 社区发展公司往往开

[①] 社区发展（Community Development）这个概念先是被英国、法国和比利时应用于亚、非殖民地管理中。1951年联合国经社理事会通过390D号议案，推动社区发展。1955年联合国发布《通向社会进步的社区发展》（Social Progress Through Community Development），在全世界推广社区发展的策略（参见 United Nations Bureau of Social Affairs, *Social Progress Through Community Development*, New York: United Nations Publication, 1955）。

[②] Peter Marris, Community Development, in Kuper, Adam and Jessica Kuper, eds., *The Social Science Encyclopedia*, London, Boston and Henley: Routledge and Kegan Paul, 1985.

[③] James DeFilippis, Susan Saegert, eds., *The Community Development Reader* (2nd edition), London and New York: Routledge, 2012.

展以下工作：一是通过房产开发向社区贫困居民提供廉价住房；二是向社区居民发放小额商业贷款，有时还向居民免费提供小型商业场地；三是向社区儿童提供教育并向当地居民提供再就业培训。联邦和地方政府往往对这些社区发展公司提供一定的资金补贴或者给予他们一定的免税优惠，有的地方干脆仅提供政策支持，让社区组织自己募集资金。① 就项目实施的效果来看，社区发展公司在许多社区改善了居民失业和贫困问题，并在一定程度上也减少了这些社区的犯罪问题。但后期整个国家的经济衰退造成资金短缺，也给有些社区发展项目带来很大难题。

出于自身政治责任的考虑，国家在经济和社会转型的关键时期会着力解决失业、贫困等社会问题，并希望通过改善民众的社会福利，增强他们对生活共同体乃至政治共同体合法性的认同。然而，当国家碰到财政困难，也可能在公共服务领域脱卸自己本应承担的责任。20 世纪 70 年代中期的石油危机引发了美国经济衰退，面对失业率增长，国家本应向社区居民提供更多的支持和保护，防止过度市场化对社会的侵蚀。当时，由于福利国家造成的巨大财政困境，迫使联邦政府采取削减公共开支的政策。国家拉动经济增长的需求远远超过了公民福利与公民权建设的诉求。更有甚者，20 世纪 80 年代兴起的新自由主义也为公共政策导向的变化提供了意识形态支持。新自由主义的正统信条认为，国家干预是造成经济和社会发展困境的主要原因，国家应放弃对资本要素的管制、减少对经济活动的干预、削减公民福利，以缓解公共财政赤字的负面影响。为了帮助政府从福利国家的财政负担中解脱出来，有些新自由主义者还提出公共服务供给的市场化模式。② 此外，为了减少公共服务供给成本，各地普遍出现了公共服务归并现象，从而导致公共服务供给地区主义的出现。随着公共服务的削减和归并，社区居民获取公共服务所要付出的代价增加，这就使一些处于衰落的社区处境更加困难。

在新自由主义意识形态影响下，国家积极鼓励"邻里守望"或"积极公民身份"运动，逐步将部分公共服务供给的责任脱卸给社会，

---

① Edward G. Goetz and Mara Sidney, Community Development Corporations as Neighborhood Advocates: A Study of the Political Activism of Nonprofit Developers, *Applied Behavioral Science Review*, Vol. 3, No. 1, 1995, pp. 1–20.

② David Clark, Neoliberalism and Public Service Reform: Canada in Comparative Perspective, Canadian Journal of Political Science, No. 4, 2002, pp. 771–793.

导致了社会生活共同体出现过度分化和极化的现象。这个时期，对公共服务供应产生直接影响的两大变化分别是官僚机构裁减和公共服务外包。正是由于官僚机构的削减，国家逐步退出社会福利和社会发展领域，以前由政府提供的一些公共服务转由社区自己承担。同时，联邦政府开始改变自身作为服务供应中心的地位，鼓励各级地方政府通过公共服务外包，转而让市场力量和非营利组织成为公共服务的直接提供者。① 之前，由政府直接提供的公共服务因为效率低下和质量不高，饱受民众批评。服务外包将政府从直接提供公共服务所带来的批评中解脱出来，各级政府将公共服务供给的直接责任转交给社会，由社区和非营利组织更有效地向居民提供公共服务。新自由主义意识形态盛行可能造成的印象是，社会福利和社会发展是社区、地方组织与慈善部门的责任，而不是国家的事情。随着国家对地方投入资金的削减，社区也更多地依赖政府，并陷入对稀缺资源的激烈竞争中。值得注意的是，在对付失业、贫困与社会隔离等结构性社会问题时，国家具有独特优势，显然要比单个社区的力量更加强大。

3. 弱势群体的社区行动

工业化和城镇化在深入推进的过程中，劳动分工与生产专业化水平得以提高，因而导致个体之间的联系在地方层面及一般意义上被削弱。虽然工业化和城镇化改变了人们原有的生活方式，社区在现代社会中的生存能力被削弱，但是具有明显地域特征的社区对有些人还很重要。现代社会中，社区仍然是许多人日常生活的重要场所，也是实现国家对居民经济支持和公共服务供给的场所。当失业、贫困和公共服务供给不足等问题造成小型聚居共同体生活困难时，政治意义上的社区又被重提。

对于社会自身而言，社会弱势群体开始意识到，必须借助集体行动才能增加社会福利，并维护自己的利益、信仰和生活方式，从而形成更加团结和紧密的社会关系。现代社会自组织多是以不同层面的社区组织形式呈现，它是防止市场力量过度侵蚀，以及社会领域向国家争取政治权利而诞生的社会组织形式。一般来说，在社区层面开展的各种振兴计

---

① John Bennett and Elisabetta Iossa, Contracting out Public Service Provision to Not-for-profit Firms, *Oxford Economic Papers*, Vol. 62, No. 4, 2010, pp. 784-802.

划的目标是保持社会平衡，促使社会更有效地运转。然而，社区发展项目的获取往往需要经过政治斗争，项目的实施还需要争取资金及其他各种支持。

致力于解决社区问题的各种层面的社区组织本身不是现代社会的产物，历史可以追溯到早期教会建立的慈善组织。然而，现代意义的社区组织则是市场经济兴起的产物，而且面对的是不同的问题向度。市场经济的广泛实行，带来世界范围物质财富的普遍增长。市场经济所包含的以竞争和效率为核心的资源分配机制，也让许多人不得不面对经济发展机会和财富占有等方面的差异。为了帮助社区居民应对经济挑战，有些市场导向（market-oriented）的组织建立起来，目的是提高居民的经济收入。然而，在有些发展中国家，真正适应市场规则建立的组织，有时会成为社区内部经济进一步分化的加速器。如果社区中的保守势力比较强的话，市场导向的组织发展就比较迟缓，反倒是为社区成员提供公共物品的共同体导向（community-oriented）的组织能够获得更多的发展机会。[①] 共同体导向的组织更多地关注社区居民公共服务的供给，具有弥补市场侵蚀的作用，因此更加受到社会领域的广泛欢迎。

此外，现代社区自组织形式的迅速发展还直接得益于二战后兴起的公民权运动。经济发展方面，低收入社区在资金、技术和人才方面都不占优势，难以缩小与其他社区的发展差距。面对市场力量的侵蚀，国家有责任扶持低收入社区的发展。在有些发达国家，公民权运动和女权运动、反对种族歧视运动等结合在一起，很大程度上使政治激进主义的出现和持续成为可能。[②] 20世纪60年代和70年代，公民权运动的一个重要成果是，国家认识到自己在市场化进程中所应承担的公共福利供给责任。政治方面，边缘化社区在政治体系中的话语权较弱，更需要以组织化形式争取自身应有的权益。因此，社区组织成为低收入社区和边缘化

---

① Tanguy Bernard, Alain De Janvry and Elisabeth Sadoulet, When Does Community Conservatism Constrain Village Organizations?, *Economic Development and Cultural Change*, Vol. 58, No. 4, 2010, pp. 609-641.

② Shana Bernstein, Interracial Activism in the Los Angeles Community Service Organization: Linking the World War II and Civil Rights Eras, *Pacific Historical Review*, Vol. 80, No. 2, 2011, pp. 231-267.

社区动员居民并且改变经济、政治体系中资源分配结构性不平等的依靠。① 通常情况下，社区组织都是通过帮助社区居民在超越社区的层面发出自己的声音，获取社区发展所需要的资源。② 随着公民意识的提高，如今在有些发展中国家的乡村，政治激进主义甚至推动社区组织帮助妇女获得并提高对土地的控制权，实现了对乡村社区这些弱势群体的赋权。许多妇女因此控制了土地使用的决策权、土地配置权，以及土地衍生收入的分配权。③ 在许多国家，社区组织都能帮助社区居民争取和实现自己应有的权利。广泛的争取公民权利的社会运动，迫使国家不得不关注失业、贫困和社会隔离等问题，进而推动社区发展逐步演化为广泛的社会建设运动。广大民众发现，作为社会的自组织形式，社区能够向国家争取资源，并避免国家对社会的过度控制。在地方选举中，社区组织既能够依靠与居民的联系为干部拉到选票，又可以督促干部为社区及居民争取更多的政府服务项目。④

同时，社区组织能够培养当地居民对地方事务的领导权，并借助各种社区组织与社区内其他组织以及社区外各种社会组织建立联系。这样，社区组织既能够争取官方机构的认可，确保不断地发展，又可以改善公共服务的供应标准，争取提高本社区的地位。而且作为地方集体行动的组织单位，社区还能够通过社区组织贯彻和实施国家的方针、政策，例如一些国家竞相开展的社区发展或社区复兴计划，都需要获得当地居民的积极回应与支持，否则无法在既定的时间内达到预订目标。⑤ 更重要的是，当居民面临共同威胁，要想在地域单位上形成一致的价值

---

① Josefina Figueira-McDonough, Community Organization and the Underclass: Exploring New Practice Directions, *Social Service Review*, Vol. 69, No. 1, 1995, pp. 57-85.

② Edward T. Walker and John D. McCarthy, Legitimacy, Strategy, and Resources in the Survival of Community-Based Organizations, *Social Problems*, Vol. 57, No. 3, 2010, pp. 315-340.

③ Claudia Radel, Women's Community-Based Organizations, Conservation Projects, and Effective Land Control in Southern Mexico, *Journal of Latin American Geography*, Vol. 4, No. 2, 2005, pp. 7-34.

④ Nicole P. Marwell, Privatizing the Welfare State: Nonprofit Community-Based Organizations as Political Actors, *American Sociological Review*, Vol. 69, No. 2, 2004, pp. 265-291.

⑤ Service Opare, Strengthening Community-Based Organizations for the Challenges of Rural Development, *Community Development Journal*, Vol. 42, No. 2, 2007, pp. 251-264.

判断，就需要通过大量的社区动员，在集体行动中产生社会认同。① 虽然小型聚居共同体在现代社会的意义降低了，但是它们的优势还很明显，特别是当社会弱势群体在争取自身权利时，社区成为重要而有效的政治资源。② 社区是居民向国家争取权利的政治资源，大大提高了居民的福利水平和组织程度，成为制约国家权力、推动国家保护社会的有效力量。

社区提倡的以平等合作身份，通过对话改善社区生活的原则获得社会多数成员的认可。在各种社区发展计划中，社区能够激发居民的热情，募集资金，并推动社会变迁。它能够充分动员社区的人力、社会、资金、环境、政治、文化资本，用于提升居民改善生活的能力。③ 它主要通过地方网络增加对居民的赋权，依靠集体努力改善社会成员的生活。这种努力一般都被认为是草根的，主要服务于居住共同体的成员。④ 社区经常获得当地社区居民的支持，因此社区的政治地位就不容忽视。

每当社会面临危机，社区往往成为加强社会团结、对付困难的希望所在。作为对自由主义政治理论及自由主义社会政治的批评，社群主义推动的"社区"成为公共政策领域中重要的政治资源，并再次引发了社区复兴的呼吁。作为政治意识形态，社群主义的核心有两个假设。其一是自由或存在的自我，即个体不受共同价值观与态度的妨碍，不自然且正常的人类关系仅仅能够通过合作而繁荣；其二是公民积极参与社区生活能够限制极权主义。⑤ 社群主义的核心价值观是社区成员通过积极参与，创造社会团结；通过培养相互联系，推动社会平等。社群主义者

---

① Simon Dalby and Fiona Mackenzie, Reconceptualizing Local Community: Environment, Identity and Threat, *Area*, Vol. 29, No. 2, 1997, pp. 99-108.

② Yi-Fu Tuan, Community, Society, and the Individual, *Geographical Review*, Vol. 92, No. 3, 2002, pp. 307-318.

③ Gary Paul Green and Anna Lyn Haines, *Asset Building and Community Development* (3rd edition), Thousand Oaks: SAGE, 2011.

④ Ed Collom, Motivations and Differential Participation in a Community Currency System: The Dynamics within a Local Social Movement Organization, *Sociological Forum*, Vol. 26, No. 1, 2011, pp. 144-168.

⑤ John Dixon, Rhys Dogan and Alan Sanderson, Community and Communitarianism: A Philosophical Investigation, *Community Development Journal*, Vol. 40, No. 1, 2005, pp. 4-16.

强调社会生活的各种组织形式的重要性,倡导重新关注家庭、宗教组织、学校以及个人自由得以保障的各种社会机构的作用。他们普遍认为,构成个人认同的价值观源自并嵌入社区。① 泽奥尼(Amitai Etzioni)带来了社群主义的转型,他批评了20世纪80年代无拘无束的市场,并且指出新自由主义意识形态复兴以来所造成的个人主义与选择自由的泛滥。② 社群主义者认为,个人主义的盛行造成了群体生活基础伦理道德的衰退,共同生活需要复兴。他们关注社会责任、社区情感、集体价值观和公共物品的重要性,社区已经成为社会群体生活的道德标准,它的规范意义逐步受到重视。③

由于国家和社会都积极强调集体主义的精神,倡导各方在社区层面的共同努力,通过加强居民之间的共同纽带,鼓励社会团结和自助。④ 起初,社区发展是社区中的人们参与发展活动,并得到政府的协调与援助。⑤ 如今,社区发展逐渐成为生活在特定区域的人们之间通过相互协商,共同解决所面临问题的途径。社区依靠居民的集体行动,共同努力解决所面临的社会问题。在此期间,社会既反对市场所造成的极端个人主义的倾向,又反对国家所造成的过度集体主义的倾向。对于社会而言,在寻求极端个人主义与集体主义之间的中间道路时,通过加强对社会成员的经济支持与公共服务的供给,激发了社会互助精神,唤起居民对社会团结与集体生活的期待与渴望。

---

① 社群主义理论家主要包括麦金泰尔(Alasdair MacIntyre),桑德尔(Michael Sandel),泰勒(Charles Taylor)与泽奥尼(Amitai Etzioni)(其他社群主义的讨论包括:D. Bell, *Communitarianism and Its Critics*, Oxford: Oxford University Press, 1993; M. A. Glendon, *Rights Talk: The Impoverishment of Political Discourse*, New York: The Free Press, 1991; W. Sullivan, *Reconstructing Public Philosophy*, Berkeley: University of California Press, 1986; M. Walzer, Liberalism and the Art of Separation, *Political Theory*, Vol. 12, 1984, pp. 315 – 330; M. Walzer, *Spheres of Justice*, New York: Basic Books, 1983; D. Bell, *Communitarianism and Its Critics*, Oxford: Oxford University Press, 1993)。

② A. Etzioni, *New Communitarian Thinking: Persons, Virtues, Institutions and Communities*, Charlottesville: University Press of Virginia, 1995.

③ Anthony P. Cohen, Epilogue, in Vered Amit, ed., Realizing Community: Concepts, Social Relationships and Sentiments, London and New York: Routledge, 2002, pp. 165-170.

④ Graham Day, *Community and Everyday Life*, London and New York: Routledge, 2006, pp. 234-237.

⑤ Bruce R. Bolnick, Collective Goods Provision through Community Development, *Economic Development and Cultural Change*, Vol. 25, No. 1, 1976, pp. 137-150.

虽然社区组织地位不高,从事活动的范围有限,但是它们在社区供水、卫生、小额信贷和自然资源管理等许多项目中日益承担重要角色。在有些发达国家,由于国家想摆脱直接供应公共服务所带来的效率低下,就从20世纪80年代开始,由政府和社区组织签订合同,由后者向居民直接提供。在具体的服务供给中,社区以互惠的方式向居民提供"助人自助"的服务。由于社区服务的核心价值观是"助人自助",它更多提倡志愿与互惠精神,强调公民彼此之间的责任。社区服务项目利用的是"自下而上"的路径,帮助人们更准确地定位自己的需求,并帮助他们寻找满足这些需求的恰当途径。[1]

在许多国家,社区组织成为发展领域中政府与非政府行动者之间的重要桥梁。[2] 表现在公共政策上的国家扶持,具体通过政府服务外包落实,由社区组织直接向社区居民供应。由于社区组织更加了解社区情况,因此能够更好地提供符合当地需求的公共服务。[3] 社区组织有多种形式,有全国层面的,也有社区范围内建立的。社区为基础的社区组织往往会诉诸社区自身独特的问题,或便于就近向社区居民提供服务。更大范围的社区组织一般都诉诸社区普遍存在的问题,统筹资源提供发展干预。这样的社区组织有时通过在社区设立分支机构,有时在问题发生时进驻社区,以解决社区发展中面临的问题。在社区发展领域,社区组织的出现可以说是制度化干预的成果。无论在发展中国家还是发达国家,社区组织成为落实国家对社区经济支持、公共服务供给以及增强居民归属感的基本组织形式。

4. 社会自组织的责任担当

社会自组织形式的产生不是偶然的,而是在现代市场经济推进过程

---

[1] Dympna Casey, Community Development in the Third World: Walking a Fine Line, *Development in Practice*, Vol. 9, No. 4, 1999, pp. 461-467.

[2] Brian Dill, Community-Based Organizations (CBOs) and Norms of Participation in Tanzania: Working against the Grain, *African Studies Review*, Vol. 53, No. 2, 2010, pp. 23-48.

[3] Carlyn E. Orians, Edward B. Liebow and Kristi M. Branch, Community-Based Organizations and HIV Prevention among Seattle's Inner-City Teens, *Urban Anthropology and Studies of Cultural Systems and World Economic Development (Applying Anthropology in the Inner City)*, Vol. 24, No. 1/2, 1995, pp. 36-58.

中，市场、国家、社会宏观关系调整的结果。可以说，它是一个理性、自然和开放的过程。① 作为小型聚居共同体，社区是居民之间开展互助合作的重要单位。社区居民发现有必要加强彼此之间的合作，从而能够获取资源、技能和实践经验，以供社区成员共享，促进居民之间的互动与认同。许多社区居民还为此组建了各种具有实际社会功能的组织，以加强彼此之间的联系与互助。虽然社区组织规模不大且是民间的，但它为社区居民提供了各种服务。

社区组织在改善当地居民的经济条件和减少贫困方面发挥了积极作用。② 在发达国家，贫困出现了空间集聚的趋势。例如，阿巴拉契亚山脉周边聚集了一些全国最穷的社区。虽然这些地区拥有美丽的自然景观，但将这些资源用于推动社区发展却超出了当地居民的能力范围。③ 想要改善社区的贫困现状，首先要加强社区成员自身能力的建设。有的社区组织就提出社区行动计划这种新的社区发展措施，用以鼓励低收入社区居民参与社区发展规划。④ 虽然这项计划经费不多，但影响面却很广。

对于一些国家，艾滋病的蔓延已经给社区生活带来巨大的消极影响。美国的社区组织主要在社区层面开展有组织的、服务导向的治疗与预防工作，并试图通过改变社区居民的行为，阻止艾滋病的蔓延。⑤ 事实证明，社区组织在艾滋病防治方面取得较好效果，因为在开展艾滋病卫生教育活动中，往往需要充分了解风险人群的生活方式、语言和生活

---

① W. Richard Scott and Gerald F Davis, *Organizations and Organizing: Rational, Natural and Open Systems Perspectives*, Upper Saddle River: Pearson Education, 2006.

② Paul Born, *Community Conversations: Mobilizing the Ideas, Skills, and Passion of Community Organizations, Governments, Businesses, and People* (2nd edition), Leicester: BPS Books, 2012.

③ Amy K. Glasmeier and Tracey L. Farrigan, Poverty, Sustainability, and the Culture of Despair: Can Sustainable Development Strategies Support Poverty Alleviation in America's Most Environmentally Challenged Communities? *Annals of the American Academy of Political and Social Science* (*Rethinking Sustainable Development*), Vol. 590, 2003, pp. 131–149.

④ Sar A. Levitan, The Community Action Program: A Strategy to Fight Poverty, *Annals of the American Academy of Political and Social Science* (*Evaluating the War on Poverty*), Vol. 385, 1969, pp. 63–75.

⑤ Marvin E. Bailey, Community-Based Organizations and CDC as Partners in HIV Education and Prevention, *Public Health Reports* (1974-) (*CDC's HIV Public Information and Education Programs*), Vol. 106, No. 6, 1991, pp. 702–708.

环境，这样才能提高干预效果。除此之外，社区组织还能够向患有艾滋病的病人提供院外服务，有效补充了对这种疾病的住院治疗。[①] 对于许多艾滋病患者来说，更多的是要依赖社区组织提供的院外服务。

社区组织还积极帮助低收入社区居民解决住房问题。在美国新泽西州的卡姆登（Camden），有社区组织以较低的价格购买弃置或损坏的房屋，重新修缮，再以较低的价格出售给当地的低收入居民。[②] 修缮房屋的费用由社区组织募集，不让购买房屋的居民承担。这样的举措遏止了一些低收入社区的衰落，维护了社区居民的稳定，有的甚至起到振兴社区的作用。

为了给当地居民提供安全的生活环境，许多社区都建立了预防犯罪的社区组织。有研究指出，在有组织的社区中，酒吧的分布密度与恶性犯罪之间的联系明显减弱。[③] 这从一个侧面说明，社区中犯罪问题往往与社会的组织程度有很大关系。在日常生活中，社区组织虽然不是防治犯罪的万灵药，但对阻止犯罪起到积极作用。从技术层面来看，单纯的防治犯罪措施有时仅强调降低犯罪对受害者的损害，因此难以在社区层面减少犯罪。有些社区组织通过激发社区居民参与防治犯罪，深入理解各种犯罪行为，进而从更宽泛的经济和社会原因方面着手遏制犯罪。[④] 例如，有些社区组织会关注青少年群体的代沟、情感缺失等社会问题。他们通过加强对青少年的教育和职业训练，让其顺利地进入职业或高等教育的通道，从而能从根本上减少犯罪。[⑤] 还有研究证明，社区中传统

---

① Embry M. Howell, The Role of Community-Based Organizations in Responding to the AIDS Epidemic: Examples from the HRSA Service Demonstrations, *Journal of Public Health Policy*, Vol. 12, No. 2, 1991, pp. 165–174.

② Marvin M. Smith and Christy Chung Hevener, The Impact of Housing Rehabilitation on Local Neighborhoods: The Case of Small Community Development Organizations, *The American Journal of Economics and Sociology*, Vol. 70, No. 1, 2011, pp. 50–85.

③ William Alex Pridemore and Tony H. Grubesic, Community Organization Moderates the Effect of Alcohol Outlet Density on Violence, *The British Journal of Sociology*, Vol. 63, No. 4, 2012, pp. 680–703.

④ Susan F. Bennett, Community Organizations and Crime, *Annals of the American Academy of Political and Social Science (Reactions to Crime and Violence)*, Vol. 539, 1995, pp. 72–84.

⑤ Elizabeth Lyttleton Sturz and Mary Taylor, Inventing and Reinventing Argus: What Makes One Community Organization Work, *Annals of the American Academy of Political and Social Science (Policies to Prevent Crime: Neighborhood, Family, and Employment Strategies)*, Vol. 494, 1987, pp. 19–26.

家庭的衰落以及血缘为基础纽带的削减，都会造成吸毒、贩毒等越轨行为的增加。① 社区组织通过集体行动，积极开展保护和改革邻里的活动，努力解决与犯罪相关的社会经济地位和阶级问题。②

工业化和城镇化的推进，造成传统意义上以血缘和地缘为纽带的共同体衰落。然而，在一些移民社区中，以血缘、地缘、宗教、种族为纽带的功能共同体仍然存在。有些移民社区干脆以此为基础建立社区组织，向共同体成员传授目的地国家或城市的就业、生活技能，让他们能够更容易地适应城镇生活要求。③ 这显然增强了移民对移入社区的归属感。在日常生活中，即使是地理意义上的居住共同体，也会因为应对共同挑战而增强彼此之间的情感纽带。在日本，由于政府的积极推动，许多社区在1995年神户大地震后建立了灾害预防志愿组织（VDPO），以应对各类频发的自然灾害。许多居民通过加入灾害预防志愿组织，既提高了防灾意识，也增进了交往和情感。④

5. 资源依赖与组织局限

虽然社区组织在运作过程中有很强的独立性，但作为一种社会组织，不免受到各种因素的影响。社区组织经常需要依赖各种超越社区层面的资源，一定程度上造成社区发展项目的路径依赖。有研究发现，地方性的社区组织因为地域条件限制，需要依赖更大范围社区组织的支持。⑤ 一般来说，名气越大的社区组织，组织机构就越复杂。名气大的

---

① Victor García and Laura González, Labor Migration, Drug Trafficking Organizations, And Drug Use: Major Challenges For Transnational Communities in Mexico, *Urban Anthropology and Studies of Cultural Systems and World Economic Development (Transnational Mexican Migration)*, Vol. 38, No. 2/3/4, 2009, pp. 303-344.

② Wesley G. Skogan, Community Organizations and Crime, *Crime and Justice*, Vol. 10, 1988, pp. 39-78.

③ Joan Ablon, The Social Organization of an Urban Samoan Community, *Southwestern Journal of Anthropology*, Vol. 27, No. 1, 1971, pp. 75-96.

④ Junko Mimaki, Yukiko Takeuchi and Rajib Shaw, The Role of Community-Based Organization in the Promotion of Disaster Preparedness at the Community Level: A Case Study of a Coastal Town in the Kochi Prefecture of the Shikoku Region, Japan, *Journal of Coastal Conservation*, Vol. 13, No. 4, 2009, pp. 207-215.

⑤ Mina Silberberg, Balancing Autonomy and Dependence for Community and Nongovernmental Organizations, *Social Service Review*, Vol. 72, No. 1, 1998, pp. 47-69.

社区组织会主导社区的制度建设，并且与更大范围的社会机构、政府部门都有联系，因此获取资源的能力就更强。①

在政府服务外包的过程中，并不是所有社区都能均等享受扶持性的公共服务。这是因为社区组织往往会将选举政治与服务供给绑定，以期获得更多的政府合同。这种被称为"政治机器"的社区组织，为地方选举的干部经营了可靠的、忠诚度高的选区。同时，这些社区组织也通过互惠的方式，获得了政府干部的支持。②

无论在什么背景下，政府与社区组织的关系都是社区振兴的核心。为了确保公共服务供给的品质，政府部门一般会对社区组织实施有效的管控。政府会对社区组织的成立、运作和考核都制定一系列规范。如果社区组织在向居民提供公共服务的过程中有违规行为，政府就会对其施行不同程度的惩罚。严重情况下，政府会中断资助，甚至吊销其执照。美国初级卫生保健局就于2001年5月通知西阿拉巴马州卫生保健服务组织，停止对其600万美元的拨款。这个社区组织在西阿拉巴马州开设了19个社区医疗保健中心，为该州17个县提供预防和初级医疗保健服务。据当时的调查显示，这个社区组织不遵守相关财务规定，并受到欺诈的指控。③ 由于政府控制了公共资源的流动，因此也在很大程度上影响着社区组织的自主性，并间接影响到社区干预的有效性。随着社区组织复杂性的凸显，有些社区组织在获取或创造公共物品方面的能力有所下降，因此也面临意识形态上的孤立。④

然而，社区组织并不会因为依靠政府拨款而完全依附政府，因为它们还可以向社会公开募集资金。由于社会上的成功人士负有对社会发展和进步的责任，无论是法律规定，还是出于道德感，他们会通过捐赠的形式履行这种社会责任，因为捐赠可以给其他公民留下好印象，进而获

---

① Ruth C. Young and Olaf F. Larson, The Contribution of Voluntary Organizations to Community Structure, *American Journal of Sociology*, Vol. 71, No. 2, 1965, pp. 178–186.

② Nicole P. Marwell, Privatizing the Welfare State: Nonprofit Community-Based Organizations as Political Actors, *American Sociological Review*, Vol. 69, No. 2, 2004, pp. 265–291.

③ Grant T. Savage, Jeri W. Dunkin and David M. Ford, Responding To a Crisis: A Stakeholder Analysis of Community Health Organizations, *Journal of Health and Human Services Administration*, Vol. 26, No. 4, 2004, pp. 383–414.

④ Margaret E. Banyan, Wiring Organizations for Community Governance: Characteristics of High Organizational Citizenship, *Administrative Theory and Praxis*, Vol. 26, No. 3, 2004, pp. 325–344.

得更多支持。例如,出于社会责任感的要求,公司在资源分配上往往会支持社区组织。① 社区组织依靠从他们那里募集的资金,向社区居民提供公共服务,或用于减少社区的暴力行为,振兴社区生活,进而使出资人的慈善形象合法化。② 正是借助社区组织,出资人就间接地为社区生活的改善提供了帮助。因此,社区组织也有一定的社会基础,以抗衡政府对财政资源的垄断。在当前的有些发达国家,虽然面临政府公共服务预算的削减,有些社区组织仍能改善社区服务,提高对居民的赋权。③ 即使是在乡村社区,随着传统产业的衰落和人口外迁,社区组织也有消亡的趋势。但研究证明,社区组织在很多层面上仍有强烈影响。④

社区组织在弥合市场侵蚀和代表国家向居民提供公共服务时具有某种天然的优势,并因此获得多方认可。然而,作为一种特定的社会组织形式,社区组织也有自身固有的局限。虽然社区组织能够专业地呈现社区居民的需求,并提供有效干预,但是社区组织也可能左右居民需求的表达。在美国的新奥尔良,由于社区组织对公平的不同理解,导致卡崔娜飓风后两个受损严重的低收入社区重建的结果完全不同。⑤ 而且社区组织在城镇规划、社会问题干预和公共服务供给方面的角色和策略也在不断变化。例如,在城镇规划领域,社区组织因为扮演了国家与社会之间空间政治的协商者角色,因此能够用自己的方式创造

---

① Jehan Loza, Business-Community Partnerships: The Case for Community Organization Capacity Building, *Journal of Business Ethics*, Vol. 53, No. 3, 2004, pp. 297-311.

② Ira Silver, Strategically Legitimizing Philanthropists' Identity Claims: Community Organizations as Key Players in the Making of Corporate Social Responsibility, *Sociological Perspectives*, Vol. 44, No. 2, 2001, pp. 233-252.

③ Dennis L. Poole and Gary Theilen, Community Planning and Organization in an Era of Retrenchment: Structural and Educational Approaches to Serving Human Need, *Journal of Social Work Education*, Vol. 21, No. 3, 1985, pp. 16-27.

④ Satadal Dasgupta, Modernization and Rural Community Organization: Changing Community Structure on Prince Edward Island, *International Review of Modern Sociology*, Vol. 14, No. 2, 1984, pp. 153-177.

⑤ Barbara L. Allen, Justice as Measure of Nongovernmental Organization Success in Post-disaster Community Assistance, *Science, Technology, and Human Values* (Special Issue: Entanglements of Science, Ethics, and Justice), Vol. 38, No. 2, 2013, pp. 224-249.

地方需求的空间叙事,① 就社区组织本身而言,组织内部成员的态度也会对组织目标产生影响。有人通过对美国纽约市两个少数民族社区的研究发现,社区组织的领导者和管理者对控烟的态度明显影响到社区控烟的效果。② 虽然不能因此抹杀社区组织在推动居民健康中的贡献,但也需要注意到社区组织成员对组织意图的影响。

社区组织还可能成为个人谋利的工具。从对美国宾夕法尼亚州匹兹堡一个低收入社区中四个社区组织的调查看,参与社区的志愿组织除了能够为集体创造利益外,也能给自己带来实惠。社区组织的成员在提供公共服务的过程中,至少实现了个人才干提升,增加了个人效能。③ 更有甚者,有些社区组织所提倡的参与,没有改善社区普通居民的地位,却提高了社区传统精英的地位。④ 类似问题很多时候还控制在情理范围之内,并未造成严重的社会影响,但也需引起注意,防止其过度偏离。

作为一种社会自组织形式,社区组织具有一定的组织结构和内容,如果内部管理不善,也会影响其效能的发挥。有研究发现,当社区人口扩大时,因为服务对象的增加,社区组织的规模也会相应扩张;当社区人口减少,服务对象也相应减少的时候,社区组织的规模往往不会因此相应减少。⑤ 有时候,即使能获取资源,社区组织对公共服务供给的策略掌握以及过程管理的水平也参差不齐。⑥ 美国在与墨西哥边界的一些社区开展的廉住房计划中,当地政府由于没有充分考虑到社区组织之间

---

① Sarah Elwood, Beyond Cooptation or Resistance: Urban Spatial Politics, Community Organizations, and GIS-Based Spatial Narratives, *Annals of the Association of American Geographers*, Vol. 96, No. 2, 2006, pp. 323-341.

② Pamela Ransom and Donna Shelley, What Can Community Organizations Do for Tobacco Control?, *Journal of Health and Human Services Administration*, Vol. 29, No. 1, 2006, pp. 51-82.

③ Mary L. Ohmer, Citizen Participation in Neighborhood Organizations and Its Relationship to Volunteers' Self- and Collective Efficacy and Sense of Community, *Social Work Research*, Vol. 31, No. 2, 2007, pp. 109-120.

④ David C. Korten, Community Organization and Rural Development: A Learning Process Approach, *Public Administration Review*, Vol. 40, No. 5, 1980, pp. 480-511.

⑤ Glenn V. Fuguitt and John D. Kasarda, Community Structure in Response to Population Growth and Decline: A Study in Ecological Organization, *American Sociological Review*, Vol. 46, No. 5, 1981, pp. 600-615.

⑥ Rosario Rodríguez and Katherine L. Frohlich, The Role of Community Organizations in the Transformation of the Health Services Delivery System in the Montreal Metropolitan Area, *Canadian Journal of Public Health*, Vol. 90, No. 1, 1999, pp. 41-44.

的能力差异，结果出现有些社区组织在与政府签订合同后根本无法向当地居民提供廉住房这类公共服务，有些甚至无法有效管理廉住房建设工程。[1] 加上社区发展专业人才的不足，还有一些社区组织面临服务专业化和职业化的压力。

（三）研究视角的阐释

社区这个词在英语中早已有之，但作为讨论从传统向现代社会转型的特定概念是近代以来的事情。在滕尼斯和涂尔干著述的时代，他们亲历了欧洲乡村小农阶级及其赖以存在的半封建条件的消失。他们见证了现代社会的出现，而且当时人们关于工业化及城镇化兴起的经历是相对崭新的，并尚未结束。他们在理论上主要依赖像梅因（Henry James Sumner Maine）、斯宾塞（Herbert Spencer）和基尔克（Otto von Gierke）这样的作者，从他们对传统社会秩序衰落的同时代研究中获取灵感。古典社会学的社区研究开始以实证为基础，并试图真诚地表达对古代传统、集体规则以及共同所有权重要性的阐释。滕尼斯将共同体的存在与"民俗文化"和习惯法相联系，而这些已经与土地和血缘纽带长期有着固定关系。而涂尔干实际上也用两种不同的社会团结的概念，提出了他对美好未来的设想。现代社会关系的发展意味着这些社会纽带的松解，伴随着的是社区丧失的威胁。被误读为对现代社会产生悲观与保守的滕尼斯与涂尔干，使用二分法阐释的理想社会的类型表达了他们对美好人类社会组织形式的设计与期待。也有人反对将社区理想化为人们相互联系关系的乌托邦状态，特别是有些研究者反对社区是有机的、自然的、自发产生的观点。[2] 但在实际情况中，每当社会面临危机与灾难时，社区就成为社会团结的号召，人们对付困难的希望所在。

社区所包含的平等、互惠的社会情感与团结既产生于想象与符号社区，也产生于社会关系与社会实践之间的互动。魏西（Stephen Vaisey）

---

[1] Patricia Fredericksen and Rosanne London, Disconnect in the Hollow State: The Pivotal Role of Organizational Capacity in Community-Based Development Organizations, *Public Administration Review*, Vol. 60, No. 3, 2000, pp. 230–239.

[2] Miranda Joseph, *Against the Romance of Community*, Minneapolis: University of Minnesota Press, 2002.

认为二战后这个领域的许多研究仅仅依赖"结构性"思考，将群体认同归结为像物理空间的安排、权力关系或高投资要求这样的机制，结果经常忽视将社区归结为共享的道德秩序和文化的理论。[①] 地域条件可能是相关的，因为它界定了这些关系保存在其中的空间，而且社区需要某种外部界限。情感也是重要的，因为它们是由社会结构产生的。市场的盛行导致人们不再关注社区中非市场因素的互惠，市场规则下互惠的失败会导致隔离与排斥。被社区排斥可能意味着切断血缘关系纽带以及邻里责任，这在小型且有界限的背景下让人难以忍受。人们倾向于将社区的观念与他们认识的，有着共同经历、活动、地方和历史的人们联系起来。反过来，他们利用这些人际关系解释他们与更广泛的社会范畴的关系。社区从来不是整个世界，它仅仅是被认识的许多可能性之一。由于人们逐渐仅仅因为有限目的或在有限的方面彼此联系，社区就脱离了结构主义规定的各种条件的限制，它可以指拥有任何共同性的一群人。社区的情感在全球化时代可能被认为是不合时宜的，因为信息与交通技术的进步改变了人们之间的交流形式，人员流动也超越了许多原来的界限，社会在很多方面开始表现出同质性的特征。随着对社会差异和分裂越来越多的认识，社区的生活也不可能是和谐、完整且停滞的，许多观点试图揭示充满冲突与分裂的社区生活。然而，社区好像仍然表达了人们对一定程度共同性，并对社会团结而不是分裂的关注与渴望。

在社会转型的背景下，社区成为英语世界中表达社会理想的一个学术概念。当然，也可以从中读出诸多对现代化进程的批评。对于许多社会转型所带来的问题，关于社区的讨论也并不都停留在学理层面。社区在公共政策领域的应用，也成为社区的应用性研究的重要趋向。就其应用性而言，社区发展是建立在社区内涵讨论的基础上，广泛用于干预城乡社区层面一些社会问题的技术手段。就社区在公共政策领域的应用来说，它主要用于讨论现代化进程中，市场机制的广泛推行造成社区层面的生活困境，国家如何选择正确的角色，给予有效的干预成为决定社区层面居民生活质量的关键。更大胆点的断言是，如果国家不能有效干预由市场力量大规模导入造成的社会问题，就可能造成整个现代化进程的

[①] Stephen Vaisey, Structure, Culture, and Community: The Search for Belonging in 50 Urban Communes, *American Sociological Review*, Vol. 72, 2007, pp. 851–873.

困境，给现代社会带来一系列难以解决的痼疾。在这个意义上说，社区发展提供的是"市场—国家—社会"的观察视角。在阐释社会转型的过程中，这个观察视角有助于从整体上把握影响社会变迁的结构性力量，进而梳理宏观层面导致社区一系列变化的结构性因素。

　　从对社区发展的英语文献梳理来看，发达国家在现代化进程中市场、国家和社会之间的关系调整大致可以概括如下：面对市场失灵，国家不得不干预市场化深入推进造成的贫困、失业和犯罪的空间集聚问题。然而，国家直接进入社区解决社会问题的方式饱受诟病，加上财政困难，国家对自己本应承担的责任表现出退缩。与此同时，社会共同体意识的兴起带有浓厚的政治动员色彩，但其对自助互助的倡导也获得了国家的支持，由此逐步形成了社会机制主导的社区发展模式。事实上，由国家向社会组织提供资金，并对其加强监管，其实能够更加有效推进社会建设。这种间接的干预方式比之前更加有效，且缓冲了经济发展、社会转型过程所产生的矛盾和问题及其对国家政治合法性的直接冲击。国家也逐步摆脱了主导社会建设所带来的负面影响，并成功实现向有效社会治理的转型。

　　鉴于当代中国乡村社会变迁这个问题，本研究主要关注市场和国家两大结构性力量对中国乡村社会变迁的影响，并探讨中国乡村社会转型的道路。无论是社区发展提供的观察视角，还是其提供的发达国家经验，都有助于具有前瞻性地观察和分析当代中国乡村社会变迁问题。在中国正迈向现代国家的进程中，既要避免发达国家在社会转型中普遍遇到的问题或陷阱，也要及时准确地重新安排国家与市场和社会之间的关系，构建适应现代社会的治理体系。

三 改革前沿的另类实践逻辑：浙江丽水

20世纪70年代末以来的市场化改革可以说是改变中国传统乡村社会的重要因素。改革前，中国一直自称农业大国，可见农业在国民经济中的地位非常重要。大规模工业化和城镇化的推进使中国逐步从农业大国向工业化国家转型，并迫使农业逐步退居国民经济次要位置。对于市场经济先发地区，传统村落在快速工业化和城镇化步伐中消失。对于经济后发地区，传统村落不但是物理上存在着，问题还在于其对农业经济增长和农民收入增加的支持度明显下降，因此凸显了转型的问题和风险。特别是在市场经济先发的东部地区，像义乌、温州已经成为私营经济从萌发到发展壮大的叙事范本，并由此成为中国经济改革的典范之一。但不得不看到的是，即使在浙江省，也还有像丽水这样的山区，整体上没有经历大规模工业化和城镇化的洗礼，乡村逐步成为现代化进程中的拖后部分。①

---

① 本研究选择了浙江省丽水市这个区域性案例。课题组对丽水市所辖的32个行政村开展了实地调查，并对政府官员、村两委成员、普通农民等开展了访谈。课题组还收集、整理了政府部门的调研报告、档案、统计资料，政府的各种公文、政府干部的调研笔记，以及县志、村志和宗谱。此外，课题组还以类似的方式对江苏省南京市、浙江省温州市、浙江省金华市、浙江省台州市、福建省宁德市、浙江省衢州市、河南省信阳市、贵州省毕节市等地开展实地调查，但只是作为丽水市调查的参照。文中收录的访谈对象有126位。对其他地区实地调查的目的是为了印证丽水市这个区域性案例中乡村社会变迁碰到的一些主要问题。在对区域性案例的选择中，也参照了其他地区实地调查所反映的类似问题。尽管各地的实际情况有所不同，且有些问题的程度也有差异，但这些实地调查有助于将区域性案例的阐释拓展到当代中国乡村社会变迁的一般性问题。据《2015年丽水统计年鉴》记载，丽水全市有143个乡镇，2725个行政村。其中，行政村最多的是龙泉市，有444个；最少的是云和县，有168个。全市土地面积将近173万公顷，其中耕地面积约17万公顷，山地约156万公顷。全市人均耕地0.96亩，人均山地面积有8.8亩。其中，人均耕地最多的是景宁畲族自治县，达到将近1.6亩；最少的是莲都区，只有0.6亩。人均山地最多的也是景宁畲族自治县，达到将近15.3亩；最少的是缙云县，只有4亩。截至2014年年底，全市共有265万人口，乡村人口达到186万人，占70%。

（一）区域政治经济地位历来不高

从相关历史资料看，丽水拥有官方建制的时间并不短。据《莲都区志·大事记》载明，如今丽水市本级所在地的莲都区，在隋朝开皇九年（公元589年）就有"处州府"这样的官方行政区设置。在之后的长时间里，当年建立的处州曾有过括州、永嘉郡、处州路、安南府等名称，且伴随着相应的行政区划调整或行政隶属的变化。在这段历史中，如今丽水这样的地级市行政区划所辖的莲都区、青田县、缙云县、云和县、庆元县、遂昌县、松阳县、景宁畲族自治县和龙泉市分别历经了多次行政隶属的拆并和调整，在一定程度上反映了在此期间的王朝更迭。这奠定了丽水所辖的一些县市区与周边的温州、金华等地区密切的联系。直至1359年，处州府的名称被再次恢复使用，并延续到辛亥革命时期。随着清政府的覆灭，处州府于1911年更名为中华民国军政府处州分府。由于丽水在当时的政治经济地位相对不高，并且在历史上曾经划归温州管辖，因此新政权在尚未全面稳固的前提下，又撤销处州军政分府，将丽水划归瓯海道管辖①。中华人民共和国建立以前，在一定程度上受到政局变动的影响，丽水又历经多次行政辖区和名称调整，曾分别由丽水第九、第六、第七行政督查区管辖。

中国共产党领导的革命力量接管丽水后，鉴于在解放区积累的行政经验，新政权于1949年6月就废除了之前旧政权实行的保甲制，建立了由中国共产党领导的区乡政权。8月，新政权在如今的丽水辖区成立了浙江省人民政府第七行政区专员公署。两个月后，此名称又被更改为浙江省政府丽水专区专员公署。中华人民共和国建立以后的一段时间，

由于山地居多，人口密度相对较低，每平方公里只有153人。从全国的情况看，截至2014年年底，乡村人口占人口总数45%。（参见丽水统计局主编《丽水统计年鉴》，中国统计出版社2016年版。）

① 据《莲都区志·大事记》记载，瓯海道是于1913年正式设置，道尹公署驻永嘉县（即温州市）。瓯海道行政上管辖丽水、青田、龙泉、缙云、景宁、庆元、松阳、云和、宣平（武义县柳城镇）、遂昌、泰顺、乐清、永嘉、平阳、瑞安、玉环十四个县。1927年，瓯海道被废除，设立了省辖县（参见吴志华编《莲都区志·大事记》，http://www.liandu.gov.cn/lsld/kcsz/2009/6/t20100312_648770.htm，2010年）。

丽水都采用这个名称。到1952年，浙江省开展行政区划调整，出于历史原因和当时的发展考虑，丽水专区被撤销，其所属各县再次划入周边的温州、金华、衢州专区管辖。11年以后，丽水专区才得以恢复，行政区划上管辖丽水、青田、缙云、遂昌、云和、龙泉6个县。到1968年，丽水专区改称为丽水地区。10年以后，丽水地区行政公署成立。在此期间，丽水行政区划所辖区域中分别恢复了庆元县、松阳县建制，并设立了景宁畲族自治县。2000年7月，丽水撤地建市，行政区划包括莲都区、龙泉市、青田县、缙云县、云和县、庆元县、遂昌县、松阳县、景宁畲族自治县等9个县市区。

从不断的行政区划调整来看，丽水在拥有官方行政建制以后的很长时期内，具有相对稳定的核心辖区。历次的调整也从一个侧面反映，丽水在浙江省的区域政治和经济地位比周边的温州和金华地区相对较低，因此才会出现多次被拆并入其他地区的现象。尽管这只是从结果上做出的推断，但历史上丽水在战略地位、发展程度、人口容纳等方面都没有温州和金华重要。

从地理位置上讲，丽水地处浙江省的西南部，与福建省的宁德市和南平市交界。浙江省与其接壤的地级市分别是温州市、衢州市、金华市和台州市。据《2015年丽水统计年鉴》记载，全市土地面积将近2600万亩，占全省土地面积的1/6，在11个地级市中占地面积最大。丽水境内山地有2300万亩左右，占全市土地总面积的将近90%。丽水境内则以中低山的地质构造为主，海拔千米以上的山峰有3573座。此外，丽水还是流经周边广大区域的瓯江、钱塘江、飞云江、灵江、闽江、椒江六大水系的主要发源地。鉴于其多山、多水、少田的特征，民间将其地理特征概括为"九山半水半分田"。

表3-1　　　　　　各市国民经济和人口情况（1978年）

城市	生产总值（亿元）	人口（万人）	人均生产总值（元）
杭州市	28.4	503	564.61
宁波市	20.2	461	438.18
嘉兴市	13.3	289	460.21
湖州市	8.9	221	402.71
绍兴市	12.3	378	325.40

续表

城市	生产总值（亿元）	人口（万人）	人均生产总值（元）
舟山市	3.9	87	448.28
温州市	13.2	556	237.41
金华市	9.9	376	263.30
衢州市	6.4	207	309.18
台州市	10.1	450	224.44
丽水市	4.8	211	227.49

资料来源：根据浙江省及各市统计资料整理。

从表3-1中可以看出，1978年浙江省国民生产总值是124亿元，人口3738万，人均生产总值331元。在11个地市中，丽水的国民生产总值排名高于舟山市，位于全省倒数第二名。丽水人口总量超过衢州市和舟山市，位于全省倒数第三。丽水人均生产总值超过台州市，位于全省倒数第二。当时，丽水的国民生产总值占全省总额的不到4%，人口占全省人口总数的不到6%，人均生产总值接近全省平均水平的69%。可见，改革前，丽水在全省经济贡献中的地位本来就不高。

（二）结构调整同步与发展水平不同步

改革之初，丽水的经济以传统农业和林业为主导，工商业不发达。1978年以后，丽水的经济社会发展开始提速，并取得了较大进步。从三次产业的比重看，丽水产业结构的变化趋势可以概括为第一产业的持续下降和第二、第三产业的相伴增长。

从图3-1看出，1978年到2013年，三次产业结构的比例也呈现出类似经济先发地区的产业结构变化趋势。首先，第一产业在当地国民经济中的比重明显下降，从1978年的58.2%下降为2013年的8.6%。其次，第二产业的比重有了较大增长，从1978年的21.5%增长到2013年的50.6%。再次，第三产业比重也有较大增长，从1978年的20.3增长到2013年的40.8%。到2011年，丽水第二产业比重超过国民经济一半的比例。

从图3-2看出，1949年丽水全市的农业总产值占当地工农业总产

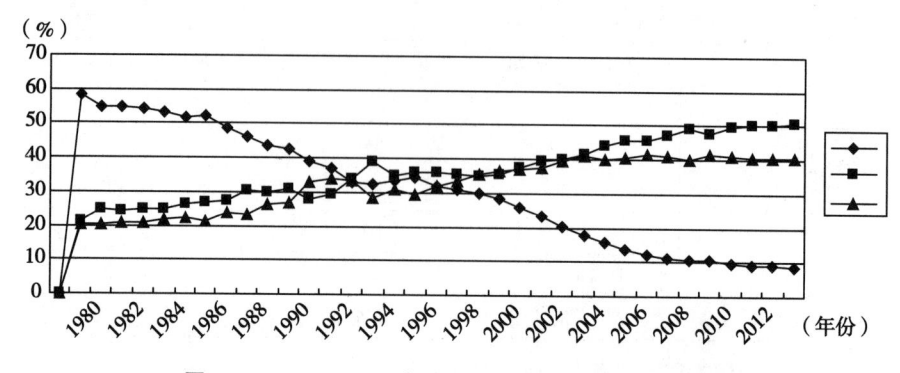

图 3-1 1978—2012 年主要年份丽水生产总值构成

资料来源：根据丽水市历年统计资料整理。

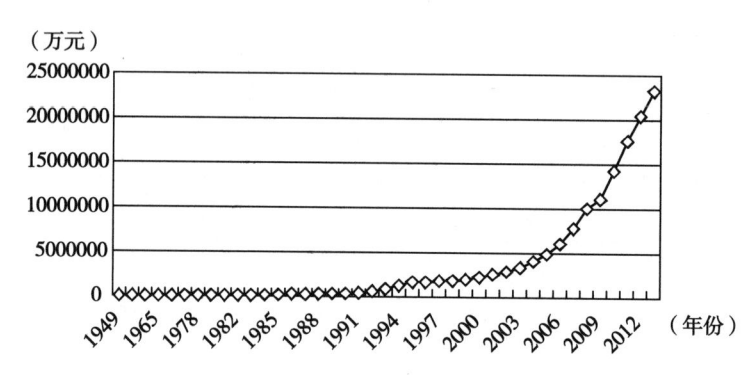

图 3-2 丽水主要年份工农业总产值和指数

资料来源：根据丽水市主要年份统计资料整理。

值的 93%，因此当时丽水还是一个农业为主要经济来源的地区。虽然不能以此推断丽水的农业发达程度，但至少可以看出工业在当地并不发达。改革前，丽水随着全国工业化进程，工业产值的增长速度明显超过了农业总产值。如果以 1952 年为基数的话，到 1978 年，农业总产值增长了近 2.4 倍，而工业总产值增长了 7.6 倍。由于农业在国民经济中的比重逐步下降，即使农业生产效率有很大提高，也很难推进农业总产值的大幅提升。从 1978 年到 2013 年，农业总产值以平均每年 35% 的比例提升，而工业总产值则以每年近 125 倍的速度增长。截至 2013 年年底，丽水农业总产值是 1952 年的近 15 倍，而工业总产值则是 1952 年的将近 4373 倍。

表 3-2　　　　　浙江省各市国民经济主要指标（2013 年）

城市	生产总值（亿元）	第一产业	第二产业	工业	第三产业	人均生产总值（元）	出口总额（亿美元）	财政总收入（亿元）	地方财政收入（亿元）	城镇居民人均可支配收入（元）	农村居民人均纯收入（元）
杭州市	8343.52	265.42	3661.98	3246.67	4416.12	118589	447.66	1734.98	945.20	39310	18923
宁波市	7128.87	276.35	3741.72	3377.97	3110.80	123139	657.10	1651.18	792.81	41657	20534
嘉兴市	3147.66	155.62	1726.73	1560.88	1265.31	91177	215.12	517.49	282.31	39087	20556
湖州市	1803.15	125.56	953.19	861.10	724.40	65871	80.88	271.66	154.66	36220	19044
绍兴市	3967.29	193.27	2102.93	1882.10	1671.09	89911	279.16	502.15	293.07	40454	19618
舟山市	930.85	95.73	411.54	319.10	423.57	95726	66.49	137.42	92.63	37646	20573
温州市	4003.86	115.39	2015.49	1767.98	1872.99	49817	181.46	565.63	323.98	37852	16194
金华市	2958.78	140.20	1445.70	1256.66	1372.88	62688	325.32	415.96	242.47	36423	14788
衢州市	1056.57	83.15	555.92	477.29	417.51	41676	23.90	118.21	72.75	28883	11924
台州市	3153.34	213.30	1515.55	1357.40	1424.49	53222	187.21	448.47	247.73	37038	16126
丽水市	983.08	84.65	497.87	430.15	400.56	37343	23.73	124.22	73.70	29045	10024

资料来源：根据全省及各市统计资料整理。

尽管丽水的三次产业结构变化与全国乃至浙江省的趋势是一致的，但这并不表明丽水的经济发展水平已经赶上全省的水平。从表 3-2 看，2013 年丽水的生产总值在全省略高于舟山，但与全省最高的杭州相比仅为其 12%，与全省处于中间位置的嘉兴相比也仅为其 31%。从第一产业来看，丽水第一产业的总产值仅高于衢州，是全省最高宁波的 31%。从第二产业来看，丽水第二产业总产值仅高于舟山，是全省最高宁波的 13%。其中，工业总产值是全省最高宁波的不到 13%。从第三产业来看，丽水第三产业总产值在全省处于末位，是全省最高杭州的 9%。从人均生产总值来看，丽水也处于全省的末位，是位居全省最高宁波的 30%。就出口总额而言，丽水还是处于全省末位。其中，全省最高是宁波，其出口总额相当于丽水总量的将近 28 倍。由于产业发展水平相对较低，丽水的财政收入也不高，在全省仅仅高于衢州，是全省最高杭州的 7%，地方财政收入是全省最高的杭州的近 8%。这就造成城乡居民的收入相对较低。其中城镇居民人均可支配收入仅高于衢州，而农村居民的人均纯收入则处于末位。

表 3-3　　浙江省与丽水市国民经济和社会发展总量与速度

指标	1978	1990	2000	2008	2012	2013	指数 Indices（2013年为以下各年%）			1979—2013年平均增长	2009—2013年平均增长
							1978	2008	2012		
浙江全省生产总值（亿元）	123.72	904.69	6141.03	21462.69	34665.33	37568.49	6298.0	155.3	108.2	12.6	9.2
第一产业（亿元）	47.09	225.04	630.98	1095.96	1667.88	1784.62	369.9	112.1	100.4	3.8	2.3
第二产业（亿元）	53.52	408.18	3273.93	11567.42	17316.32	18446.65	13171.0	152.5	108.4	15.0	8.8
第三产业（亿元）	23.11	271.47	2236.12	8799.31	15681.13	17337.22	7995.2	164.5	108.7	13.3	10.5
浙江人均生产总值（元）	331	2138	13415	41405	63374	68462	4290.0	146.7	107.8	11.3	8.0
丽水全市生产总值（万元）	47693	264543	1367613	5150600	8941046	9830770	6298.0	155.3	108.2	12.6	9.2
第一产业（亿元）	27754	103301	352851	553800	793661	846489	369.9	112.1	100.4	3.8	2.3
第二产业（亿元）	10270	74323	511103	2536400	4495047	4978721	13171.0	152.5	108.4	15.0	8.8
第三产业（亿元）	9669	86919	503659	2060400	3652338	4005560	7995.2	164.5	108.7	13.3	10.5
丽水人均生产总值（元）	226	1102	5515	20221	34132	37343	4290.0	146.7	107.8	11.3	8.0

说明：1. 本表价值量指标按当年价格计算，发展速度按可比价格计算。

　　　2. 城镇居民人均可支配收入，农村居民人均纯收入发展速度均已扣除价格变动因素。

资料来源：根据浙江省和丽水市统计资料整理。

不仅是从横向比较，从纵向比较来看丽水三次产业的发展速度也相对缓慢。从表3-3看，1978年，丽水的全区生产总值是全省的不到4%。到1990年，丽水的生产总值下降到全省占比的不到3%。到2000年，这个比例下降到2.2%多一点。丽水的生产总值在全省中占比下降的趋势到2008年稍有缓解，不过也只是稍稍回升到2.4%。到2013年，这个比例回升到2.6%。然而，无论是地区生产总值，还是三次产业各自的产值，丽水的增长指数都与全省保持一致。从人均生产总值看，丽水1978年的人均生产总值是全省的68%，到1990年下降到不到全省的52%，到2000年下降到41%，2008年又回升到近49%，2013年回升到近55%。

总体来看，丽水的经济结构变化基本跟上了全省的步伐。但丽水的总体经济实力一直处于全省较为靠后的位置。更突出的特点是，随着全省经济的快速增长，丽水的总体经济实力排名一直没有本质上的改观。这就决定了其地处经济先发地区，却成为经济相对后发地区。

（三）身不由己的生态功能定位

尽管地处浙江省，但因为错过了工业化和城镇化大发展时期，上级政府对丽水的发展定位也逐渐清晰。2010年由国务院正式批准实施的《长江三角洲地区区域规划》所确定长江三角洲地区的发展目标是到2020年，人均地区生产总值达到11万元，服务业比重达到53%，城镇化水平达到72%。遗憾的是，国务院对中国经济实力最强区域所设想的16个核心区城市中并不包括丽水。① 在《浙江省国民经济和社会发展第十二个五年规划纲要（2011—2015年）》中所确定的全省发展重点是改造提升传统优势产业。② 而这些产业的多数都需要大片土地才能落地，对于丽水这样土地资源紧张、地块小的地方而言，像汽车、船舶、钢铁等产业本来就没有基础，想要发展也不太可能。在丽水，装备制造等产业虽有一定基础，但扩大规模的难度都非常大。即使有些产业发展有了初步进展，但离全省所要达到的现代制造业的距离还比较远。在全省42个现代产业集群转型升级示范区中，丽水就只有缙云机床产业集群、龙泉汽车空调零部件产业集群和遂昌金属制品产业集群三个。在重点区域发展布局中，浙江省重视杭州、宁波、温州、义乌等中心城市的发展带动作用。在其规划的40个首批现代服务业集聚示范区的建设中，丽水地区只有龙泉青瓷文化创意集聚区在列。其他的像物流、互联网经济、科技、商务等示范区主要还是集中在杭州、宁波等地。而在浙江省着力建设的14个产业集聚区中，丽水只有生态产业集聚区名列其中。

---

① 规划以上海市和江苏省的南京、苏州、无锡、常州、镇江、扬州、泰州、南通，浙江省的杭州、宁波、湖州、嘉兴、绍兴、舟山、台州16个城市为核心区。在规划的发展设想中，像南京、苏州、无锡、杭州、宁波等都被列为区域性中心城市范围，并拥有在区域城镇化中的功能与定位。同时，规划也明确了像常州、镇江、扬州、泰州、南通、湖州、嘉兴、绍兴、舟山等重要城市在区域城镇化中的功能与定位。在规划中，丽水被定位为绿色农产品基地、特色制造业基地和生态文化休闲旅游目的地。

② 这包括制造业领域的汽车、船舶、钢铁、石化、装备制造、电子信息、有色金属、轻工、纺织、建材、医药11个重点产业。

全省的都市区建设也集中在杭州、宁波、温州、义乌等地。

更重要的是，国家和省级层面对丽水生态功能区的定位，从根本上阻止了丽水开展大规模工业化和城镇化的可能。① 就其自身条件而言，由于地处山区，森林覆盖广，加上当地工商业不发达，污染对生态环境的破坏也不大，因此丽水在浙江省乃至整个华东地区都是以良好的生态而闻名。2014年上半年，国家六个部门联合下发《关于印发国家生态文明先行示范区建设方案（试行）的通知》，计划在全国选出55个地区作为生态文明先行示范区。② 丽水入选为第一批建设区。作为生态功能区，国家在政策上不允许丽水落地大型工业，以配合全省乃至全国的环境保护工作。其实，早在1999年，丽水就已经成为全国第三批生态示范试点地区。由于丽水原有生态环境基础较好，且未遭受过多的工业污染，因此被上级政府确定为华东地区少有的生态功能区之一。③

---

① 国务院印发《全国生态环境保护纲要》，其中规定对江河源头区、重要水源涵养区、水土保持的重点预防保护区和重点监督区、江河洪水调蓄区、防风固沙区和重要渔业水域等重要生态功能区，在保持流域、区域生态平衡，减轻自然灾害，确保国家和地区生态环境安全方面具有重要作用。《纲要》要求，对这些区域的现有植被和自然生态系统严加保护，通过建立生态功能保护区，实施保护措施，防止生态环境的破坏和生态功能的退化。具体而言，对生态功能保护区采取以下保护措施：停止一切导致生态功能继续退化的开发活动和其他人为破坏活动；停止一切产生严重环境污染的工程项目建设；严格控制人口增长，区内人口已超出承载能力的应采取必要的移民措施；改变粗放生产经营方式，走生态经济型发展道路，对已经破坏的重要生态系统，结合生态环境建设措施，组织重建与恢复，遏制生态环境恶化趋势。《纲要》指出，浙闽赣交界山地属于生态良好地区，特别是物种丰富区。这个区域还是生态环境保护的重点区域，因此需要采取积极的保护措施，以保证这些区域的生态系统和生态功能不被破坏。

② 方案的主要目标是，通过五年左右的努力，先行示范区基本形成符合主体功能定位的格局，初步建立资源循环利用体系，节能减排和碳强度指标下降幅度超过上级政府下达的约束性指标，资源产出率、单位建设用地生产总值、万元工业增加值用水量、农业灌溉水有效利用系数、城镇（乡）生活污水处理率、生活垃圾无害化处理等处于全国或本省（市）前列，城镇供水源地全面达标，森林、草原、湖泊、湿地等面积逐步增加、质量逐步提高，水土流失和沙化、荒漠化、石漠化土地面积明显减少，耕地质量稳步提高，物种得到有效保护，覆盖全社会的生态文化体系基本建立，绿色生活方式普遍推行，最严格的耕地保护制度、水资源管理制度、环境保护制度得到有效落实，生态文明制度建设取得重大突破，形成可复制、可推广的生态文明建设典型模式。

③ 2004年的全国生态环境质量评价报告显示，丽水所辖县市区的生态环境质量全部都位于全国前50名。环境保护部发布的2014年第三季度74个城市空气质量状况中，丽水达标天数比例为100%，PM2.5浓度为28微克/立方米，位列全国第八。丽水拥有像华东地区最大的天然氧吧、国际休闲养生城市、中国森林城市、中国长寿之乡、中国生态第一市、浙江绿谷、华东地区动植物摇篮等各种正式和非正式的称呼和称号。丽水生态环境指数连续10年全省第一，生态环境质量公众满意度连续6年全省第一，生态考核连续7年获得优秀。

丽水共划分为 225 个生态环境功能小区，合计面积 1.7 万平方公里。① 其中禁止准入区包括各级自然保护区、饮用水源保护区、风景名胜区和森林公园的核心区，以及水域源头保护和生态公益林建设区域等。由于禁止准入区的生态服务功能极重要、生态环境极敏感，因此具有特殊保护价值。全市共划定禁止准入区 112 个，面积为 3000 平方公里，占全市总面积的 18%。禁止准入区在全市以零散分布为主，在部分高海拔地区连接成片。此外，禁止准入区还包括海拔高度超过 1000 米的区域，这些区域基本无人居住。禁止准入区主要承担生物多样性保护、水涵养、生态屏障保护，且承担对县城、副城区和中心乡镇供水功能，直接影响人口聚居地区的生产和生活，因此国家对此类区域实行强制性保护。

全市划定限制准入区共计 46 个，总面积 1.3 万平方公里，占全市土地面积的 77%。限制准入区分布广泛，是丽水生态服务功能重要或极重要、生态环境高度敏感或极敏感的地区。限制准入区的产业是以生态农林业和生态旅游业为主。根据各县（市、区）的分别统计，丽水共确定了 41 个重点准入区，总面积 700 平方公里，占丽水国土总面积的 4%。该区域是丽水地势比较平坦、交通区位条件好、资源要素和人口相对集中的区域，环境有一定容量，经济发展有一定基础和潜力，且生态环境敏感性和生态服务功能一般。对这些区域实行重点开发，一方面要承接其他准入区，特别是优化准入区的产业转移，另一方面要承接部分人口转移任务，并逐步成为支撑全市经济发展和人口集聚的重要区域。

由于生态保护政策的要求很高，且要考虑产业的集聚发展，严格控制污染物排放总量，因此还要划出功能区。根据各县（市、区）的分别统计，丽水确定了 26 个优化准入区，总面积 200 平方公里，占丽水国土总面积的将近 1%。该区域生态环境敏感性没有前两种类型那么高，生态服务功能也没有前两种强。特别是优化准入区当前的开发密度很

---

① 生态环境功能小区划分是以浙江省生态功能三级区划为基础，综合考虑资源与生态环境现状、生态环境敏感性、生态系统服务功能重要性及其空间分异，考虑社会经济发展、产业结构调整和生态环境保护对不同区域的功能要求，结合区域其他专项规划，通过对重点地区的实地勘察，进行划分。

高，污染物排放量大，环境质量现状未达到功能区要求。丽水优化准入区主要集中在市区、县城建成区和老工业聚集区等三种类型的区块。这些区块具有一定发展基础，建设活动对生态环境影响较深，产业结构布局有待优化。在优化准入区，由于具备之前工业化和城镇化的基础，其发展变化必然会对生态环境产生直接影响，所以也成为生态文明建设重点改造或提升的区域。

丽水有38个省级确定的自然保护类生态环境功能小区。在全市范围内，除云和外，其他各县市区均有分布，总面积2000平方公里。该类区域主要为了保护一些极其重要的生物物种，并且是生态环境极敏感的区域。这些自然保护类生态环境功能小区一旦遭到破坏，区域的生态系统就很难恢复。因此，浙江省在划定生态环境保护范围时，就将其列入禁止开发、强制保护的范围。

作为浙江省内六大水系的源头区域，丽水还承担着饮用水源保护的功能。其中，全市范围内，被划定为饮用水源保护生态环境功能小区的共有65个，总计面积1000平方公里。就地理分布而言，饮用水源保护生态功能小区在全市范围内均有分布。该类功能小区具有重要的饮用水源供给、洪水调蓄等生态服务功能。尽管在日常生活中很难感受到水资源的重要性，但由于它是一种极重要的战略资源，因此严格的保护有助于保障流域地区的经济发展和社会稳定。除此之外，丽水还有九个功能小区被浙江省划定为风景名胜核心区。这些风景名胜核心区主要是森林公园风景名胜类型，面积总计有21平方公里，主要分布在龙泉市、莲都区、松阳县、缙云县等地。此类区域的主要功能是保护自然景观和旅游资源以及周边区域。

（四）强区富民的跨越梦想

仅就经济发展水平而言，丽水在浙江省处于相对滞后的位置。就生态环境而言，丽水基础较好，并承担着全省重要的生态环境保护功能。尽管在全国的地位并非举足轻重，但也是一个重要的生态环境保护区。然而，如何回应全省重要生态屏障的期望，处理好发展工业与保护环境的关系，已经成为近年来丽水各地方政府必须面对的问题。

对于当地而言，市级层面也曾提出要成为浙江省"新的经济增长点和生态屏障"的目标。为了实现这个目标，当地提出了工业转型升级的两大战略：一是工业发展从粗放型向集约型转变。二是改造提升传统产业和培育战略性新兴产业。① 对丽水这样的经济后发地区来说，当地本应对工业发展进行大量的科研、资金和技术投入，实现原有低端制造业的转型升级。事实上，丽水在吸引这些资源方面不具优势。短期内，当地还无法实现工业水平的全面提升。当地开发区的一位负责招商引资的干部 ZJC 就坦言：

> 改造传统产业的成本很高，包括科研投入，谁能解决这个成本问题。企业没有积极性，政府没有资金。现在环保压力太大，开发区有些厂都关门了。

从目前丽水生态产业集聚区的产业规划看，其中主要包括市区核心区、缙云片区、松阳片区和龙泉片区四个区域。② 从当地的产业形态看，尽管生物医药和剑瓷文化创意等产业可以归入新经济的行列，但调查中发现这样的产业所占的比重微乎其微，在整个工业经济中的地位不高。从当地的十大特色产业基地可以看出，丽水的工业化进程更多的还是依托温州等制造业较为发达地区的产业转移，重点依靠的还是皮革、阀门等产业。③ 据当地的官方资料显示，此类产业的总产值已经超过全市工业总量的 70%。尽管许多企业办在生态产业集聚区中，但很难想象

---

① 丽水所指的战略新兴产业包括：一是新能源、新材料和生物医药产业。新能源产业包括电光源产品、光伏配套设备制造企业；新材料产业包括特种合金材料、特种纸、精细化工；生物、医药产业主要是中药现代化。二是电子信息产业。它包括电子信息制造业和软件产业。三是生产性服务业。丽水的定位是围绕产业集群和工业园区发展生产性服务业，具体是推进丽水城北商贸中心和物流中心、青田华侨总部集聚区、缙云现代装备制造业服务中心、龙泉剑瓷创意集聚区、云和木制玩具创意基地等十个生产性服务业集聚区建设。

② 市区核心片区重点发展电气汽配、机械制造、生物医药、新材料及新能源等产业。其中，缙云片区重点发展金属新材料、五金工具、装备制造等产业，松阳片区重点发展不锈钢产业集群，龙泉片区重点构建汽车零部件制造基地和世界剑瓷文化创意基地。

③ 十大特色产业基地包括革制品产业基地、生物医药产业基地、羽绒服装产业基地、现代装备及新材料制造基地、不锈钢产业基地、金属制品基地、阀门精加工基地、汽车零配件生产基地、木制玩具基地、竹木制品创新基地等。

这样的企业可以称为生态产业。① 因此，有位环保志愿者 XMD 也这样评价地方政府的说辞：

> 不是说把污染企业办在生态区里就可以叫生态产业。有些企业的污染，很多年以后才能看到。高效、节能、清洁型产业到底包括哪些，丽水有没有搞清楚？搞清楚了，还要知道自己有没有条件搞。

在具体的产业发展规划中，丽水提出首先改造提升机械设备和不锈钢两大产业。这两种类型产业本身对土地、能源消耗多，且污染排放都较为严重。鉴于上级对环境保护的要求越来越严格，地方政府不得不着重改造这两大产业。其中还有一个重要原因，这两大产业是当地的重点支柱产业，无论是对当地的工业产值支撑，还是财政贡献都非常重要。然而，在实际的产业改造中，想要改造汽车零部件制造、机床工模具制造、阀门制造业、五金制造业、微电机制造业等产业，仅仅依靠丽水当地的科研、技术和资金水平，很难在短期内达到目的。在访谈中，分管发展规划的一位市发改委的干部 ZLJ 这样认为：

> 丽水为什么搞机械和不锈钢？那是因为温州、永康原来搞这两大产业。我们主要还是依靠人家的产业转移。原来基础那么差，想要创新发展哪有那么容易。

比起周边经济先发地区，由于丽水没有经历大规模工业化与城镇化，大幅度提高当地经济实力在短期内难以实现。基于对丽水生态环境优势的认识，以及对生态经济发展美好前景的期待，地方政府虽然已经注意到生态经济的重要意义，但在当时地方经济发展或者说 GDP 的产值仍是最直接的政绩体现。加上资金、人才和上级政府支持力度等方面的不足，经济相对后发地区目前想要逾越工业化早期的粗放发

---

① 十个省级生态工业园区分别是丽水经济开发区、丽水工业园区、缙云工业园区、青田经济开发区、龙泉工业园区、松阳工业园区、遂昌工业园区、云和工业园区、庆元工业园区、景宁经济开发区。

展阶段也不那么容易。由于差距的拉大,地方政府财政收入困难,在区域性生态补偿机制尚未完善的前提下,地方政府仍有发展传统制造业的冲动。在访谈中,也有当地干部 CJB 感慨丽水如今的发展处境:

> 市场经济就像一列火车,开走了,就开走了。丽水错过了,就是永远错过了。省里也没打算让丽水搞工业。可惜发展太晚了。

丽水错过了工业大发展时期,山区良好的生态资源就有幸保存下来。生态功能区的规定,使丽水再重复走温州等地的传统工业化道路已经不可能了。此外,由于国家十八亿亩耕地红线的限定,省级政府出于经济贡献的考虑,宁肯需要丽水在生态资源保护和耕地保护等方面做出应有的贡献,也不会牺牲温州、宁波、台州等地发展工业的机会,放手让丽水发展传统制造业。在不具备宏观政策环境的前提下,丽水一旦错过了工业化的黄金时段,也就错过了大规模发展传统制造业的机遇。如果把追求生态文明或发展生态经济作为经济相对后发地区的目标,当地显然不具备发展新经济的各种条件。2013 年开始,浙江省委、省政府决定,不再把 GDP 和工业总产值作为考核丽水的主要指标。言外之意,省政府也不是说就根本不关注 GDP 问题,只是因为丽水在整个浙江省的地级市中的经济贡献份额相对较小。从全省的财政收入份额上来说,丽水的 GDP 贡献对于全省也只占很小一部分。事实上,省级层面在没有弄清楚到底生态经济如何跨越工业化的时候,也难以从政策上给予丽水这样的经济相对后发地区很明确的支持。丽水也根据上级政府的要求,积极探索生态经济的路径,但作为战略发展目标,目前除了各地兴起的旅游等产业,其他有影响和借鉴意义的经验还不多。

(五)调查地选择的说明

在中国,东部地区与中西部地区的经济发展的总体差距明显。在广大中西部地区,有些经济相对后发的县市区还呈集中连片分布的特征。① 相比东部沿海地区,这些地方都在不同程度上错失了大规模推进工业化和城镇化的机会。问题是,区域之间的发展差距会导致两极分化,有些经济后发地区有可能陷入"贫困陷阱"。② 尽管发展条件和时机各有不同,但中西部许多地区都像丽水一样面临着经济后发的困境。本研究选择浙江省丽水市作为东部经济快速发展地带中经济相对后发地区的典型。为了印证丽水市作为类型上的典型性,课题组还对浙江省衢州市、福建省宁德市、河南省信阳市、贵州省毕节市等地开展了实地调查。

表 3-4　　　　　各市国民经济与社会发展指标 (2015 年)

指标 城市	国民生产总值 (亿元)	比上一年度增长 (%)	人口总数 (万人)	人均国民生产总值 (元)	三次产业比重	一产增加值 (亿元)	比上一年度增长 (%)	二产增加值 (亿元)	比上一年度增长 (%)	三产增加值 (亿元)	比上一年度增长 (%)
丽水	1102.34	6.4	266	51632	8.3∶45.6∶46.1	91.42	2.4	502.99	3.3	507.93	10.7
衢州	1146.16	6.6	256	44767	7.4∶46.9∶45.7	84.42	1.4	537.34	4.2	524.4	10.6
宁德	1487.65	8.6	287	52016	17.0∶51.1∶31.9	252.77	4.5	760.09	9.4	474.79	9.1
信阳	1877.75	8.9	870	29321	24.2∶40.2∶35.6	453.86	4.5	754.53	9.1	669.36	11.5
毕节	1461.3	12.9	661	22230	22.2∶38.8∶39.0	324.7	6.9	566.6	12.6	570.1	15.5

资料来源:各市国民经济与社会发展统计公报整理而成。

从表 3-4 的统计数据可以看出,这五个地级市的国民生产总值总量都不高,大体上都属于经济相对后发地区。相比较而言,地处东部的丽水、衢州和宁德的人均国民生产总值明显高于中西部的信阳和毕节。从产业结构上看,丽水和衢州两地三次产业结构较为类似。其中,衢州的第二产业比重稍高于丽水,丽水的第一产业比重稍高于衢州。但与其他几个地区相比,宁德的产业比重就较为特别,反映出当地第二产业所占比重较高,第三产业比重明显低于丽水、衢州。更为典型的是信阳和毕

---

① 根据国务院 2011 年 12 月发布的《中国农村扶贫开发纲要 (2011—2020 年)》,中国有六盘山区、秦巴山区、武陵山区、乌蒙山区、滇桂黔石漠化区、滇西边境山区、大兴安岭南麓山区、燕山—太行山区、吕梁山区、大别山区、罗霄山区、西藏、四川藏区、新疆南疆三地州等 14 个集中连片特困地区。

② 戴其文、魏也华、宁越敏:《欠发达省域经济差异的时空演变分析》,《经济地理》2015 年第 2 期。

节，两地的三次产业比重还处在丽水和衢州 2000 年前后的水平。从三次产业各自的增长水平看，宁德与信阳、毕节的工业化趋势较猛，体现出东部地区产业转移的惯性。但由于丽水在东部地区承担了生态屏障的功能，因此第二产业的增长明显受到阻碍。尽管中西部地区的有些地方仍然能够沿袭东部经济先发地区的工业化和城镇化的发展战略，但发展的内外部条件都已经发生很大变化。一般来说，像丽水这样的经济后发地区不太可能重复经济先发地区的发展道路。在中西部地区，即使有部分村庄仍然可以走经济先发地区的老路，那些行动迟缓的村庄必然会面临丽水、衢州如今必须面对的乡村发展困境。用工业化和城镇化消灭乡村既不是意气用事的问题，也不被客观条件所允许。因此，作为经济先发地带的经济后发地区，丽水乡村变迁所碰到的问题，往往是中西部广大乡村如今正面对或今后必然面对的问题。需要说明的是，在丽水和衢州两地之间选择了丽水作为区域性案例，更重要的原因是上级政府对丽水生态功能区的规定，使得这个地区更加缺少跨越工业化的政策环境。对于丽水来说，作为现代化拖后部分的身份确定以后，在特定的政策环境下，乡村发展所采取的策略是值得观察和探讨的。

如果大规模推进工业化和城镇化，首先需要大量的土地。对于许多中西部地区来说，土地资源紧张的问题较为普遍。有人就指出，即使是接收经济先发地区梯度转移的产业，也会引起环境污染和土地资源紧张等问题。[①] 在对信阳市环保局干部的访谈中也反映了这个问题，正如 ZQ 所说：

> 现在上面的政策很清楚，2007 年、2008 年的时候，取缔六小就叫得很响了。那时候，下面有个县要上一个化工项目，我们下去督查，最后就不能上马。河道通的，害怕把河道污染了。河道不通的，又怕地下水污染了。我们这里很多家里都使用压水井，喝地下水。特别是夏天，地下水凉，水费都不用交了。

尽管这位环保部门干部所讲述的并不能代表整个中西部地区乡村发

---

① 孙敏：《欠发达地区承接产业转移的风险研究——基于宏观政治经济环境的视角》，《经济问题探索》2013 年第 10 期。

展面临的问题,但也能从一个侧面印证丽水在乡村发展时道路选择的难题。相关文献的佐证,也在一定程度上说明了,经济后发地区的乡村重走经济先发地区的工业化和城镇化路径的困难。例如,有人通过对宁夏西海固地区和云南怒江州的研究发现,有些欠发达地区的资源环境无法承载大规模工业化和城镇化。① 经济后发地区的工业污染问题有时比发达地区更突出。② 不光是环境和土地等客观条件的限制,有些地区发展工业还面临着基础薄弱的问题。尽管产业的梯度转移有助于尽快提高经济后发地区的工业化水平,但如果经济后发地区原有的经济发展水平不高,也难以顺利地承接和吸收转移的产业。③ 还有研究指出,想要有效承接经济先发地区梯度转移的产业,还需要接收地具有较强的创新能力。④ 这在对毕节市发改委干部的访谈中也有体现,例如 ZL 就认为:

> 这些年市里都重视资源引进。除了上面的一些专项支援项目,也有许多沿海地区的商人到毕节来谈项目。我们这里办企业的环境没有沿海好。他们在谈话中也能听出来,要不是那里用工成本高、环保部门抓得严,他们也不情愿到我们这里。要说产业梯度转移,如果照单全收,我们也要被国土和环保督办。如果创新改造,成本太高。我们这里本来基础薄弱,哪有那么多资金用于创新和改造?整个产业都还处在初级水平,总不能老是唱高调。

显然,这对经济后发地区提出了更高的要求。多数情况下,经济后发地区在资金、技术、人才的竞争中相比经济先发地区都表现出明显的劣势。多数经济后发地区也正是因为产业结构不合理、整体层次不高,才会借助接收经济先发地区梯度转移的产业,实现后发的工业化。如果

---

① 周侃、樊杰:《中国欠发达地区资源环境承载力特征与影响因素——以宁夏西海固地区和云南怒江州为例》,《地理研究》2015 年第 1 期。
② 张家峰、张长江、吴俊:《工业化过程中的产业选择与环境关系研究》,《经济问题探索》2016 年第 4 期。
③ 王满四、黄言生:《欠发达地区承接产业转移的关键影响因素研究——以江西省赣州市为例》,《国际商务》(对外经济贸易大学学报) 2012 年第 2 期。
④ 张仁枫、王莹莹:《承接产业转移视角的区域协同创新机理分析——兼论欠发达地区跨越式发展的路径创新》,《科技进步与对策》2013 年第 7 期。

对其提出过高的基础条件和创新发展要求，许多地区都难以达到要求。从丽水的发展情况分析，尽管产业结构调整也基本上跟上全国的步伐，但其工业化和城镇化的整体水平在东部地区都处于相对落后的地位。在全省范围内，无论工业所占比重，还是当地生态功能区规划对发展空间的设计，都使得丽水难以复制经济先发地区的发展路径。

中西部广大的经济后发地区地域辽阔，但其符合发展工业化和城镇化的自然条件并不理想。有人通过对宁夏南部山区的研究得出结论，西部经济后发地区无法重复经济先发地区的城镇化经历。① 还有人通过对湖北省24个县的分析表明，山区县新型城镇化需要强劲的经济推动，且不能打破已有的环境约束。② 对于有些典型地区，即使地方政府希望发挥后发赶超优势，但多数仍然出现工业化和城镇化难以协调发展的问题。例如，有人通过对四川省的研究发现，经济后发人口大县的工业化对城镇化的促进作用不明显，而基础设施建设和劳动力转移则对当地城镇化的推动作用更加明显，这种模式的根本问题在于内生动力不足，难以持续推动当地城镇化发展。③ 当然，这也可能存在反例。例如，有人根据区域间经济发展的梯度差距推断，西部的经济后发地区不但有城镇化发展空间，而且城镇化确实会推动当地经济增长。④ 客观上看，全国范围的工业化和城镇化浪潮不可避免地对中西部经济后发地区产生示范效应。对于丽水而言，地方政府在觉悟到与经济先发地区的发展差距时，也毅然地选择了优先推进工业化和城镇化的战略。但无论是客观原因，还是主观原因，都使得丽水难以效仿经济先发地区的发展模式。结果是，丽水的整体发展水平在全省始终居于较为靠后的位置，并成为全省经济发展薄弱的地区。对于中部地处山区的经济后发地区来说，较晚兴起的城镇化面临土地资源匮乏、人才流失严重、生态环境保护不够等

---

① 王沣、张京祥、罗震东：《西部欠发达地区城镇化困局的特征与机制——基于宁夏南部山区调研的探讨》，《经济地理》2014年第9期。
② 黄亚平、林小如：《欠发达山区县域新型城镇化动力机制探讨——以湖北省为例》，《城市规划学刊》2012年第4期。
③ 唐蜜、肖磊：《欠发达地区人口大县城镇化动力机制分析》，《农业经济问题》2014年第8期。
④ 谢雨阳：《城镇化：西部经济可持续发展的引擎》，《西安财经学院学报》2016年第1期。

挑战。单纯地推进这种被动的城镇化，反倒会导致贫困的恶性循环。①总体来说，尽管地方政府在具体的发展路径选择上有一定的自主性，但鉴于产业发展的成熟度、国家的政策和法律环境以及全国一盘棋的功能区规划，许多经济后发地区都不具备重复经济先发地区工业化和城镇化道路的条件。

尽管丽水地处经济先发的沿海地区，但比起像温州、义乌这类私营经济较为发达的典型地区而言，无论是地区经济规模还是居民收入增长，都远远不及。国家的耕地政策给省级政府推动工业化和城镇化造成限制，因此就要寻求在内部解决这个问题。从理性的角度权衡，经济先发地区的基数大，增长对总量的贡献大，因此理应优先获得发展机会和支持。同时，为了鼓励经济后发地区从角色定位上配合上级政府的规划和安排，省政府还决定不再把GDP作为经济后发地区的重要考核指标。丽水既然没有机会重复温州这样经济先发地区的发展模式，就不得不探索一条自身的发展道路。产业的转型升级需要大量的外部支持，并且亟待激活内生的发展动力。然而，在资金、技术和人才资源不充足的前提下，跨越工业化和城镇化的大发展实现经济赶超更是难上加难。

就区域性案例的选择来看，丽水与许多中西部经济后发地区具有类似的市场经济后发的经历，并且面临着重复经济先发地区工业化和城镇化发展道路的各种不可能。丽水乡村社会变迁就是在这样的基础上和背景下展开的。更重要的是，周边地区的经济先发显然对丽水当地的政府和群众都提供了直观的比较对象，在很大程度上激发了当地的发展愿望。这种觉醒的发展愿望往往会对乡村社会转型产生重要的影响，且在全国经济后发地区中具有典型意义。

---

① 林小如、黄亚平、李海东：《中部欠发达山区县域城镇化的问题及其解决方略——以麻城市为例》，《城市问题》2014年第2期。

四　进步与落伍：东部经济后发地区的乡村发展

作为东部沿海经济先发省份的山区地市，丽水在改革前与全国许多地区一样经历了大致相同的发展阶段。在市场导向的改革进程中，丽水却走了一条与周边经济先发地区不同的道路。当然，丽水在改革中也实现了乡村经济增长、农民收入提升、村庄面貌改善、基本公共服务供给增加等。但不得不承认的是，它毕竟是在市场化进程中成为全省经济发展相对落后的地区。

（一）绝对增长中的相对滞后

就区域特征而言，丽水早期的乡村发展与全国许多地区有着相似的经历。出于糊口或改善生活的需求，丽水当地也出现过一些制度创新的典型。改革以后，整个地区的乡村发展之所以具有典型意义，就在于其错过了像经济先发地区乡村工业化和城镇化的发展时机，从而成为经济先发省份的相对后发地区。比起中西部广大地区而言，丽水在地理空间上更接近沿海经济先发地区。在此过程中，地方政府的积极努力也使丽水的乡村发展逐步向全国的前列靠拢。从历史脉络上梳理丽水乡村的发展转型阶段，有助于弄清其背后的发展逻辑。

1. 浓厚政治氛围中的村庄经济（1949—1977年）

1949年，中国共产党在丽水当地接管了乡村政权后，马上着手开展土地改革。1950年6月底，当时的丽水县海潮乡正式开展土改试点，并于当年年底全面铺开。新政权的建立和相应的土地制度变革，极大地调动了农民生产热情。从丽水县的工农业生产总值看,1949—1952年增长的幅度超过了35%,平均每年的增长率将近12%。

20世纪50年代,由于人口增长较快,粮食生产的单产不高,再加上受自然条件的影响,产量波动较大,因此国家着手管控粮食的购销。1953年末,丽水响应中央号召,开始实行粮食统购统销。次年9月,棉布作为战略储备物质,也开始实行统购统销。由于在全国范围内,仍有少量粮食进入市场交易,因此引起国家警惕。两年后,丽水和全国一起开始实行粮食定产、定购和定销的"三定"政策。在生产条件尚不发达的情况下,为了打破小农的生产模式,确保农业生产和粮食增收,中央在全国范围内倡导农户之间的生产合作。1954年,丽水县开始倡导农户开展互助合作。① 由于农民互助合作被当时的中央政府视为迈向更高级生产形式必经的阶段,因此中央在全国范围内积极推进农民组织化的快速升级。农业生产组织化的冒进行为一定程度上损害了农民生产积极性,也影响到农作物的产量,从而引起了中央政府的注意。在中央政府的要求下,各省也开始制止强迫农民互助组升级为初级社的潮流。1955年,浙江省委、省政府提出了相对保守的整社计划,要求有些条件不成熟的初级农业生产合作社又回到农民生产互助组。

然而,短时间的反思并没有遏止中央力推的激进的农民组织化运动。很快,丽水再次被卷入全国范围轰轰烈烈的农业合作化运动。1955年年底,丽水县范围内,入社的农户就已经超过了一半。1958年下半年,丽水县在全县范围内都以区为单位建立了人民公社,并以乡为单位建立了管理区。在人民公社体制下,管理区下设生产队,生产队下设生产小队。1959年,丽水县开始传达贯彻中共中央第二次郑州会议精神,与全国一起基本上都实施了人民公社的管理体制。这场大规模的农民组织化运动超出了当时农业的生产条件,因此普遍遭到农民的反对和抵制。然而,这并没有阻挡风起云涌的政治运动进军农业生产领域的势头,随后丽水出现了"整风核产"运动,开始有基层干部虚报粮食亩

---

① 2000年6月6日,国务院批准撤销县级丽水,设立莲都区,以原县级丽水的行政区域为莲都区的行政区域。莲都区为新设立地级丽水的驻地。1952—1963年,由于丽水专区被撤销,这个时期能够代表丽水当地发展的是其核心辖区的丽水县。因此,本研究选取当时丽水县作为典型地区梳理历史脉络。

产。1958年初，丽水县冒进的做法被《浙江日报》报道，随即就被《人民日报》转载。总体而言，这个时期的政策伤害到农民的利益，因此也在很大程度上削减了农民的生产积极性。1957年年底，丽水工农业总产值相比1952年平均只增长不到3.5%。尽管如此，这种浮夸的势头并没得到应有的管控，反倒被1958年掀起的"大跃进"推向高潮。当年，在丽水还出现过度夸大晚稻产量的现象，有个乡的水稻亩产"放卫星"到30吨。紧接着，丽水跟随全国步伐掀起的"大办钢铁"运动使得农民无法专注农业生产，因此在更大程度上影响了粮食产量。

鉴于当地耕地紧缺的客观条件，有些地方政府为了提高粮食产量，不得不鼓励农民开垦荒地或者利用一些零星的空隙地种植粮食作物。为了让农民得到实惠，地方政府还提出"谁种谁收，不抵口粮"的政策，在一定程度上调动了农民的积极性。局部的变动并未影响当时全国的政治潮流。到1960年初，各地在贯彻中共中央政治局扩大会议精神时，取消原有的以生产队为单位的生产组织形式，全国兴起的"共产风"催生了以公社为单位的生产组织形式，并迅速在丽水当地铺开。这种政治深度介入农业生产的后果是严重的，导致丽水部分地区开始出现粮食短缺问题。当时，丽水县的丽云公社就曾向浙江省委报告了当地群众患浮肿病出现死亡的事例。在访谈中，也有些老人会提起当时艰苦的生活。其中，有一位老支书LXZ回忆道：

> 1959年到1961年，那是真困难。隔壁村都有人饿死的。那时候大家饿肚皮，那几年，妇女生孩子的都很少。你看我们村里在那几年生出来的几乎没有。

然而，对于丽水县来说，在被称为自然灾害较为严重的三年期间，并没有像中西部有些地区那样出现非常严重的饥荒问题。这有两个原因：一是丽水占地面积大，尽管耕地少，但山地多，也能够为当地农民提供生存下来的食物；二是丽水拥有大量的山地，当地人口的总量并不大。除了一些小块的平原地区因为聚居人口较多，多多少少面临粮食短缺问题。对于多数居住在山区的农民来说，活下去还是有办法的。例如在访谈中一位农民ZCW就介绍：

>　　三年自然灾害的时候，我们也困难，但饿死人的事情没有。山上、路边都可以种点番薯，养活一家人。平的地方就不容易，只靠田的话，不行。别看这里是山头，过去讨老婆不困难，这里能吃饱肚皮。现在这些都过时了。

　　1961年，丽水县有些位于小平原地区的乡村，粮食短缺问题比较严重。当时，丽水县不得不紧急调集35万斤粮食用于救援。由于问题比较突出，对当地政府形成了一定的政治压力，因此当时的县委就紧急抽调一批干部到乡村督促粮食生产。有些地方为了重新激发农民的生产积极性，甚至开始退赔农民在"一平二调"运动中损失的财物。更有甚者，有些基层干部无法容忍粮食短缺的问题，竟然偷偷尝试类似包产到户的做法，希望提高农民粮食生产的积极性。据当地的史志材料记载，当时的丽水县在1962年就有50个生产大队、201个生产队出现了不同程度的包产到户现象。这样的做法显然与当时的政治潮流不符，上级政府也不可能容忍这种在意识形态上被界定为非社会主义的做法。由于类似情况在全国其他地区也存在，中共中央就及时发布了《农村人民公社工作条例》，要求禁止各类非社会主义的生产形式。这次自上而下的政策收紧趋势，再次挫伤了有些地区刚刚兴起的粮食生产积极性。

　　总体而言，第二个五年计划期间，政治运动对全国工农业生产造成了明显的负面影响。仅从丽水县的数据看，第二个五年计划期间的工农业总产值比起第一个五年计划期间减少了3%还多。之后，中央层面也逐渐觉察到政治运动对生产活动的影响，并意识到这可能会带来生产和生活上的困难。于是，全国各地在1965年学习贯彻《农村社会主义教育运动中目前提出的一些问题》的过程中，开始纠正一些"左"的做法。同年，中共中央发出《关于当前农村工作问题的指示》，丽水各地在贯彻执行中央政策的过程中，也开始纠偏，归还了没收社员的自留地，并允许农民开荒地。

　　在粮食产量不高，自然条件恶劣的情况下，国家对粮食生产和流通的管控，使得部分农民的生活面临眼前困难。尽管"文化大革命"的爆发使得政治运动达到高潮，并普遍影响到工农业生产，却并没有从根本上遏制农民挣脱原有农业生产制度束缚的冲动。因为对于有些地方的农民来说，生存的愿望远远压倒对政治冒险后果的担心。1968年，丽水各地出现分小小队的现象，有些地方甚至还出现承包到组和承包到户的情况。当时曾担任乡村基层干部的老人XZY回忆称：

> 都说丽水人思想保守，那是偏见。我们当年分小小队的时候，搞不好，不是掉帽子的事。搞不好，就给你扣个帽子，掉脑袋的事。但你又不能眼睁睁地看着农民饿死，管他呢，不准搞，就偷偷搞。我那时就问农民，是饿死好？还是自己搞？农民又不傻。反正我们这个大队都听我的。没有一个敢说出去的。乡里领导也知道，睁只眼闭只眼，民不告，官不究。我们这里民风还是好的。

山区的村庄中，生活环境相对封闭，乡村生活共同体逐步形成了紧密的联系。在面对自然灾害或饥饿等威胁时，他们表现出与开放式社区大不相同的内部团结。为了生存的合谋在有些小型乡村生活共同体中确有存在，因此使得深入全国各个领域的政治运动对这样的山区村庄的影响并没有想象中的那么深入。结合历史上农民在生存问题上的表现来看，当外部的政治压力严重影响到其生存安全时，这个群体就成为政治生活中最容易被动员的对象。对照温州、义乌等改革先发地区，并不是说，地处山区的丽水农民就不具有制度改革的可能。当然，丽水当地农民所开展的突破制度限制的探索，还需要一定的外部环境。山区有些地方并没有成为政治运动的热点地区。而且，基层干部过度热衷遥远的政治中心所发起的自上而下的运动，也不会给他们带来多少预期的政治收益。尽管在丽水也出现了卫星田这样的现象，局部地区还出现了饥荒，但这也只能从一个侧面反映政治运动在全国的深入程度。然而，对于有些村庄而言，相对封闭的环境，历史上就传承了较为紧密的相互依存的关系，因此在突破制度限定方面具备一定的社会条件。

从生产实践看，民间的改革探索也给生产增长提供了动力，从1965年到1975年，丽水县的工农业生产总值增长了将近60%。客观上讲，尽管此期间保持这样的幅度增长也不完全是农民突破制度限制所爆发的生产积极性带来的，但不能忽视的是，丽水之前因为工农业生产受到严重影响，起点很低，本来也就有了很大的增长空间。一些农民的生产积极性被调动起来,农业生产的增长就非常明显。当然,有些工农业生产惯性带来的增长,也不能完全归功于制度改革,尽管后者起到了关键作用。

2. 失之交臂的市场化大潮（1978—1992年）

丽水地区经济总量不大,总体经济发展水平低,偏重农业的经济结构特征比较明显。改革之初,当地的经济水平明显落后于全省平均水平。1978年,丽水全区的生产总值是4.8亿元,而当时浙江省的国内生产总值是124亿元,在全省11个地市中只占到经济总额的不到4%。从产业结构看,丽水的经济以农业和林业为主,工业基础薄弱。1978年,丽水三次产业结构为58.2∶21.5∶20.3。从中可以看出,丽水的第一产业比重明显过大,超过第二、第三产业总和。当时全省三次产业比重平均值为38.1∶43.3∶18.6。比较而言,丽水第二产业的比重还不到全省第二产业比重平均水平的一半。同一时期,全国三次产业结构为27.9∶47.9∶24.2。计划经济体制下,浙江省本来就不是国家大型工业企业布局的重点,因此与全国的三次产业结构相比,浙江省的工业比重相对偏低。丽水的工业比重与全国相比差距更大。改革以前,国家出于战略安全的需要,在产业布局的时候,更多地将大型工业企业设置在东北和中西部地区。值得注意的是,丽水第三产业的比重尽管没有达到全国水平,但也已经超过全省的水平。这并不表示丽水的第三产业在当时就比较发达,而是因为丽水的第二产业确实太低,相对衬托了第三产业的比重。仅就农业而言,1978年丽水地区农、林、牧、渔业总产值之比为75.8∶10.8∶13.3∶0.1,粮经比为83.2∶16.8。可见,当时的农业基本是以种植业为主,粮食在农产品中占绝对优势。当时,农业人口占总人口的比重达到92.9%,城镇化水平为7.1%,只有全省平均水平的一半。到1983年,丽水全区工农业总产值只占全省的2.5%,财政收入只占全省的2%,人均国民收入低于全省平均水平竟达36.7%。

十一届三中全会的召开,标志着中国乡村改革的大幕拉开。如今私营经济相对发达的浙江省在改革之初,并不是家庭联产承包责任制推行较早的省份。总体上看,浙江省的经济改革全面铺开并不太早的原因有两个方面:一是浙江省并没有出现像四川和安徽等省份那样严重的粮食短缺问题，所以就没有表现出制度改革的紧迫性。对于丽水而言，粮食短缺问题也没有四川、安徽那么普遍和严重，因此整体上还是与全省改革的步调一致。二是因为，当时中央层面还没有全面推广家庭联产承包责任制。到了1980年9月，中央才决定在全国范围内推广家庭联产承包责任制，并发布了《关于进一步加强和完善农业生产责任制的几个问题》。在此之后，浙江省开始从试点到逐步推广家庭联产承包责任制。1981年，丽水地委召开会议，研究落实农业联产承包责任制。从面上的进度看，丽水普遍推行家庭联产承包责任制的步骤与全省一致。然而，在实际调研中，也不乏较早行动起来的村庄。访谈中一位在当地较早推行分田到户的村支书 ZY 介绍：

> 我当年是大队书记，经常会看看报纸。当时报纸上提到要分田。我们村人口多，粮食不够吃。我就让小队把田先分了。我们这里是山区，国家政策传到这里也要时间。我想，反正迟早要搞的，就干脆早点。因为大家也希望这样。田分了以后，每家每户干活也不用催了。有的家里女人能干点的，还喂猪、喂鸡，生活马上就不一样。

经过访谈，村里的其他老人也印证了这位老支书的说法。这说明，丽水有些地处平原的主要产粮区，由于人口多，当地农民的生活用粮本来就很紧张。加上当时粮食统购统销的管控，有些地区农民改革的内在动力就更加强烈。当时负责农业工作的一位副县长 XGQ 在访谈中这么说：

> 那时候有些冒进的地区，早就搞承包了。我们也听到这种搞法。那时候想着，反正老百姓干活有积极性，就让他们试试吧。一旦查下来了，就当不知道。个别地方先试试也好，成功了，也算是一条经验。失败了，影响面也不大。毛主席都说，人民群众才是真正的英雄吗。

对于有些粮食供需矛盾突出的地方，加上村干部的较早意识，丽水的部分村庄先于全市进行农业生产关系调整。这项制度改革果然普遍提高了广大农民的生产积极性,因此也从侧面反映了农业制度改革的必要性和迫切性。那个时期,无论地方政府如何对待乡村的制度改革,农民发展生产的愿望最终会突破种种外部束缚。到1983年,整个丽水地区的2.5万个生产队全部实行了家庭联产承包责任制,从而使农户有了生产经营自主权。制度改革的结果是,农业产出稳步提高,当地粮食生产持续、快速、稳定发展,并实现了总量平衡和丰年有余。1984年,整个丽水地区粮食产量达到92.6万吨的空前高峰,扭转了粮食生产水平长期低水平徘徊和缺粮的局面。改革后,国家在乡村减少对农业生产的直接管束,有效地提高了个体劳动者的生产积极性,市场对乡村经济的激励作用在丽水这样的山区也表现得非常明显。随着粮食逐年增产,国家也逐步放开对粮食购销的管控。到1985年,丽水也跟随全国步伐,终止了粮食的统购统销,开始实行粮食的合同定购。当年,丽水工农业生产总值突破3亿元,比1980年增长了84.3%,达到年均增长超过13%的速度。

由于农业生产效率的提高,乡村的剩余劳动力开始转向非农产业就业。加上国家逐步放松对人口流动的管制,大量的乡村青壮年劳动力外流,导致乡村经济中产业结构发生根本变化。到1988年年底,丽水地区的乡村各类专业户超过5500个,农村劳动力中已有6.5万人进入工业、建筑业,6.6万人进入流通领域就业。当时,转移到第二、第三产业的劳动力,占农村劳动力的17%,其中劳务输出有8.2万人。

丽水在改革初期也经历了乡镇企业的发展,但当地总体上属于偏重农业的经济形态。丽水没有出现大规模的工业化和城镇化现象,整个地区的经济发展缺少工商业的强劲带动,与工商业发达地区的总体经济差距很快被拉大。全地区乡镇企业的数量少、规模小、效益低。截至1988年年底,全地区乡镇企业5341个,从业人员8万余人。乡村工业化进程的滞缓,使得丽水的乡村经济在这个时期逐步落伍。丽水地区许多村庄的交通、通信设施落后,与外界交流条件不足,加上许多地方工业发展水平低、基础差,乡村经济以低水平的糊口经济为主。究其原因,当然和丽水地处山区,地理位置相对偏僻有关。

丽水的商业也一直没有发展起来,并且民间经商的愿望远没有温州那么强烈。1949年，丽水县供销合作总社成立。由于国家对商业领域的社会主义改造，乡村地区的商业很多都是经由供销合作社渠道，主要经营百货、食盐等农民生活必需品。关于工商业的发展，当地较早的记载表明，丽水于光绪三十一年（1905年）曾兴办过织布学堂。民国期间（1912—1949年），地方政府也曾尝试发展工商业，例如当时的浙江省建设厅就曾于1919年在如今莲都区的太平乡附近建立经济实验区。实验区曾先后兴办过各种合作社，主要加工和生产像肥皂、鞋袜和纸张等日用品。抗日战争期间，浙江省政府机关曾迁往丽水地区，并带来少量的纸张和武器生产的工厂。中华人民共和国成立以后，新政权在当地也设立了一些规模较小的国营企业，主要从事一些日用品的生产加工。1956年年初，国家开始对当地的手工业、资本主义工商业进行社会主义改造。由于总量不大，改造工作进展顺利，到年底就基本结束。"文革"期间，丽水还曾兴办过糠醛厂、化肥厂、针织厂等农资和日用品生产企业，但都是规模较小的地方企业。1978年以后，丽水也像中国其他许多地方一样试图发展工商业，并曾兴办过火柴厂、化工厂、油泵油嘴厂、毛巾厂、羽绒厂等。其中，羽绒厂、化工厂因为生产经验丰富和营销策略运用得当，逐渐获得了发展，并历经多次改革成为较为知名的企业。

  整个丽水地区都没有经历工商业大发展的原因有多种，概括起来主要有客观和主观两个方面。客观上讲，丽水地处山区，立地条件不佳，因此难以发展大规模的工业和城市；主观上讲，因为丽水当地的文化特征，缺少像温州这样市场经济先发地区的办厂、经商的意识，因此群众即使开展了一些小工业和小商业的经营，但都因为缺少大的环境而没有很好地发展起来。因此可以说，当地干部群众缺少发展市场经济的热情也是原因之一。一位丽水农办的干部LH如此概括：

  这里农民的市场意识薄弱，不像温州市场意识强。改革以后，农民有田，有山地。田里不足的，山上补。谁还会出去谋生？更何况，出门谋生也不容易。温州这些地方也是因为人多地少逼的。他们不出去，基本生活都困难。我们这里小日子过过，还不错。所以，当时也就没有发展起来。

丽水当地农耕的传统根深蒂固，孕育或适应市场经济发展的思想准备不足。改革以后，即使丽水和沿海其他地区享受了同样的经济政策，但当地农民办厂、经商的愿望也不十分强烈，更谈不上像温州那样主动发展私营经济，创造出中国经济改革三大模式之一的温州模式。这里同时反映出，农民积极参与市场经济的积极性也有一部分是出于生活安全的考虑。在没有强大的外部引领或刺激的情况下，当地农民一般也不会轻易放弃稳定的经济收入，冒险从事其他产业。到1988年，浙江省的工农业总产值从300亿元跃升到900亿元，其中有2/3是乡镇企业贡献的产值。丽水在这个时期的经济总量明显低于全省平均水平。因为浙江沿海的一些城市，经过了20世纪80年代初期乡镇企业的快速增长，经济总量有较大提高。这反倒造成丽水经济发展与全省的反差，其在全省财政收入中所占份额就难以扩大。

当然，由于这个时期并没有经历乡镇企业的蓬勃发展，农业也多数依靠传统种植业，这就造成丽水当地城乡居民收入都不高。1978—1985年，农民人均纯收入由131元增加到414元，年均增长几乎达到18%。1982—1986年中央连续五年发出关于农村工作的"一号文件"，特别是1985年改革农产品购销体制，极大地调动了农民生产积极性，农业生产保持了强劲增长。由于农业产业结构的调整，以及非农业收入的增加使得农户收入稳步提高。1986—1992年，农民收入由414元增加到816元，年均增长超过10%。不容忽视的是，这个时期，农民的总体收入水平低，主要因为乡村工业化的进程较慢，传统农业是农民的主要收入来源，非农产业对农民收入增长的贡献不大。有村干部HY回忆当时的情景称：

> 80年代的时候，政策放开了，村里劳动积极性都很高。勤快的人，起早贪黑。生活条件也好多了，菜不用买，吃肉也多起来。家里养猪的，年底除了卖钱，自己还留些吃。当时，一般家里都养有鸡鸭，年底也能赚些钞票。

在浙江省经历乡镇企业快速发展的时期，丽水却于1988年获批为"革命老根据地市"，开始受到省政府的发展扶持。当许多工商业相对发达地区在推行大规模城镇化的时候，丽水却于1990年被国家土地管理局评为"全国土地管理先进地区"。当然，这不是说经济先发地区的土地管理问题就很多，而是从一个侧面佐证了丽水当时在能用于发展工业和城镇的空间本来不大的前提下，很难突破土地管理政策，大规模推进工业化和城镇化。随着温州模式的正式提出，此时的温州每年都接待一批又一批学习温州经验的考察者。在丽水，载入当时史志的重要来访者则是1990年初到访的日本农耕文化考察团。就是这一年，丽水还被国务院命名为"全国粮食生产先进单位"。这在本来不是全国粮食主产区的浙江省，非常难得。尽管在第七个五年计划期间，丽水保持了年均超过10%的增长率，但因为基数小、工商业贡献不大等原因，难以实现总量上的赶超。

3. 奋起直追的顿悟（1993—2000年）

为了加快乡村经济发展，地方政府鼓励农户调整农业产业结构，提高农业品质，以改善农业生产、提高农民收入。1993年，国家全面放开粮食购销价格，减少了行政力量对农产品购销的干预，鼓励农户开展农业生产。当时，丽水地区农民人均收入只有全省的一半。截至1993年年底，全地区有13.6万人的人均收入在300元以下，1/4的人口人均收入在500元以下。1994年，国家将农业指令性种植计划，变更为指导性种植计划，农业生产开始由产量型向质量效益型转变。受到全国经济增长的带动，特别是农产品价格的提高，农民收入经历了大提高的时期。1993—1996年，农民收入从816元增加到2113元，年均增长接近27%，其中1994年和1995年农民名义收入增长速度超过35%。

这个时期农民收入增长的主要原因有两个：一是农业增产，二是国家政策调整。值得注意的是，这个时期农民收入增长比较快还与外部经济环境有关。虽然远在山区，当地农民收入还多多少少受到全球经济变化的影响。市场化在乡村的深入推进导致乡村经济与全球经济的联系增加。全球范围的经济波动也在不同程度上直接或间接地影响到丽水的乡村经济。当然，经济波动也影响到当地农民的收入。访谈中，有农民QFG这样评价这个时期的农业经济：

> 国家政策当然有影响。粮食好卖了，钞票就有了。粮食不好卖，一年到头就白忙了。后来不抓黑市了，我们才敢拿到市场上去。反正，经济好坏都很明显。

然而，受到市场经济深入推进的影响，乡村经济并没有给农民收入强劲的支撑。1998年5月，国务院发出《关于深化粮食流通体制改革的决定》后，丽水也着手开展粮食收储改革，并随着全国的潮流，基本实现了粮食的商品化。90年代后期开始，受世界经济不景气以及亚洲金融风暴的影响，全国连续几年农村居民收入增长缓慢，丽水农民收入的增长幅度也相应回落。到1997年和1998年，农民收入分别增长9.1%和1.9%，1998年的增幅比上年回落了7.2个百分点。丽水地委、行署于1995年1月提出"科教兴农"及"一优两高"的农业发展道路。新科技的应用和推广，使山区农业出现以香菇、茶叶、竹木、竹笋、水果、干果、蔬菜、药材、畜产品等为重点的，种养加、产供销、工贸农一体生产经营形式。一位退休的农业干部SQ指出：

> 那时候，全省各地的农业部门都强调科教兴农和一优两高。当时在丽水，我们似乎更加重视这个问题。丽水本身就是农业地区，所以就更重视农业发展。

然而，在市场化深入推进的过程中，由于缺少高素质劳动力、技术、资金等方面的强大支持，当地仍然偏重传统农业的经济结构，使地方政府的政策调整也没有帮助丽水地区在整体上迅速摆脱经济发展相对落后的局面。这个时期，丽水地区乡村经济虽然有所提高，但在全省仍处于落后状态。

为了增加农民收入，使许多农户摆脱贫困，地方政府继续鼓励非农产业的发展，推动农村劳动力向第二、第三产业转移。宏观的经济发展形势使得这个时期丽水青壮年劳动力大量外流的问题非常突出。从20世纪90年代开始，大量的乡村剩余劳动力转向非农产业就业，促进了农民收入的增长。1990—1995年期间，丽水累计外出的乡村人口有72.4万人。仅1995年，当地外出的乡村人口就达到14.6万人。其中，流动到省外的乡村人口有5.1万人。非农产业就业的增加成为农民人均纯收入提高的重要推力，当时农民人均纯收入达到年均递增14.3%的水平，到1996年农民人均纯收入中有42%来自非农产业收入。整个90年代，大量乡村青壮年劳动力外流，使乡村劳动力结构发生了很大变化。在这种此消彼长中，滞留在乡村的劳动力中妇女和老人的比例则有所提高。这种人口外流，使乡村经济的发展转型遭遇更大困难。到1993年，丽水地区人口占全省的5.6%，土地面积占17%，其国内生产总值却只占全省的3.2%。

因为地处经济先发的浙江省，丽水的发展路径多多少少还是受到周边地区发展的触动。特别是到20世纪90年代，地方政府也意识到"无工不富"这个道理，就开始积极推动地区工业化进程。由于周边一些地区乡村工业蓬勃发展为地方财政提供了巨大的财源，丽水也希望走大力发展工商业的道路，以解决地方财政收入低的问题。90年代，地方政府明确提出"沿路办市场，集镇办工业"的战略，试图模仿经济先发地区乡村工业化与城镇化的道路。一位退休的市领导CXH这么回忆：

> 90年代的时候，丽水与周边地区的发展差距越来越明显。市里也意识到问题，从地委到行署的领导，都很想把工商业搞上去。我们也派一些干部去温州学习经验。但丽水工商业发展的底子太薄，很难一下子就发展起来。更何况，别人都开始规范了，我们再发展乡镇企业，时机也就错过了。那时工商部门打假也搞得很厉害。有些人本来就不想搞，就这么被吓着了。

由于原有基础不足，加上市场深入推进造成经济后发地区的乡村在资金、技术、人才等方面劣势更加明显，因此，当地并未出现乡镇企业蓬勃发展的景象。由此可见，虽然改革以后，国家积极推进乡村经济转型，但也不是说有了发展环境，乡村工业化就一定能够发展起来。作为一个典型，丽水虽然地处工商业发达的浙江省，周边地区乡村工业化和城镇化步伐也都很快，但对丽水的影响并不大。在整个乡村工业化进程中，丽水的发展步伐相对非常缓慢。① 也就是说，乡村工业化的兴起不光要有政策环境，还要有发展时机、动力和氛围。因此，丽水负责产业发展规划的一位干部 QP 这样感慨：

> 发展机会从来都不等人，重要的是抓住机会。像丽水这样被别人定性了，怎么发展都发展不起来。

除此之外，有几个问题还是值得反思的。一是农民作为一个特殊的群体，在经济问题上天生不喜欢风险。对于他们来说，尽管从事农业也面临自然灾害带来的生产风险，以及市场价格波动带来的销售风险，而且这两重风险对于农民收入还是有着至关重要的影响，但农民仍然坚守传统农业，而不积极转向财富积累较快的工商业。其实，对于多数农民来说，他们从小积累起来的就是农业生产经验，而发展工商业是一个完全生疏和包含更多风险的领域。尽管农业面临自然和市场双重风险，但它至少在很大程度上能够提供保障基本生存的食物。同时，千百年来传承的意识形态中包含的核心理念就是农业才是所有产业的根本。当时农民的生活状况可以看出，工商业对于农民来说是风险较大的职业。在农业不足以维持乡村就业时，农民有热情投身其中。但当农业能够提供相对充足的就业机会时，加上商业文化并不浓厚，农民会选择仍留在传统农业中。当然，这里的问题是，为什么温州、义乌等地的农民就愿意承担放弃农业从事工商业的风险？可以这样理解，温州和义乌工商业蓬勃发展不但是因为农业本身容纳的就业量有限等客观条件，而且得益于较早闯市场领头者的示范作用。人多地少的客观条件使得当地农民从根本上感觉到依赖农业的生存风险。市场精神的较早传入，恰好让土地上无法承载的剩余劳动力不得不去尝试在非农产业中寻求生存机会。长期的尝试与锻炼，总有一批农民成为发展工商业的带头人。最重要的是，成

---

① 2002 年，浙江省对当时的经济与社会发展情况的评价，认为有些地区的经济社会发展水平远远低于全省的平均水平，而且与省内发达地区的差距有进一步拉大的趋势。浙江省 25 个相对欠发达县（市、区）分别为：杭州市（1 个）：淳安县；温州市（4 个）：文成县、泰顺县、永嘉县、苍南县；金华市（2 个）：磐安县、武义县；台州市（3 个）：天台县、仙居县、三门县；丽水（9 个）：莲都区、龙泉市、缙云县、遂昌县、松阳县、景宁畲族自治县、青田县、云和县、庆元县；衢州市（6 个）：衢江区、柯城区、常山县、开化县、龙游县、江山市。

功的创业者为身边的农民提供了直接的经验冲击。一旦具有一定的主客观条件，更多的人就愿意投身工商业。即便是当地传承的实用主义文化，也是历史上在这种客观环境中孕育的。但从对丽水当地人的访谈中也可以发现，他们时常会流露出一种自足。如今，当地人在谈及对丽水的看法时，就不时流露出这种意识。例如，丽水当地城中村的一位居民ZXQ这么说：

> 我们这里有很多外地人，有卖菜的、踩三轮的、收破烂的、扫地的。他们真能吃苦。其实丽水这地方生活还是好的。香港和上海这样的地方没法待，人都像关在笼子里一样。还是丽水住得舒服。那些地方空气也不好，时间长了肯定生病。西部地区也不大好，生活太苦，他们的人都到我们这里来了。

类似的评价在访谈中并不少见，在一定程度上反映了当地人对自己所生活的良好自然环境的认知。概括起来说，当地有些人认为，生活在丽水的优势有两个方面。第一，尽管丽水的经济发展比不上经济先发地区，但比中西部许多地区好多了。第二，尽管丽水的经济发展比不上经济先发地区，但比那些地方的自然环境优越多了。仅就第二条来说，在当前信息传播加速的背景下，许多大中城市出现的快速工业化和城镇化带来的雾霾、酸雨等环境问题的报道，更加强化了丽水当地有些人对自己生活环境的自足。有些调查机构的数据也显示，丽水当地居民对生活的满意度很高。① 可见，尽管丽水在浙江省经济相对后发，但当地居民对生活的满意度很高。对于现代市场经济来说，这种普遍的心态必然会对当地的经济增长产生无形的消极影响。反过来说，经济当然不是发展追求的单一目标。如何处理好经济发展与生态环境保护，是新时期丽水在选择发展道路时必须回答的问题。

不但对于丽水，其实对于中国许多经济发展相对滞后的地区而言，

---

① 2014年，浙江省舆情研究中心从浙江民众的价值认同、信心指数、信任状况、安全感受、生活感受等五个方面编制了五份调查问卷，委托省统计局民生民意调查中心进行随机抽样调查，在全省11个地市获取成功样本12500个，然后对这些数据统计分析、研究。在对生活满意度的测量中，全省平均满意度为67%，丽水有77.5%，全省最高。

农业能够提供的生存保障和希望,让许多农民不愿主动选择放弃传统农业。即使身边有人在工商业领域发展成功,但从总体数量上和借鉴之处考察,还难以起到激发广大农民全力投入工商业的作用。当然,乡村工业化本来是一个复杂的问题,也难以简单概括。其中,乡村能人的带动、农民致富愿望的激发、身边人物的示范和激发等都起到一定作用。其他还包括上级政府的态度、地方的经济环境等外部因素也对乡村工业化有着重要影响。以上分析只是从农民经济安全的视角出发,回应当地干部对农民市场意识不强的概括,进而阐释广大的乡村地区没有经历工商业大发展的原因之一。

尽管在早期没有加入到经济先发地区的行列,丽水当地政府部门仍然表现出对发展经济的极大热情。这在很大程度上和90年代干部晋升与当地的经济发展挂钩的机制有关。中央借助自上而下的考核体系,调动了地方干部发展经济的积极性,其中也不可否认包含许多地方干部造福当地百姓的理想和愿望。经过多方争取,丽水的经济开发区于1993年获批为省级经济开发区。由于缺少发展工商业的土地资源,当时的经济开发区规划面积也只有5平方公里。后来,经济开发区也引进了一批规模不大的企业,给当地经济做出了一定贡献。由于总量偏小,经济开发区的设立并没有从根本上扭转丽水在全省经济发展中相对滞后的地位。1994年年初,全国开始推行分税制,各地财政"分灶吃饭"。在新的财政体制下,占总额75%的增值税以及消费税都收归中央财政。同时开展的税收管理制度改革,使得税种也由原来的37种减少了14个,这给地方财政带来很大挑战。财政政策的变化使得丽水这样的经济后发地区的乡村经济陷入更大困境。市场初步导入所产生的经济激励,反倒淹没在市场化深入推进所带来的乡村发展困境中。这使原本在基础设施、劳动力和资金等方面不具备优势的丽水地区的乡村,与全省其他地区的差距进一步拉大。

4. 尘埃落定的经济后发身份(2001年至今)

进入21世纪,丽水当地的干部群众都明显感觉到与温州这样经济先发地区的发展差距,进一步唤起了发展工业的愿望。地方政府再次强调工业化对推动地方经济增长的作用,并在当地经济发展的宏观目标中

增加了"工业强市"的内容,从而形成"三市并举"的发展战略。① 一位当年分管工业的市级层面的领导 LSD 指出:

> "无工不富"这个道理谁都知道。当时就有些干部认识不到这点。有人认为生态很重要,绿色也很重要。谁不知道?但丽水要改变落后地区的面貌只有靠工业。当然,丽水地处山区,工业立地条件差。但也不是说就一点条件没有。办法总是靠人想的吗!我们热情很高,后来也不管别人怎么想,干脆就大会小会提。后来引起有关领导的重视,也就在口号里加了这么一条。

至于原来就已经提出的"生态立市、绿色兴市"发展战略,从客观条件上考虑到了当地优良生态环境,但地方政府并没有准确回答怎样将生态优势迅速地转化为经济优势。到 2007 年,市委、市政府又结合省委"两创"战略,制定了生态文明建设"三步走"的发展战略。但对于这样的战略思路,一位长期从事地区发展研究的地方专家 MCX 在一次调研座谈会上指出:

> 中央老是提生态,地方也就跟着走。丽水不是说发展好了,重视生态。而是因为除了这穷山恶水,什么都没有。因此,大家都提生态文明建设,我不反对。但要认识到,丽水经济不发达,老祖宗只给我们留下了这些。丽水还要在强区富民这个问题上下功夫,才能称得上是生态文明,否则只有生态没有生态文明。

地方政府如果错过了工业化和城镇化大发展时期,由于国家整体规划的意识增强,想再创造机会发展工业和城市,已经不太容易。加上国家新的城镇发展规划也更加重视城市群、城市带的建设,不鼓励创造更多的大城市,因此想要再发起大规模工业化和城镇化,在现有的制度框

---

① "三市并举"指的是市级层面提出的"生态立市""工业强市""绿色兴市"的发展战略。其中,"生态立市"强调的是要遵循生态规律和经济规律,有效保护和合理利用自然资源,以实现人与自然的和谐相处,经济、社会与环境的协调发展;"工业强市"强调将新型工业化作为提高经济发展水平的主要抓手;"绿色兴市"就是在经济社会发展中充分体现个性特色,发展绿色产业。

架下已经不太可能。无论从丽水当地人的自嘲，还是从浙江省其他地区人们的反映来看，丽水经济发展相对落后的情况还是比较突出。有地方干部 YLP 这样介绍：

> 我们这里是浙江的西藏。丽水跟宁波、温州没法比。那里是城市，这里是乡下。有人说金华都是乡下了，我们这里还不更是乡下？我们这里的财政收入有时还比不上萧山的一个镇。工资收入就更少了。有能力的人都跑了。

在地方财政困难的情况下，当地干部经常会到省会去争取上级政府的支持。在访谈中，一位供职省委政策研究室的干部 TCZ 谈到了对丽水的看法：

> 丽水的干部群众也够努力。但有些干部的观念还是有点落后，创新意识不够强。省里对丽水的政策宽松很多。这几年，省里还取消了对丽水 GDP 的考核。不过，发展基础薄弱，也很难一下就搞好。

其实，经常有省里干部到丽水调研，他们的看法也都差不多从同样的角度佐证了上级政府对丽水的通常看法。他们一方面肯定了丽水干部的工作，另一方面都直接或间接地提到了丽水经济发展相对落后的原因之一在于，当地部分干部思想还跟不上发展步伐。对于上级政府来说，尽管丽水充当了全省生态屏障的作用，并且替全省承担了中央政府对生态指标考核的部分任务，但这种担当并不是主动放弃了经济增长做出的牺牲，更多的是因为错过了工业化和城镇化的大发展而不得不承担的角色。其中有位丽水的干部 SZK 在到省里争取发展资源的时候，他所讲述的经历也证明了这种观点：

> 当初去找他，就因为他是从丽水出去的。没有争取到不说，还被他批了。哎，人穷志短。要不是为了发展，我真不愿去跑，我个人的事情从来不跑。要发展，关键还是要靠自己。

省里一些干部对丽水的看法并没有从根本上影响省级政府对丽水乡村发展的支持。一方面出于中央政府的政策导向，带头加大对乡村发展的支持。另一方面，浙江省在经济快速发展之后，也发现乡村发展困境对整个现代化进程的掣肘影响，因此也主动地考虑扶持乡村发展。从2005年初起，浙江在全省范围内免征农业税，并不断增加对种粮农民的补贴。这个时期，国家减贫力度加大，"社会主义新农村"建设的推进，也促进了农民增收，农民收入逐步进入恢复增长阶段。丽水乡村经济的发展实现了农业产业结构调整和品质提升，农民收入水平也逐渐超过全国平均水平，但乡村经济发展模式仍然以农业、林业为主。虽然地方政府也积极干预乡村经济发展，通过农业产业结构调整、农业品质提升等措施，改变农业收入低的问题，但由于基础设施落后、农民受教育程度普遍偏低等原因，现代农业发展仍有很大困难。而且，比起周边经济先发地区，由于丽水乡村经济发展没有大规模工业化与城镇化的推动，大幅度提高乡村经济增长在短期内还不容易实现。

基于对丽水生态环境优势的认识，以及对生态经济发展美好前景的期待，地方政府虽然已经注意到生态经济这种新的经济类型的重要意义，但由于地方经济发展或者说GDP的产值则是最直接的政绩体现，加上资金、人才和政府支持力度等方面的限制，经济后发地区目前也难以越过工业化的高度发展阶段。地方政府在发展生态经济上，主要关注产业结构调整、生态功能区建设，试图在生态经济上找到把农业、工业、旅游业结合起来的新经济模式。然而，到目前为止，利用生态优势的经济效应并未在当地的经济增长中起到关键作用。因此，丽水乡村经济发展的困境在于，相比经济先发地区而言，市场的大规模导入反而造成许多村庄的相对落后问题。

面对市场化深入推进带来的上述问题，浙江省作为经济先发地区不但具备一定的条件，而且较早意识到城乡发展不均衡可能导致的长期后果，因此也较早采取积极措施干预乡村发展。特别是21世纪以来，省委、省政府主动发起行动，着手解决乡村相对衰落问题。例如，各类支持乡村经济发展的资金和项目、用于铺设和改造乡村道路的工程以及乡村养老、医疗等福利措施都相对缺乏。在山上的一次访谈中，一位当地的老人 ZCW 说：

> 现在好啊。我们有个好儿子，每个月发 60 元。老两口就有 120 元。

尽管老人的方言很浓，我们似乎听出来他是说自己有个儿子在中央政府工作。经过当地村干部的解释才让我们明白。原来，老人是在赞扬新的乡村居民养老金发放办法，感谢中央领导关心普通农民的社会福利。随着改革的深入推进，国家更多地承担起乡村基本公共服务供给的责任，养老保险、医疗保险等社会福利政策从城镇逐步向乡村延伸，让许多农民得到了实惠，因此受到了广大农民的欢迎。该村一位村干部 ZXZ 的介绍，也让我们真实地感到这种增量的基本公共服务供给对普通农民生活的影响：

> 山上田是有的。每年毛竹砍砍也能卖点钱。要是子女有出息的，都到外面去了，经常也会孝敬孝敬老的。有些子女也是种田，本来经济不宽裕。孝敬的，一年到头老两口的粮食都有的吃。但钞票是没有。他们自己也赚不到钞票，哪里还有给老人的。不孝敬的就更不用讲了。有些年轻人就在山上打赌，老婆都讨不到。

遗憾的是，尽管中央和省级层面都在支持乡村发展的整体政策框架下，投入了大量的人、财、物，但仍未从根本上挽救一些乡村地区发展相对滞后的问题，有些乡村地区与经济先发城市的发展差距进一步拉大。对于中国这样一个地域广阔的国家而言，完全依靠中央政府的支持和投入，还难以在短期内缓解市场化进程中乡村发展相对滞后的问题。对于有些经济后发的地区，地方政府在财政收入有限的前提下，难以对乡村有效投入。即使有意抑制工业化和城镇化进程，也不可能真正为挽救乡村衰落提供良好的环境。由于一些地方政府并没有从宏观层面上认识到城乡发展不均衡可能对整个国家现代化进程所带来的风险，加上制度设计的内在缺陷，最终造成了地方政府在干预乡村发展中的失灵。

不能忽视的是，丽水在浙江整体发展进程中的相对落伍，也在一定程度上强化了当地有些农民的相对剥夺感。可喜的是，因为地处经济先发的省份，产业梯度转移和周边地区的发展范例还是给当地提供了更多的参照点以及直接和间接的资源，并由此激发了当地农民更强烈的发展愿望。但农业在外部支持不足和基础设施落后的条件下，难以克服自然灾害和市场波动的双重风险，无法在经济竞争中占据优势。农民因为在政策体系中的相对较低的地位，尽管受到中央政府的重视，争取到的发展资源也难以真正满足发展需求。在城乡二元体制下，乡村社区本身就处于资源获取的劣势端，早期支持工业化和城镇化进程的付出也没有换回足够的支持和保护。在现代化进程中，农业表现出天然的弱质性，农民的政治话语权没有真正提升，乡村社区也没有从实质上改变自身在制度设计中的劣势地位。在这种背景下展开的乡村社会变迁，除了具有发达国家在早期现代化进程中经历的一般问题之外，还带有中国制度设置和文化氛围所带来的特殊问题。要想实现乡村社会的平顺转型，不但需要注重宏观层面的结构性问题，也需要从社区层面观察结构性力量导致的内部变化。

（二）市场化深入推进的后果

从纵向看，中华人民共和国建立以来丽水整个地区的农业、工业、服务业发展都取得了巨大成就。改革以来，虽然经济后发地区的经济社会发展相对落后了，但乡村仍见证了经济增长、农户收入提高以及生产与生活环境的改善。然而，经济后发地区乡村经济一般增长的背后却是传统产业相对衰落、青壮年劳动力外流、集体经济衰弱等挑战和问题。面对市场机制的有些固有缺陷，乡村社区在产业、人口和环境方面有遭受市场化进一步侵蚀的可能。社区本身发展动力的不足，也使经济后发地区乡村发展面临巨大困难。经济后发地区乡村面临市场侵蚀和内在动力不足的双重问题，这使政府干预乡村发展成为必要。

1. 农业实力相对落后

在丽水，粮食生产一直保持着在农业经济中的重要地位。但从上级政府的定位来看，丽水在全国和全省作为商品粮生产基地的地位也不突出。① 在全省27个国家和省级商品粮生产基地中，丽水地区只有松阳县是省级商品粮生产基地。2011年，松阳县商品粮基地粮食播种面积1万多公顷，而省级商品粮基地的粮食播种面积总共有21万公顷，而国家级商品粮基地粮食播种面积达到51万公顷，全省合计125万公顷。可见，松阳县在国家和省级商品粮基地粮食播种面积中所占比例很低。松阳商品粮基地粮食总产量有5万吨，但同一时期全省范围内省级商品粮生产基地的粮食总产量有128万吨，而全省范围内国家级商品粮生产基地的粮食总产量达到331万吨。可见，松阳县在全省的国家和省级商品粮生产基地的粮食总产量中所占比例也很低。2012年，松阳县商品粮基地粮食播种面积和总产量都基本保持不变，而国家和省级商品粮基地的粮食播种面积和总产量也没有大变化。

表 4-1　　　　　浙江省各市主要农产品产量（2013 年）

城市	粮食(吨)	油菜籽(吨)	棉花(吨)	水果(吨)	茶叶(吨)	蚕茧(吨)	生猪年末存栏头数(万头)	牛年末存栏头数(头)	羊年末存栏只数(万只)	肉产量(吨)	禽蛋产量(吨)	牛奶产量(吨)	水产品产量(吨)
杭州市	959224	79826	825	814075	28503	14502	219	19031	21	340380	152883	40519	197992
宁波市	812458	22732	6072	1284490	15277	0	122	17456	9	195034	75894	21064	992050
嘉兴市	1388319	49033	2800	601917	97	22763	195	2434	62	362349	73808	11598	180005
湖州市	905545	43332	244	272649	10487	11620	97	3520	33	191747	52483	3851	292010
绍兴市	1206830	41993	2551	641171	49710	2599	124	10959	12	178146	50314	6273	99459
舟山市	51423	2767	145	81317	85	0	15	583	1	19692	4896	312	1553822
温州市	830573	18045	125	430359	5117	2	80	39107	14	128890	42163	20166	573834
金华市	882966	40250	10689	579064	20900	1211	180	41937	8	262957	53847	75351	77813
衢州市	799195	59954	3456	824763	6231	833	237	21244	4	306061	22987	661	56844
台州市	799124	16909	1018	1223521	4609	298	79	29758	6	134840	48450	8768	1437533
丽水市	522764	14157	33	403199	27586	1364	60	31071	8	101453	12165	1233	18414

资料来源：根据浙江省各市统计资料整理。

---

① 目前，全省有18个国家级商品粮基地，分别是杭州的萧山区、富阳市、余杭区，宁波的余姚市、奉化市、宁海县、鄞州区，嘉兴的秀洲区、嘉善县、海盐县、桐乡市，湖州的德清县、长兴县，绍兴的诸暨市、绍兴县，金华的金东区，衢州的衢江区和龙游县。省级商品粮基地有九个，分别是桐庐县、瑞安市、海宁市、安吉县、嵊州市、武义县、江山市、温岭市、松阳县。

从表4-1可以看出，丽水的粮食产量明显高于舟山市，但在全省仍处于倒数第二的位置，其他主要农产品包括油菜籽、水果也是处于倒数第二的位置。丽水棉花的产量则远远低于全省其他地区，例如产量最高的金华市棉花产量是丽水的将近3900倍。尽管温州市的棉花产量仅高于丽水，但在数量上却是丽水的将近4倍。丽水茶叶产量相比并不低，产量位于全省第三。然而，相比处于第一位的绍兴市，丽水茶叶总产量只相当于其总量的55%。其他的像肉、禽蛋、水产品等主要农产品，丽水的总产量在全省也是处于相对落后的水平。从以上主要农产品的产量可以看出，丽水的农业生产能力在全省仍处于较为落后的位置。

表4-2　　　　浙江省各市农作物播种面积（2013年）　　（单位：千公顷）

城市	农作物播种面积	主要农作物播种面积				
		粮食	油料	棉花	蔬菜	果用瓜
杭州市	365.68	163.92	41.10	0.56	94.96	11.37
宁波市	307.91	148.57	14.22	5.32	80.05	20.13
嘉兴市	340.15	208.06	19.47	1.87	82.08	9.96
湖州市	223.07	136.09	19.89	0.15	36.91	5.69
绍兴市	330.71	188.76	25.61	1.90	65.31	10.40
舟山市	23.13	10.66	2.00	0.18	7.76	1.86
温州市	245.65	155.64	12.00	0.08	56.44	9.80
金华市	272.13	153.42	25.37	6.83	43.48	10.41
衢州市	230.84	134.02	39.31	2.04	36.59	5.19
台州市	252.86	140.06	10.69	0.71	69.76	13.05
丽水	169.69	96.86	9.85	0.02	45.80	3.19

资料来源：根据浙江省各市统计资料整理。

从表4-2看，丽水农作物播种面积的总量并不大，因此难说是浙江省的主要农业地区。丽水主要农产品的产量普遍低于全省其他地区，这一方面和丽水的地理环境有关，因为丽水的农作物播种面积的总量只略高于舟山市。但从另一个侧面也反映出丽水农业生产效率并不高。例如，丽水的农作物播种面积占到杭州市的46%，但主要农产品的产量却远远低于杭州市。例如，丽水粮食、油菜籽、棉花的总产量分别是杭州市的54%、18%、4%。

表4-3　　　　　　浙江省各市农业现代化情况（2013年）

城市	农业机械总动力（万千瓦）	农村用电量（万千瓦时）	农用化肥施用量（折纯）（吨）	机耕面积（千公顷）	有效灌溉面积（千公顷）
杭州	348.42	1088959	103300	171.41	167.09
宁波	323.70	1852634	112886	187.70	191.45
嘉兴	152.32	1113884	104587	161.53	198.77
湖州	165.24	378036	52722	133.46	136.37
绍兴	234.74	2037443	104836	182.42	160.30
舟山	156.44	128469	4829	8.66	13.93
温州	222.73	837788	86800	146.02	126.95
金华	262.65	432694	124065	153.36	160.02
衢州	163.92	98539	75160	120.87	95.53
台州	320.07	1024355	92561	136.34	128.54
丽水	111.98	56254	62532	58.80	92.07

资料来源：根据浙江省各市统计资料整理。

从表4-3可以看出，丽水主要农产品产量不高的另一个重要原因是当地农业现代化在全省仍处于相对落后的地位。丽水的农业机械总动力在全省处于末位，倒数第二的嘉兴市的农业机械总动力也比丽水高了至少40万千瓦。丽水的农村用电量更是与全省其他地区有很大差距，丽水的农村用电量是处于倒数第二位衢州市的57%，而且只有农村用电量最高的绍兴市的不到3%。由于舟山市是一个以海岛为主的地区，因此丽水在农用化肥施用量、机耕面积和有效灌溉面积等三个指标上超过它，但与其他地区相比，丽水又处于比较落后的位置，例如丽水的农用化肥施用量比仅高于它的衢州市还少了12628吨，机耕面积只占到仅高于它的湖州市的44%，有效灌溉面积也仅仅接近周边的衢州市。

通过对以上几个衡量农业发展水平的关键指标的分析表明，丽水在全省农业发展中的总体地位不高。更重要的是，由于当地是经济后发地区，对农业的投入在短期内难有很大提高，因此在现代农业发展方面，很难起到引领的作用。这个问题可以说明，许多经济后发地区的农业发展转型都面临较大的问题和困难。

2. 集体经济明显薄弱

由于山区的林地多、耕地少，丽水的林权改革较早启动。在林业生产上，丽水从1982年开始稳定山林权属、划定自留山、确定林业生产责任制的"三定"工作。全地区统管山减少，自留山、责任山扩大，农民有了更大的劳动主动性与积极性，林业生产加速发展。20世纪90年代前后，丽水再次完善了林业生产责任制，72%的集体山林承包到户经营。至此，丽水形成以家庭经营为基础、统分结合的林业双层经营体制，明晰了山林权属，远早于全国许多地区。但从后期的发展看，有些村庄因为山林分得较为彻底，加上没有第二、第三产业，村集体经济的能力反倒偏弱。访谈中就有村干部PXQ这么说：

> 我们的老支书思想很顽固，当时村里分山林的时候，全分光了。山林承包时间长，一下子村里也收不回来。现在村里想修条机耕道，都要家家户户去做工作。隔壁村子就留了一些林，所以村里想干点啥事情，就马上能干。不像我们村子，做事真难。

由于区域整体发展水平不高，再加上乡村工业化进程相对滞后，就造成村集体经济不强。对于有些依靠传统农业的村庄，由于缺少发展集体产业的考虑，自然就没有积累，当然就面临非常突出的集体经济薄弱的问题。在丽水，绝大多数村集体的经济能力都不强。

表4-4　　　　丽水全市村集体经济收入情况（2013年）

当年收入按村分组情况（个）	个数
1万元以下村数	347
1万—5万元的村数	946
5万—10万元的村数	581
10万—30万元的村数	586
30万—50万元的村数	120
50万—100万元的村数	90
100万—500万元的村数	50

续表

当年收入按村分组情况（个）	个数
500万—1000万元的村数	7
1000万元以上的村数	—

资料来源：根据2013年丽水经济社会发展公报整理。

根据表4-4中的统计数据显示，丽水的2725个行政村中，村集体经济收入在5万元以下的村庄有1293个，占所有村庄的47%；收入在10万元以下的村庄有1847个，占所有村庄的69%；收入在30万元以下的村庄有2433个，占所有村庄的89%；村集体经济收入超过500万的只有7个，收入最高的也没有超过1000万。总体而言，丽水全市的村集体经济收入相对较低。这主要是因为，多数村庄工业缺乏或不发达，村集体经济收入主要依靠农业、林业等传统产业。对于发展乡村经济，地方政府也感觉头疼，一时也想不出有效的办法。在对县农办的一位干部CYF的访谈中就发现了这种困惑：

> 对于村里的经济发展，我们真是没办法。除了到处招商引资，想办法让在外面混好的人回来，其他也真没有更好的办法。我们政府有些事情可以干。你让我们修条高速公路，无论困难有多大，都能克服。像我们这山区，修条路，要多少钱花上去？就那，我们也能修起来。但让我们发展村里的经济，我们真不行。前些年，让农民种这种那，我们都是好心，结果亏了，谁负责？这几年不这么干了。所以农民致富还是要有人带动。

经济后发地区的乡村经济既有较大发展，也面临很多困难。在市场力量扩张的过程中，乡村社区在产业、人口和资本拥有方面都不具备优势的情况下，面临多重风险。市场化的兴起，使许多农户摆脱贫困，收入水平和生活水平都得到了提高。然而，市场力量大规模导入传统乡村，不可避免地在资源配置过程中，使传统产业和一部分缺乏现代农业、工业和服务业劳动技能的乡村劳动力都处于明显的竞争劣势。这造成了低收入农户在有些乡村地区的集中分布，加上乡村经济发展难有实质性突破，这部分农户致富还面临很多难题。市场不完善和乡村社区发展的内在动力不足的情况在有些地方还很显著。

3. 相对贫困仍然凸显

鉴于当地特殊的地形地貌特征且基础设施落后，许多主要依靠传统农业的乡村社区贫困问题仍很突出。一些山区和库区农民的生产、生活条件差，低收入农户多且分布集中，当地政府的减贫压力仍然存在。比起中西部广大地区来说，丽水乡村地区的相对贫困人口居多，绝对贫困人口相对较少。但并不是说当地就不存在减贫问题。由于丽水作为经济后发地区与周边先发地区的发展差距拉动，当地消除相对贫困问题的压力仍然很大。而且，低收入农户的集中分布，使一些乡村社区的发展面临巨大困难。

表 4-5　　　　丽水市低收入农户汇总表（2014 年上半年）

地区	总户数（户）	总人数（人）
合计	261221	616425
莲都区	32202	55851
青田县	45535	121218
缙云县	54168	99088
遂昌县	23220	56718
松阳县	30805	71743
云和县	9604	26147
庆元县	23589	59721
景宁县	16362	47740
龙泉市	25736	78199

资料来源：丽水统计局：《丽水统计分析》第 42 期，2014 年 9 月 11 日。

从表 4-5 看，丽水低收入农户的人均现金收入达到 4470 元，同一时期全省低收入农户的平均收入是 4295 元。由于多年来上级政府对扶贫工作的支持以及当地政府对这项工作的重视，丽水的低收入农户的现金收入在全省不算太低，大约处于中间的位置。在这些低收入农户的收入来源中，工资性收入有 1697 元，占到总收入的 38%，是所有收入中占比最高的一项。由于低收入农户创业能力不高，即使有一些非农收入，也只能靠进城务工获得的工资。有农民 RFG 坦言：

> 打工也不容易。那些会木匠、水泥工的，到城里就有人要。我们卖苦力，去掉吃住，没钱赚。家里还有田，山上还有毛竹，和城里卖苦力差不多。

表 4-6　丽水市主要年份农村劳动力按三次产业分布情况　（单位：万人）

年份	合计	第一产业	第二产业	第三产业
1984	84.89	71.11	6.48	7.30
1985	94.94	76.83	7.08	11.03
1986	97.58	80.21	6.69	10.68
1987	99.85	82.27	7.49	10.09
1988	101.90	84.53	6.50	10.87
1989	104.44	87.02	6.05	11.37
1990	107.70	90.29	6.23	11.18
1991	114.18	97.15	5.29	11.74
1992	115.91	95.96	5.55	14.40
1993	117.53	91.51	6.67	19.35
1994	117.89	90.45	6.85	20.59
1995	118.35	89.07	7.36	21.92
1996	118.73	88.37	7.36	23.00
1997	119.43	87.80	7.78	23.85
1998	119.78	87.60	7.45	24.73
1999	119.62	87.51	7.52	24.59
2000	123.17	85.67	8.31	29.19
2001	120.15	81.75	8.52	29.88
2002	115.66	75.58	10.31	29.77
2003	112.68	70.85	11.08	30.75
2004	111.81	69.28	11.84	30.69
2005	108.53	64.76	12.60	31.17
2006	106.30	62.16	13.63	30.51
2007	105.65	60.02	14.13	31.50
2008	103.43	56.89	15.69	30.85

续表

年份	合计	第一产业	第二产业	第三产业
2009	104.60	57.26	16.15	31.19
2010	104.45	53.94	18.44	32.06
2011	112.46	56.55	23.10	32.81
2012	114.18	55.13	25.49	33.56
2013	114.27	53.46	27.67	33.14

资料来源：根据丽水市历年统计年鉴整理。

虽然农业在国民经济中的比重持续、快速下降，但农业劳动力的比例仍然很高。从表4-5的主要年份数据看，农村劳动力在第一产业的比重始终比较高，直到2013年仍然有将近一半的农村劳动力从事第一产业。丽水的工业化进程相对较慢，根据统计数据看，到1984年，将近85万的农村劳动力中有71万是从事第一产业的，第二产业和第三产业总共也只有不到14万人。农村劳动力中从事第一产业的人数在1991年之前还呈增长趋势，到1991年达到97万人，占到农村劳动力的85%。之后，农业劳动力在第一产业的人数持续下降，特别是2001年以后下降的速度加快。农村劳动力在第二产业的人数在1984—1993年有升有降，不断波动。可见，在温州等地工商业大发展的时期，丽水的乡村工业化进程可以说是一波三折，发展得并不顺利。到1993年，农村劳动力在第二产业的就业人数才刚刚恢复到1984年的水平，并略有提高。之后除了1998年和1999年农村劳动力在第二产业的人数有所下降外，第二产业的就业人数一直保持增长，但总量都不大。到2013年，农村劳动力第二产业人数也只占到农村劳动力总数的24%。1984年以来，农村劳动力第三产业的人数增长除了有些年份稍有下降，都一直保持增长。到2013年，占到农村劳动力总数的29%。从发展结果看，由于工商业就业的劳动力总量不大，且农业就业劳动力比例较高，因此从侧面反映出丽水错过了乡村工商业大发展的黄金时期。

表4-7　丽水低收入农户现金收入及构成（2014年上半年）

项目	绝对额（元）	比重（%）
期内现金收入	4470	100.0

续表

项目	绝对额（元）	比重（%）
（一）工资性收入	1697	38.0
（二）家庭经营现金收入	1338	29.9
1. 第一产业现金收入	1078	24.1
2. 第二、第三产业现金收入	260	5.8
（三）财产性收入	45	1.0
（四）转移性收入	1390	31.1
1. 离退休、养老金及养老保险	301	6.7
2. 最低生活保障	93	2.1
3. 政府其他扶持款及补贴	36	0.8
4. 亲友支付赡养费收入	254	5.7
5. 亲友赠送收入	321	7.2
6. 家庭成员寄回或带回收入	313	7.0
7. 其他转移性收入	36	0.8

资料来源：根据丽水市统计资料整理。

从表4-7可以看出，丽水低收入农户务工范围相对局限于周边地区，在工资性收入中有66%都来自所在乡镇范围。低收入农户在县城或其他地区获取的工资性收入占到总收入的26%左右。丽水低收入农户人均家庭经营的现金收入达到1338元，仅次于其工资收入，占其总收入的近30%。但从收入结构分析来看，低收入农户家庭经营收入多数是来自第一产业，反映出这些家庭收入偏低的主要原因。低收入农户的家庭财产性收入明显低，只占到其总收入的1%。这主要是因为其收入多数用于维持日常生活，造成家庭投资性的收入增长非常少。低收入农户收入增长离不开外部支持，主要有家庭和政府两个渠道。据统计，其转移性收入甚至超过家庭经营收入，占到整个现金收入的31%。在整个转移性收入中，亲友、子女的经济支持占到40%，家庭成员支持占到23%。这两项总共占到低收入农户转移性收入的63%。可见，家庭成员在解决乡村贫困中仍然充当重要角色。另外，政府的财力支持也非常重要。农民家庭各类离退休金、养老金和养老保险以及最低生活保障等收入占到32%。由此看出，政府和社会福利在保障低收入农户基本生活方面起到了一定的兜底作用。

表 4-8　　　　　　　　丽水市低收入农户收入结构比较　　　　　　　（单位：%）

项　　目	2014 上半年	2012 上半年	两者相差
期内现金收入	100.0	100.0	0.0
（一）工资性收入	38.0	41.7	-3.7
（二）家庭经营现金收入	29.9	30.9	-1
#第一产业现金收入	24.1	23.1	1
（三）财产性收入	1.0	0.4	0.6
（四）转移性收入	31.1	26.9	4.2
离退休、养老金及养老保险	6.7	5.5	1.2
#亲友赠送和支付赡养费收入	12.9	11.5	1.4
家庭成员寄回或带回收入	7.0	3.5	3.5
#最低生活保障费	2.1	3.8	-1.7
政府其他扶持款	0.8	1.5	-0.7

资料来源：根据丽水市统计年鉴整理。

从表 4-8 看，2014 年上半年低收入农户的收入与两年前同期相比呈现了以下几个特征。一是转移性收入在总收入中所占比重提高较快。这一方面是因为政府逐年提高乡村居民的社会福利，另一方面也因为家庭成员收入增长，提高了家庭支持和保障的水平。二是家庭经营收入和财产性收入变化不大。这反映出低收入农户脱贫的能力提升较慢。可见，低收入农户的收入水平提升还是外源性的，而非内源性的。

当然，在解决绝对贫困问题时，及时且必要的外部投入至关重要。但从长远来看，低收入农户要解决收入水平偏低的问题主要还应该依靠自身发展能力的提升。如果发展能力没有得到有效提升，这种减贫也仅仅是达到了政府的阶段性工作目标。当然，国家和社会保障的确发挥了应有的作用。但要想从根本上提供发展动力，最终还是要重视低收入农户的持续发展能力培育。虽然政府确定了到 2017 年低收入农户的人均纯收入比 2012 年翻一番的目标，但在内源发展动力不饱满的前提下，也很难说政府就能够有效改变低收入农户自身发展能力较弱的问题。如果仅靠政府和家庭的外部支持，就有可能给今后的乡村经济发展留下一些问题。

市场化对传统乡村侵蚀的突出表现是传统农业的衰落、青壮年劳动力外流。由于低收入农户集中村的农民多从事传统的农业与林业，收入单一且水平低,增收困难。乡村经济发展中,传统农业和林业生产的经济效益低,糊口经济难以推动农户脱贫。由于丽水多以山地为主,基础设施建设落后,许多地方交通不便,耕种条件差,农产品深加工业不发达,农业附加值低。而且,山区不适合大面积粮食种植。其中有位农民LXJ,讲述了一个流传下来的故事,说明了丽水农业种植条件跟不上的问题。

>我爷爷在世的时候,很早就让我爸上山种田。我爸第一次到山上干活,走的时候,我爷爷再三说,我们家的田都在哪里哪里。出门之前又说了几遍,让我爸爸耕完田才回来吃饭。一大早我爸爸就上山了。到了晚上回来,我爷爷就问他是不是把十三块田都耕了。我爸爸算来算去只有十二块。第二天,我爷爷就和我爸爸一起上山。一块一块地数。最后才发现,真的有块田没有耕。前一天上山的时候下雨,我爸爸穿着蓑衣去干活。到下午不下了,我爸爸就把蓑衣脱下来放在那里。结果,第十三块田就被蓑衣盖住了。

有趣的是,我们在丽水农办的一次调研过程中,有位干部也向我们讲了差不多一样的故事。可见,在当地的日常叙事中,类似的故事就足以说明山区田地地块小的突出特点。在这种情况下,想要发展大规模机械化种植,客观条件往往不允许。在长期的农业实践中,政府也试图解决这种问题对推动乡村发展的限制。在没有更好选择的时候,农民也多是沿袭原来的农作物种植方式。当然,山区也比较适合种植一些经济作物,而且发展经济作物也有助于提高低收入农户的收入。由于在资金、技术等方面投入有限,这些经济作物种植无法从根本上改善乡村的经济状况。然而,大量种植经济作物一方面因为丽水本身的自然环境允许,另一方面也因为它的收益高于传统的粮食作物种植。也正是出于这两个考虑,农民愿意投身经济作物种植。同时,地方政府的态度也很积极,因为鼓励农民种植经济作物也有助于提高农户的家庭收入。

青壮年劳动力的外流,导致传统农业转型受到一定限制。同时,由于乡村人才缺乏,农业的新品种、新技术等引进迟缓。低收入农户集中村劳动力特征决定了新兴产业也难以引进与培育。作为经济后发地区,丽水的乡村地区普遍出现发展内在动力不足的问题。这主要表现为传统农业对乡村经济的贡献不大、农民增收困难、社会保障与福利相对缺乏。市场力量对传统乡村的侵蚀，造成了经济后发地区的相对衰落。市场化并没有帮助这些低收入农户集中村摆脱发展困境，有时反倒使这种困境更加复杂。有位村干部 ZY 这么评价乡村的未来：

> 以后农村只适合两种人待。一个是头脑灵光的，城里混过，回来搞产业开发。一个是头脑不好使的，哪里都去不了，只有待在乡下。那些头脑灵光的还真是厉害，你想不到的办法他都能想出来。前段时间，我们这里来了一个老板，说是把这山包下来。听他说，到时有种金银花的，有种茶叶的。到了季节，一座山看上去就像一圈一圈的彩带，可以让城里人过来看，过来玩。

丽水在经济先发地区工业大发展的时期，没有赶上发展步伐，导致乡村经济的相对滞后。因此许多乡村社区的经济仍是以传统农业为主。当地农民的非农就业也只能在一些比较初级的领域，很难找到快速提高农民收入的途径。

（三）讨论

改革以来，快速的经济发展使中国成为世界第二大经济体，但市场力量的推进也造成了城乡差距、地区差距和村庄之间的发展差距。[①] 在乡村，家庭层面的农业与小型工业生产大大改善了农民的生活条件。[②] 然而，市场化的集中爆发导致乡村地区之间不平等的问题也不容忽

---

① E. Florence, P. Defraigne, eds., *Towards a New Development Paradigm in Twenty-First Century China: Economy, Society and Politics*, London and New York: Routledge, 2012; N. Heerink, M. Kuiper, X. Shi, China's New Rural Income Support Policy: Impacts on Grain Production and Rural Income Inequality, *China and World Economy*, Vol. 14, No. 6, 2006, pp. 58-69.

② W. Xu, K. C. Tan, Impact of Reform and Economic Restructuring on Rural Systems in China: A Case Study of Yuhang, Zhejiang, *Journal of Rural Studies*, Vol. 18, No. 1, 2002, pp. 65-81.

视。① 就其实质而言，乡村在争取资本、技术、人才等发展要素方面不占优势。那些资源缺乏的地方政府不得不面对乡村根深蒂固的贫困和日益引人注意的发展不均衡，因此他们宁肯在发展条件好的村庄上下功夫。遗憾的是，这种减贫和乡村基本公共服务供给方式把现有的不平等放大了。② 尽管国家确有责任带领所有农民实现小康，但国家出于发展目标优先性的考虑，却让有些乡村社区陷入更加难以摆脱的发展困境。有些农民对日益增长不平等的怨愤，可能会成为社会不稳定的激发因素。③ 根据国家经济与社会发展统计公报显示，截至 2013 年年底，中国农村居民仍有将近 6.3 亿，占到全国总人口的 46%。如果这些农民在公共政策中没有受到应有的重视，就可能反过来影响全国的经济增长和社会稳定。针对乡村的棘手问题，中国发起了全国性的"社会主义新农村建设"运动。从此，从农业到工业和从乡到城的流动形式发生逆转，但这种逆转在量上仍需提高。④ 乡村社区尚渴望足够的发展动力，如此才能摆脱处于现代化拖后部分的尴尬地位。

多数情况下，经济后发地区乡村的工商业传统薄弱。许多村庄都依赖传统农业为生，乡村经济也是以糊口农业为主。在乡村生产经营制度改革方面，许多经济后发地区乡村的确也有很大的动力。从当地的调查情况看，丽水的一些村庄也有乡村生产经营制度改革的尝试，有些时间还比较早。但这些都没有给当地带来繁荣的现代市场经济。主要原因还是，这种生存倒逼式的生产经营制度改革，不是现代市场经济的先声。它主要还是为了满足居民的粮食需求，同时满足国家的粮食征购任务。依靠传统农业的乡村经济形态，难以有足够动力推动乡村经济实现脱胎换骨的转型。

---

① X. Shen, Spatial Inequality of Rural Industrial Development in China, 1989–1994, *Journal of Rural Studies*, Vol. 15, No. 2, 1999, pp. 179–199.

② S. Rogers, Betting on the Strong: Local Government Resource Allocation in China's Poverty Counties, *Journal of Rural Studies*, Vol. 36, 2014, pp. 197–206.

③ M. K. Whyte, *Myth of the Social Volcano: Perceptions of Inequality and Distributive Injustice in Contemporary China*, Stanford: Stanford University Press, 2010.

④ J. Huang, S. Rozelle, H. Wang, Fostering or Stripping Rural China: Modernizing Agriculture and Rural to Urban Capital Flows, *The Developing Economies*, Vol. XLIV, No. 1, 2006, pp. 1–26; Y. Zhong, *Political Culture and Participation in Rural China*, London and New York: Routledge, 2011.

通常来说,现代市场经济主要还是以工业化和城镇化为开端。作为发展中国家,中国现代市场经济的萌生与兴起都源自东部沿海地区。一方面,这些地区天然具有地理位置的优势,因此更容易受到发达国家的影响。当然,这也符合经济后发国家市场经济兴起的一般规律。为了适应来自发达国家市场经济,中国在改革的早期同时采取了对外开放的发展战略。东部沿海地区也因此更早且更容易接触市场经济,当地农民也更早地经受现代市场的历练。对于经济先发地区,不能将市场经济的兴起就简单地归结为当地人地矛盾的突出。尽管有人提出,明清以来"土地—人口"关系都是理解和阐释中国乡村社会经济变迁的基本背景。①仅就人地矛盾而言,人多地少可以视为乡村剩余劳动力产生的客观条件。像丽水这样的经济后发地区,改革后实施的新的农业生产经营制度,提高了传统农业的生产效率,并产生了大量的乡村剩余劳动力。但丽水和中西部广大经济后发地区的类似之处在于,大量的乡村剩余劳动力不是在当地发展乡村工业,而是被经济先发地区的工商业吸引。在温州这样的经济先发地区,当地浓厚的工商业传统一旦具备一定的外部发展环境,就很容易汇集并发展壮大为现代市场经济的大潮。从当地的发展历程来看,这种强大的内生发展动力,还具备一定突破外部制度约束的能力。对于经济后发地区来说,即使具备同样的政策环境,也因为内在的发展动力不足,难以与经济先发地区同步汇入现代市场经济的潮流。其中,传统的重农抑商的政策也是问题的根源之一。② 由此形成的根深蒂固的文化意识,最终使得当地农民主动加入市场经济的内在冲动不大。总体而言,改革之初中国乡村兴起的市场化改革不但需要一定的政策环境和外部支持,而且需要足够的内在动力。

对于许多传统乡村社区的农民来说,如果面临市场风险与维持糊口农业的选择,他们往往会主动选择继续从事糊口农业。农民天生不喜欢市场风险的根源在于,他们进入现代市场经济缺少应有的技术、资金支持,并缺乏发展工商业的经验和技能。在不具备任何竞争优势的情况

---

① 黄宗智:《明清以来的乡村社会经济变迁:历史、理论与现实》,法律出版社2014年版。

② [美]明恩溥:《中国的乡村生活:社会学的研究》,陈午晴、唐军译,电子工业出版社2016年版。

下，他们选择糊口经济，也是经过充分的掂量和权衡的。其实，多数经济后发地区的农民都是因为缺少足够的支持和准备才表现出对现代市场的冷淡。随着发展差距的显现，经济后发地区农民反倒对摆脱贫困表现出强烈愿望。

改革以来，由于历史、地理位置以及人们观念等多种原因，经济后发地区乡村并没有经历大规模工业化与城镇化，从而在经济社会发展方面明显落后于经济先发地区的乡村。地方政府也曾提出走工业化的道路以振兴乡村经济，但当地并未爆发乡镇企业大发展的热潮，地方经济不断与经济先发地区拉开差距。需要说明的是，市场经济的推进并不是在所有的地区都以同样的方式简单重复一遍，其中一个主要原因是国家的经济调控角色。在中国，不同的区域在国家经济发展战略中的地位不同。对于经济后发地区而言，国家的功能区域划分等宏观措施就有效地防止了他们重复经济先发地区改革初期的粗放发展方式。即使有些地区有这种热情，但因为产业发展的市场成熟度提高以及法律、法规的完善，产业发展的规范程度也有提高，也不可能再走大规模工业化和城镇化的老路。尽管丽水也表现出强烈的发展工业的愿望，但因为土地资源的获取、产业准入等限制，也无法因循经济先发地区的轨迹。

随着市场化所带来的一系列问题，例如滞留乡村的农民仍然依靠传统农业为生，青壮年劳动力大量外流且多数不愿回到乡村就业和生活。在市场化深入推进和现代国家构建的两大进程中，丽水因为周边地区多数都走过经济先发的道路，所以更容易受到这一波市场化深入推进的影响。随着新农村建设战略的深入实施，经济先发省份的政府在乡村干预方面表现得特别积极，在发展乡村经济和提高基本公共服务供给方面进行了较早和较多的探索。加上国家主导的新型城镇化战略的实施，东部经济后发地区的传统村落加速了解体和重组。仔细研判，城镇化和新农村建设两大战略同时推进，使东部的经济后发地区乡村发展成为各种成就和问题较为集中的典型，因此值得深入观察和研究。

五　机遇与风险：市郊农业的新定位

改革以来，丽水的总体经济发展水平在浙江这样的经济先发省份相对落伍。然而，正是因为处于市场经济的前沿地带，相比中西部其他经济后发地区而言，丽水又较早地受到市场精神的影响。由于经济先发地区的发展模式难以复制，丽水就较早开始探索新的乡村振兴的途径。出于对自身条件的认识和市场需求的拉动，丽水希望通过振兴农业，以振兴乡村经济，提高农民收入。山区的地质地貌特征反倒比较适合种植一些经济作物，地方政府也认识到发展经济作物也有助于提高低收入农户的收入，因此鼓励农民转向经济作物种植。由于政府和社会在资金、技术等方面投入有限，这些经济作物种植无法在短期内根本改善乡村的经济状况。

（一）主动担当城市的菜篮子

大规模工业化和城镇化进程吸引了大量的劳动力进入城市就业和生活。随着生活水平的提高，城镇人口对农产品需求发生变化，这给农业的转型发展释放了强烈的信号。2015年2月，中共中央发布《关于加大改革创新力度加快农业现代化建设的若干意见》，提出建设现代农业的设想，即改变传统农业对农民增收支撑不足的现状，因此倡导加快农业发展方式的转变。对于市场经济先发的浙江省，农产品需求侧的变化较早地指引了当地农业经济的转向。在《浙江省国民经济和社会发展第十二个五年（2011—2015年）规划纲要》中，省级层面就提出通过建设现代农业园区来构建东部地区的现代农业体系。浙江省规划了省内的十大农业主导产业，即蔬菜、茶叶、果品、畜牧、水产养殖、竹木、中药材、食用菌、花卉苗木、蚕桑等。从农业主导产业的类型来看，其中并不包含粮食生产。不像有些产粮大省，浙江省在对自己现代农业的定位中，已经不再依赖像粮食这样的传统农作物种植。一方面是因为浙江省耕地数量本来就不多，总体上没有承担太多的国家商品粮生产任务，因此就没有将其作为主导农业产业。另一方面，浙江省处于市场经济的前沿地区，市场需求对当地农业发展的指导作用比较明显。在技术条件、基础设施建设等方面还不成熟的时候，过多依赖粮食作物的种植和流通，难以给农民带来明显的利益回报。从浙江省对十大农业主导产业在整个农业体系中地位的预期看，其产值到2015年要占到农业总产值的80%。

由于农业在乡村经济中仍然起到重要的支撑作用，丽水地方政府也积极跟上省级层面农业发展的步伐，并致力于发展现代农业。丽水把当地的现代农业定位为生态精品农业。从其发展战略来看，丽水的现代农业定位是满足都市人群对高品质农产品的需求。在东部地区，并不是所有的乡村社区都适合发展高品质农作物种植业。一方面是因为丽水国家级和省级商品粮生产基地的数量少、面积小，粮食生产的硬性压力不大。另一方面，经济作物的收益明显优于普通粮食作物。因此，地方政府就在市场化的指引下选择了发展经济作物。丽水因为没有经历大规模工业化和城镇化，原本生态环境优越，就使得这个地方无意之中成为各类生态资源保存较为完好的地区。而且丽水的整体生态环境较为优越，生态环境质量连续10年居全省首位。① 对于农作物生长来说，丽水气候相对温暖，雨量相对充足，且受到冰冻的危害不多。

另一方面，由于人们生活水平的提升，对水果、蔬菜、茶叶等的消费需求和消费水准都在不断提高，最终形成了一定的市场需求。这也引导广大农民转向经济作物的种植。当前食品安全事件频发，民众因为生活水平的提升，也更注重饮食健康。因此，绿色农产品或无污染农产品更加受到市场欢迎。这在很大程度上引导丽水农民种植或销售无污染农

---

① 全市境内96%以上的地表水水质达到Ⅲ类以上。丽水空气质量高，空气中负氧离子浓度平均每立方厘米达3000个以上，比一般的都市公园高1—2倍，有的地方甚至高达2万多个。由于地处相对南方地区，丽水的日照时间可以达到1500—1800小时，年平均气温为11—18摄氏度，年平均降水可以达到1500—2400毫米。

产品。丽水农业局的一位干部 GGM 这么表述丽水市郊农业的发展定位：

> 我们就要成为江浙沪的菜篮子和后花园。以后只要说到生态农业、绿色农业，要让上海、南京和杭州这些大城市第一时间想到的就是我们丽水。

尽管丽水在整个长江三角洲地区的经济地位并不高，但发展市郊农业，却有机会让丽水充分利用自己得天独厚的自然条件，为整个区域供应高品质农产品。在访谈中，许多访谈对象都会羡慕有人进军高品质农产品领域成功的范例，但他们在心理上也只是停留在对比传统农业所感受的高收益农业。其实，很少有人能真正阐述现代农业的内涵，它到底需要哪些条件和支持。除了谈到由新型农业所衍生的乡村旅游，也不太有人能够想到更多的农业衍生产业。之所以选择高品质农作物作为农业发展的定位，外部的政策环境也是重要原因之一。习近平总书记提出"绿水青山就是金山银山"的发展理念，对丽水这样的生态环境保护较好、经济后发地区就更具有指导意义。① 提到"两山理念"，丽水当地一位分管宣传工作的干部 LH 说道：

> 官方场合都知道这是习总书记在考察浙江省安吉县时提出的。但我们这里许多干部和群众都坚持认为是在丽水提出的，并且就是用来指导丽水发展的。不管怎么说，丽水人说到两山理念，就感到很亲切。

---

① 习近平的生态观集中体现在"两山"的论述上。"两山"就是"绿水青山"和"金山银山"。"之江新语"本是《浙江日报》头版的特色栏目，自 2003 年 2 月 25 日开始持续到 2007 年 3 月 25 日，累计刊登了时任浙江省委记习近平的 232 篇短评。2005 年 8 月 24 日这一天的专栏文章这样开头："我们追求人与自然的和谐，经济与社会的和谐，通俗地讲，就是既要绿水青山，又要金山银山。"习近平接着写道："如果能够把这些生态环境优势转化为生态农业、生态工业、生态旅游等生态经济的优势，那么绿水青山也就变成了金山银山。绿水青山可带来金山银山，但金山银山却买不到绿水青山。绿水青山与金山银山既会产生矛盾，又可辩证统一。" 2005 年 8 月 15 日，时任浙江省委书记习近平在安吉余村考察时，首次提出了"绿水青山就是金山银山"的科学论断。2013 年 9 月 7 日，习近平总书记在哈萨克斯坦纳扎尔巴耶夫大学发表演讲并回答学生们提出的问题，在谈到环境保护问题时他指出："我们既要绿水青山，也要金山银山。宁要绿水青山，不要金山银山，而且绿水青山就是金山银山。"

针对习总书记提出的"两山理念",丽水积极响应,提出了当地发展的"绿色崛起、科学跨越"战略思想,试图借助生态优势,促进当地的发展。这种情况下,丽水追求高品质农产品生产就从发展路径上回应了中央层面的导向。理论上讲,丽水发展满足都市消费需求的高品质农产品主要依赖当地的生态环境优势。当地还专门出台了《生态文明建设规划纲要》,从整体上规划当地发展模式的转变。当地干部 MYB 对生态文明建设的理解也折射出人们对"两山理念"的日常理解:

> 仅仅是生态好还不行,还要让老百姓富起来,否则就只叫生态,就没有文明了。文明肯定不是贫穷。丽水既要实现强区富民,又要保护好环境。两者兼顾,才能称得上是生态文明建设。

从发展路径看,丽水的现代农业是借助农业工厂化和商业化模式,开展农业生产、加工和销售。2013 年年底,丽水还专门制定了《生态精品现代农业发展规划(2013—2020 年)》,确定了到 2020 年前,丽水发展的生态精品农业主要针对八大产业。从现代农业的产品定位和表述形式看,丽水着重发展食用菌、水干果、茶叶、蔬菜、畜禽、笋竹、油茶、中药材等八类农产品。从分产业的规划来看,八大产业分别都有具体的发展目标和办法。其中,水果和蔬菜种植比较有代表性。仅就水果发展而言,丽水试图发展柑橘、桃、杨梅、梨四大品种。对于水果产业的发展,一位长期从事水果经销的商人 LXM 这么认为:

> 现在生活好了,消费要求提高了。健康、绿色、生态等高级农产品的需求扩大了,给农业发展转型提供了外部条件。原来小的时候没肉吃,现在是有肉也不敢吃。城里人吃水果的越来越多,对水果的要求也越来越高。过年过节的,销量大增。现在也不准送礼了。朋友之间,送两箱水果很正常。

在水果的种植中,庆元的甜橘柚很有代表性。据庆元县农业局的干部介绍,甜橘柚这个水果品种是当地于 1998 年从日本引进的。由于当地水土和气候环境适宜于甜橘柚的种植,因此这个水果品种引进后很快

种植成功。这个品种在水果市场上逐步受到消费者的喜爱。有关庆元甜橘柚产业的起源,有当地的乡镇干部 ZLJ 这么描述:

> 丽水和日本三岛市是友好城市,所以有时会派人到日本学习考察。前几年,我们丽水的农业干部到日本考察,感觉这个东西好,就把它引进来了。没想到,效果还不错。不但试种成功了,甜橘柚也确实很甜。刚开始上市的时候,有些波折。主要原因是大家不熟悉这个品种。现在不一样了,大家都了解了,消费者很认可。

如今,庆元鼓励农民大规模种植甜橘柚。2013 年在杭州召开的浙江省农业博览会上,仅仅甜橘柚一种水果的订单就达到了 20 吨。从普通的水果市场上了解,甜橘柚的平均零售价格也在每公斤 20 元以上。由于经济效益明显,而且发展势头很好,当地也吸引到有些农业发展公司的资本投入。其中,有家农业公司一次性计划投入 5000 万元,用于建设甜橘柚种植基地。截至 2015 年年底,庆元县种植的甜橘柚超过了 1 万亩,成为当地农民增收的一项重要农业产业。

随着城市人群消费水平的提升,高品质农产品越来越有市场。除了各类鲜果农产品外,高品质蔬菜也受到一些城市人群的偏爱。对于丽水这样的山区地市,当地农民发现,高山种植的蔬菜的供应时间稍晚,错开了供应高峰,因此比通常上市蔬菜的价格要高。全市范围内,可以用于种植农作物的山地面积有将近 2300 万亩,占全省山地总面积的约 1/4。高山地区平均气温在 10 度以下,因此有些高山地区种植的部分农作物就可以错开时间上市。更重要的是,山区不同的海拔高度为农作物生长提供了有差异的生长时间表,因此能够在平原地区农作物收成以后,错开时间供给市场。有位从事高山蔬菜经营的老板 ZL 这么评价:

> 现在农民都懂得打时间差,人家都没上市,我们就开卖了。人家没有了,我们又来了。

此外,高山蔬菜还有病虫害少的特点,施用化学品并不多,因此比较适合城市中高收入人群的消费。丽水当地一位村干部 RDL 这么介绍高山蔬菜：

> 高山蔬菜在上海、南京、杭州都很受欢迎。价格至少是其他普通蔬菜的两倍。就这也供不应求。有些地方干脆开了高山蔬菜专卖店。有些是供应大型超市。反正一年到头，一下子就定完了。我们丽水想吃到也不容易。

受市场需求的引导，丽水各县市区对种植高山蔬菜热情很高。客观上讲，丽水占有全省 1/6 的土地，并且以山地的地貌特征为主，因此适宜于此类经济作物的生长。据当地农业管理部门的粗略统计，全市范围内海拔 500 米以上山区种植的蔬菜超过 20 万亩。在实地调查中发现，仅龙泉市的高山蔬菜种植面积就超过了 8 万亩，其中海拔 800 米以上山区的蔬菜种植面积也超过了 5 万亩。在 9 个县市区中，莲都区还成为全国蔬菜生产重点地区。如今，像沃尔玛、联华以及华东地区的一些餐饮连锁企业都和丽水的高山蔬菜种植基地签订了购销合同，由当地农民或蔬菜专业合作社向这些企业定点供应高山蔬菜。

地方政府把高品质农产品生产作为迈向农业现代化的重要手段，并希望将当地良好的生态转化为农业发展的优势，进而借助产品的市场优势提高农户收入。市级层面制定的《生态精品现代农业发展规划（2013—2020 年）》还包含了明确的经济目标。在规划制定之前，丽水各地能被归类为生态精品农业的八大主导产业的产值就在全市农业产值中占有了较高的比重。尽管丽水主导产业的发展步伐稍晚于全省的平均水平，但据当地官方的数据看，截至 2012 年，八大主导产业的产值也已经达到将近 90 亿元，占全市农业总产值的比重超过 70%。从产值的总额看，八大主导产业中的食用菌、茶叶、中药材、油茶和笋竹在全省领先。更重要的是，地方政府的有意识引导，让规模种植逐步显现了效应。根据当时的产业基础，市级层面就通过规划，约定到 2016 年食用菌、茶叶和笋竹三大产业都能够突破百亿的经济目标，到 2020 年农林牧渔业的总产值突破 1000 亿元。如果能够实现这样的经济目标，八大农业主导产业将成为农民增收重要来源，同时成为乡村经济中的支柱产业之一。

按照官方的设想，丽水各县市区都围绕高品质农产品生产这个目标，探索差异化的发展路径。① 由于地方政府的积极介入和全力推动，丽水各地加入高品质农产品生产链的农户越来越多。高品质农产品的高额预期回报，也使经济作物的种植得到更多农户的认可。同时，有些农民开始主动学习现代农业企业的生产管理和经营知识。针对高品质农产品生产的良好势头，地方政府将自己的这种农业形态概括为"生态精品现代农业"。从对地方干部的访谈可以看出，地方政府对发展生态精品现代农业所具备的条件、指向和在区域发展中定位的思考。例如，市农业局的一位分管业务的干部HFG这么说：

> 什么是生态精品现代农业？一是生态精品现代农业体现了丽水生态优势的独特性，发展丽水生态精品现代农业完全依赖区域生态优势的先天条件；二是体现了一种发展的理念，生态精品现代农业是丽水生态可持续发展与现代农业可持续发展的完美结合；三是体现了农业的产业形态，通过生态化、循环化、多业态的规模化、集约化发展，全力将丽水打造成中国生态精品农产品之都。

高品质农业的建设目标就是发展市场效益好、回报率高、深受城镇消费者喜爱的有机农产品。提高农产品的品质，一是靠良好的生态，二是靠优良的品种，三是靠农业技术，四是靠生产管理。但农作物品种的选择不但要面临自然生长的各类风险，还要面临市场波动的风险。为了提高农产品的附加值，地方政府还希望加快农产品的运输、加工、储藏、销售等环节的建设。此外，丽水还注重各类农产品的深加工，通过工业化的路径，解决农产品的储藏和销售等问题。例如，竹产业对于丽水来说，不仅能够产出竹笋等食材，更重要的是，它能够深加工，产生附加值更高的工业产品。地方政府鼓励企业开发了像竹制玩具、竹制地

---

① 例如，莲都区就准备开展国家级农业综合开发现代园，龙泉市着重发展石蛙和珍贵树种，青田县重点发展稻田养鱼，庆元县重点发展香菇，缙云县重点发展高山冷水茭白，遂昌县打造浙江省农产品质量安全放心示范县，并争取成为第三批国家现代农业示范区，松阳县着力打造省级现代农业综合区，景宁也开展农业综合区建设。

板和家具、竹炭产品等，使得农业与工业之间的联系更加紧密。而且，丽水还尝试将农作物的种植、采摘、加工和销售等环节都变成旅游资源，提升种植业的衍生效益。

但仔细看会发现，在规划中之所以如此界定农业发展主要源于以下原因：一是丽水具有生态优势，这是其他地方不具有的。但这只说明丽水具有发展高品质农业的生态条件，甚至说是发展生态农业的条件，但不是发展精品农业或现代农业的条件。二是丽水希望通过农业推动自身发展，当然不能仅靠传统农业，也不能仅靠粗放生产，因此希望发展精品农业，至少在农产品市场上属于高端产品。如果是生态精品农产品，就更具备价格优势。三是食品安全使得生态农产品成为农业发展的新趋势和努力目标，因此成为衡量和引导农业生产的风向标。四是丽水对现代农业的理解就是生产绿色健康农产品，生产精致的农产品。由于这些新趋向所代表的是城镇居民或消费者的需求变化，努力满足这些需求显然会给农民带来实惠。近年来，由于市郊农业的快速发展，的确让许多农民得到收益。从 2015 年上半年的官方统计数据看，八大主导产业的产值已经占到全市农业总产值的将近 83%，并在逐步取代传统农业。但从产值的增长速度看，八大主导产业只增长了不到 3%。从产业类型上看，乡村正从传统的单一种植模式向特色农业转型。农业生产的目标也从原来的自给转向主要面向市场销售。农业生产的服务面向主要针对城镇地区，并确定了自己市郊农业的定位。

（二）农业工厂化和商业化的萌芽

丽水推进市郊农业发展主要依靠农业的工厂化和商业化两条路径。就工厂化路径而言，政府要求农产品在生产过程中，需要严格控制品种、种植技术、田间管理和采摘加工。为了确保农产品的品质，政府还通过制定生产标准，鼓励和要求农民以现代工厂的方式管理农业生产环节。就商业化路径而言，政府引导和鼓励农民建立各种专业合作社，起到连通市场并克服分散小农之间过度竞争造成的农民利益受损。在此过程中，政府鼓励农民树立品牌，并搭建各类平台推介高品质农产品，协助当地的农产品占有市场份额。一位从事乡村发展工作的地方干部 HF

认为：

> 原来都是提经营城市，现在也要经营农村。农村还是有潜力的。原来搞农村工作都只知道埋头拉车。现在农村工作要耳听六路、眼观八方。谁掌握了信息、技术，谁就是赢家。

如今政府主要依靠制定农业发展规划，引导农民开展连片种植，实现产品销售的品牌和规模效益。农业发展规划并不是强制农民种植某些经济作物，而是通过引导农民种植，达到规模效应。有些在乡镇工作时间比较长的基层干部还记得，政府也曾直接替农民决定种植的作物品种，但是面对市场的风险，显然政府又无法完全替农民承担。有位乡镇干部 WMF 这样回顾这个历程：

> 原来政府感觉什么赚钱，就要求农民种植什么。农民不种，就说服教育，真有个别农民不种的，也就随便他。但那个时候，有些农民还是听话的。但这样也不好，风险太大。一旦乡里要求农民种的东西遭了病虫害了，就要到处想办法帮他们医。更可怕的是，种了赔了，卖不掉。那时候，农民就不肯了。有的干脆把卖不掉的东西挑到乡政府。有的领导没办法，就让乡里干部买，买回去每个亲戚分一点，老婆都骂死。乡里干部就那么几个人，能买多少？还是摆不平。现在，政府也聪明起来了，肯定不会再帮农民决定种什么。有时候，为了鼓励农民连片经营，政府会提供一些良种，免费的，以这种方式吸引农民。不过，这种时候，就要严格把关种子质量。否则又是好心办坏事。

如今的方式主要是培养一些重点农户，起到示范作用。政府的农业规划并非强制性的，体现出地方政府的支持倾向。通过这种宏观政策的引导，实现经济作物的连片种植和经营。这种现象也存在一定的风险，即一旦政府对种植品种的判断失误，虽然不像早期那种强制农民种植的麻烦，但也可能给农民造成一定的损失，反过来也使政府在农民心目中的威信下降。同时，因为农业生产本身所具有的滞后性，市场千变万化，就会给这种规划和选择带来一些问题。

就市郊农业的定位来说，丽水在制定农业发展规划时并没有将粮食生产列入其中，但在农业工厂化和商业化的进程中，粮食生产也多多少少受到影响。仅就粮食生产而言，地方政府就重视高品质粮食品种的种植。从粮食种植的规划上看，丽水采取两重措施来提升农产品的市场占有份额。一方面通过良种化和无公害技术来提升现有粮食种植的品质和市场竞争力，另一方面通过推广种植红米、紫黑米、富硒米、有机米、山谷米以及各类旱粮，以满足城镇居民粮食消费中的保健需求。然而，不能忽视的是，丽水地处山区的地质地貌特征，使得其耕地数量总体很少，难以给粮食生产供给大片土地。由于这种客观条件的限制，丽水就无法在短期内快速扩大粮食作物的种植面积。就丽水当前的农业发展现状看，农业基础设施落后的问题也不太可能在短期内有明显改善，除了当地良好的生态环境保障，要发展高品质农产品生产就更需要依赖优良品种，否则也难以实现地方政府定位的生态精品现代农业的目标。当地一位农业干部 CM 一针见血地指出：

> 不是生产的量少就是精品了。现代农业主要考虑开发一些具有保健功能的品种，像高山红米之类的。要在品种上下足功夫。品种选错了，一年到头就瞎忙了。

为了确保食品安全，地方政府还制定了一系列标准，用以指导农业生产。如今，全市已经制定香菇的国家标准 1 项。其中省级的香菇的食品安全标准有 35 项。这些措施都是从传统农业走向工厂化现代农业的必经环节，有助于提升进入城市地区农产品的品质。当地农民受益后，就逐渐对农业生产标准有了认同。有位农业专业合作社的农民 LZH 在访谈中就这么认识农业生产标准：

> 在乡下这么多年了，种田确实有讲究，但从来没有这么要求的。以前都说丽水的香菇好。后来，南京市场上检测出蜡，名声一下子就掉下来了。这几年，全市都控制很严。整个过程都有一套标准。刚开始的时候，城里没人买账。后来质检局查过几次，新闻也

报道了,就免费帮我们做广告了。有政府当后盾,城里人也信。我们这里的老百姓也知道,要不按规定,卖不上价。价格上去了,大家也就知道标准的重要了。农业专家说了,细节决定成败。真是这样子。

为了打消消费者对食品安全的顾虑,丽水对有些农产品还建立了来源追溯体系和检测体系。高品质农产品不但附有各项食品安全检测报告,还可以追溯农产品从生产到流通的整个环节。同时,市级层面还重视食品安全的信息化建设,建立了农产品质量安全追溯管理信息平台,便于消费者和销售方通过现代信息手段了解农产品的质量,并对进入城市的农产品生产进行有效的监督和管理。地方政府发现,注重农产品安全质量可以提高农产品的附加值和农民收入,就愿意进行更大的投入。2014年,地方政府又建立了"壹生态"的信息化系统,服务当地市郊农业的发展。在这个信息化系统中,既包含了安全追溯平台,也包括了电商平台。随着网络销售农产品的渠道打开,农产品质量安全的数据系统为当地高品质农产品走向高端消费市场提供了有力的支持和保障。地方干部WZQ在谈及农产品安全质量监测时,也颇有感触:

最起初我们也想不通,想想有些领导赶时髦。丽水又不是大城市,花那么多钱建这个追溯平台,农民又用不好,纯粹是浪费。后来发现,上海、南京这样的大城市,只要宣传到位,市民还真相信这个东西。

丽水制定了《农产品质量安全监管责任制》《农产品质量安全"黑名单"管理办法》等文件,用以规范农产品的质量和安全。同时,全市范围积极创建农产品质量安全放心示范县、省级农产品质量安全追溯县和开展食品安全专项整治行动、化肥和农药的执法检查以及出台农产品的抽样检测等措施。一方面,这些措施在广大农民和农产品经销者中起到了食品安全知识普及的作用;另一方面,通过检测、检查和执法等活动起到了惩戒的作用。丽水出台了《农产品质量安全追溯体系建设的实施意见》《农业投入品管理办法》《化肥农药管控行动方案》等一系列文件和办法，希望加强对农产品安全的监控。此外，市级层面还委托一些食品安全检测的企业，利用市场机制监控食品安全。

农业的工厂化生产能够克服农户家庭经营的盲目性与分散性，有助于实现农业的转型升级。全市各地都针对自身条件，规划特色农业产业，扶持乡村经济发展。各地的财政资金在农业综合开发项目、产业化扶持项目、农业科技项目等方面，倾向于支持重点地区、重点产业，培育区域化、规模化、标准化的特色农业生产基地。在对现代农业的培育和扶持中，地方政府还制定了一套规则，借以选取一些比较突出的对象作为示范，并给予一定的经费支持。丽水实施了"361工程"，主要是选拔乡镇、合作社、大学生创业、家庭农场、农产品等类型中的典型。市本级每年安排生态精品现代农业发展专项资金2000万—3000万元，并要求各县市区政府财政每年安排专项资金，用于支持本区域内具有特色的生态精品现代农业产业发展。

地方政府为了推动农产品走向市场，还多次举办各种形式的农产品博览会、推介会等。从每次举办的农产品销售活动的交易额看，它不仅提高了当地农产品的销量，更重要的是逐步引导农民在农业生产过程中注重产品标准、品牌和文化包装。在地方政府的推动下，农民也在生产实践中逐步了解农业商业化所需具备的各种要素。此外，地方政府还借助电子商务平台，推动农产品的销售和品牌提升。2015年，丽水的农业部门专门组织了高品质农产品网上展销会。为了提高农民对现代农业的理解和参与，地方政府还举办了各类科技培训班和现场科技指导活动。

在品牌的打造方面，地方政府也下了很大功夫。丽水市政府委托浙江大学帮其设计了区域农产品品牌。到目前，在全市范围内推出的"丽水山耕"的品牌已经授权给100多家农产品加工和销售企业，并逐步在农产品市场中获得消费者的认可。这些年发展起来的品牌主要有庆元香菇、处州白莲、遂昌菊米、云和雪梨、缙云麻鸭、龙泉灵芝、景宁惠明茶、青田田鱼、松阳银猴等品牌。此外，地方政府还利用各种农产品推介会、博览会，广泛宣传当地农产品品牌，形成了一定的竞争力。此外，地方政府还组织力量对农产品进行文化包装。例如青田的稻田养鱼，是世界农业非物质文化遗产，因此通过包装、宣传，提高田鱼和稻米的附加值。① 青田县有位农业干部 LMJ 这么认为：

> 既然稻田里可以养鱼，那就不能污染，从侧面说明了稻米的绿色。同时，鱼是稻田里养出来的，也说明了鱼也是好的。

市场大规模导入传统乡村，使农户家庭经营的农业面临更多的风险。农户家庭经营农业在从糊口型向商业化转型过程中，必然存在市场信息不灵的缺陷。为了加强小农户与市场的联系，政府鼓励通过利益联结的方式，借助农业专业合作社带动小农户进入市场。有位农业企业的负责人 MLX 这么说：

> 如果让农民个人去闯市场，很难。也不是说农民就干不成事。他们种田可以，我们不行。但跑市场，我们还是有点经验。我在外面跑了这么多年，到底还是知道品牌的重要性。人家买你的水果，买你的茶叶，有了牌子，就知道是正规的。有了牌子，吃出问题能找得到人赔。如果是单个的农民，就是食品安全出了差错，他也没那么多钱赔你。农民也感到加入合作社省事，他们就只管种好田，原来他们担心卖不出去、卖不上好价钱。现在都不用担心了。只要能卖出价格，第二年，其他农民都听你的了。像现在的麻鸭，还有高山蔬菜，卖到大城市的专卖店和超市，人家感觉好了，就认我们"丽水山耕"的牌子。

从自然条件看，丽水是绿茶种植的一类区域。从种植范围看，全市有 160 多个乡镇都种植茶叶。据官方统计，全市共有 2000 多个村庄种植和加工茶叶。从目前情况看，丽水茶产业的产能扩张快，但销售跟不上。另外，当地高品质茶叶生产能力不强，农药残留的控制不好。丽水在推动茶产业发展的过程中主要依靠两大策略：一是注重引导农民利用

---

① 稻田养鱼是丽水市所辖青田县特有的一种农业生产方式。其中，水稻为鱼类提供有机食物，鱼则发挥吞食害虫等功能。这样鱼和水稻形成良好的共生关系。据说青田县从 9 世纪开始就有这种农业生产方式。直到 2005 年 6 月，青田的稻鱼共生系统被联合国粮农组织列为首批世界农业文化遗产。这也是当时中国第一个获得的联合国认定的世界农业文化遗产。

生态、环保的方式配置和加工茶叶；二是通过建设工厂化标准，提高当地茶叶的健康指标。在实地调查中，缙云县壶镇南山自然村一个茶叶专业合作社的案例就折射出农户进入市场的方式。茶叶专业合作社的负责人 LHH 介绍了创办和经营的过程：

> 原来是我先在北京帮人家卖茶叶，后来就认识了我老公。我们俩一起在北京卖茶叶。在北京打拼了许多年，慢慢就了解茶叶行情。但老是帮别人卖也不是长久之计，毕竟都是外乡人，还要结婚、生孩子。之前到婆家的时候，我就发现我老公这里的环境好，适合种茶叶。如果茶叶质量好，不着急销路。于是，我们两个商量了一下，就回来搞合作社。南山这地方山好、水好，茶叶品质好。这里的老百姓种茶不讲究，所以茶叶卖不出好价钱。我们合作社出钱，买茶苗，把老的都铲掉。合作社对茶叶施肥也有很高要求。我们有些茶叶出口欧盟被查出来农药超标，就是因为施用农药不科学造成的。比如说，什么时间用药，等到采摘的时候就没有残留了。还有就是什么天气施药，都有操作规程。原来农民自己种植茶叶的时候，主要根据经验管理茶叶。现在要生产高品质茶叶，卖出好价钱，就得提高要求。我们还买了一批茶叶加工机。茶叶采摘的时候，除了村里人，我们还请外地工人。好茶叶就得要求严格，采茶的时候要求他们都戴手套作业，免得汗水污染茶叶。我们完全是公司+农户模式运作，产品直接销往北京的代售点。

当地政府意识到专业合作社在带动农民致富中的作用，因此积极支持。其中政府的考核中就有对当地专业合作社的星级和数量的考核。在丽水这样的山区，农民多，经济条件差。当地农民一方面通过土地加盟的方式，进入专业合作社，同时还在专业合作社当农业工人，收入比以前明显提高了。如今，农民有了双份收入。一是将土地出租给专业合作社，收取土地租金。二是到专业合作社当农业工人，还可以拿工资。丽水农办的一位干部 HJW 在介绍专业合作社的生产、经营模式的时候，作如下陈述：

专业合作社的好处是让农民增收有了新渠道。这比国外还好，他们的农业工人也只有工资好拿，我们这里的农民还可以拿土地租金。

虽然这种模式比起之前乡村发展有很大优势，很多农民有了两份收入，但仍然难以在短期内就摆脱相对贫困的境地。主要原因是农民拿到的两份收入都不高。由于当地的现代农业才刚刚起步，高品质农产品的总体品质还不高。与之前的传统农产品生产相比，高品质农产品的种植、销售的确给有些农业企业的发展提供了空间。但还需要看到，多数情况下，由于农业基础设施建设不到位，全季候农业所占比例微乎其微，因此农业受到自然条件的局限较大。不容忽视的是，农业工厂化和商业化进程中，有些矛盾也开始显露。例如有位农民 LFL 在访谈中抱怨：

茶叶要是让我们自己种，也卖不出什么好价钱，跟着合作社操心少。这么搞，也不赚钱。老板也不傻，当然是他们赚钱多，我们就拿点辛苦钱。

随着市场化的深入推进，农业生产更密切地与国内或国际农产品市场相联系。农产品市场的波动对于不善经营的许多农民来说，无法较快适应，且在短时间内难以掌握现代市场的经营技能，因此不得不依赖农业企业或专业合作社。在实际的运行中，农业企业或农业专业合作社确实起到把农民摆渡到市场经济对岸的作用。然而，也不能因此就忽视其中所包含的各种市场风险。普通农民与农业企业主或专业合作社负责人在利润分成上的矛盾也开始显现。在向现代农业迈进的过程中，这种矛盾注定还会加深。作为乡村社区中新出现的劳资矛盾，需要及早加以预测和规范，防止农业现代化对普通农民利益的侵害。此外，访谈中，总还会有农业企业或专业合作社的负责人抱怨经营规模的问题。例如，有位农业专业合作社负责人 CXL 就提到：

农民有时很难搞。像我在这里承包茶园，周围十几家都加入合作社了，就中间零零星星还有几家，就是不肯加入。现在好了，又不能强制。让村里做了很多工作，还是不肯。有的干脆是狮子大开口，要价要得离谱。

经营权的集中也在一定程度上使农业不得不面对工厂化和商业化所带来的各种不确定性。因为多数农业企业或专业合作社都希望不断扩大经营规模。尽管乡村社区仍然拥有土地的所有权，农民拥有土地的承包权，但实质上的土地经营集中，使得自然资源向商品化又迈进了一步。鉴于土地租金并不高，加上农民往往难以阻挡专业化农业生产的潮流，因此这个趋势也有可能进一步推动农民的无产阶级化。

（三）迈向现代农业的风险

从产值的增长速度看，农业表现出与工业不同的特征。最突出的方面是其产值增长缓慢。尽管纵向比较，农业产业取得了很大进步，但其对乡村发展的支持度明显不足。虽然粮食在农产品市场上交易的价格有很大提高，但总体来说，粮食对农民家庭收入增长的贡献并没有明显的提高。加上没有国家对农业种植的硬性规定，粮食种植在农业中的地位就明显下降。不能忽视的是，在丽水，粮食种植在农业生产中仍占有显著的地位。当然，这和粮食生产在当地所占耕地面积有关，还和农业生产的传统有关。其中还反映出，地方政府在确定自己的发展目标时，仍然会考虑粮食的自给问题，并从区域发展的视角考虑到粮食安全问题。在访谈中也有地方干部JYJ谈及类似问题：

> 粮食安全是个大问题。目前丽水粮食自给率不高，因此还是非常重视粮食生产。

从多方面的访谈分析，其实这只是部分地方干部在受到国家粮食战略安全理念的影响，把本地的粮食自给问题提高到区域发展的战略地位。不光对于全国而言，即使是对于浙江省来说，丽水并不是粮食主产区，在国家粮食生产和储备中的地位并不明显。对于全国的粮食供给来说，更多地表现出跨区供给的形式，因此当地干部在很大程度上不必担忧粮食生产下降可能给当地粮食供给带来的危机。不过，总有一部分干部受到传统思想的影响，发出预防饥荒和跨区供粮不畅的警告。由此可见历史叙事中的饥荒和区域之间的协同也是一个令人不得不考虑的问题。

在市场信息不对称以及农业资金、技术支撑不足的情况下，农业发展规划也使农户分散的家庭经营面临风险。这主要体现在农产品供求不均衡，并可能造成同类产品之间的恶性竞争。农业生产对市场信息反应的滞后，也会造成农产品的滞销、农民利益受损。因此，各级政府在开展农业规划的同时，应该加强对现代农业的资金和技术支持，提高农业的整体品质。同时，政府需要加强农业生产与市场的联系，提供保障，增强现代农业抵抗市场风险的能力。然而，现代农业的发展更多体现的是市场机制对资源的配置，造成有些地方政府在特色优势产业的发展上扶强不扶弱。在政府对农业的扶持措施中，就有农业干部 LJB 介绍了以奖代补的办法：

> 政府现在换了个办法，叫做以奖代补。每次都设计一些导向性的项目，让各村农民申报。政府派出人员检查验收，符合标准的，根据情况评出个一、二、三等奖。再根据奖的等级，发放奖金。其他的辅助部门也有奖金。这样可以激发大家的积极性。目的很简单，就是通过表彰先进，带动落后。

这种以奖代补的资助办法，确实在农业种植业中起到了一定的激励作用。但问题是，不是所有的农民都善于争取政府项目的支持和扶持。有些农民对政府项目申报的理解是有限的，这造成他们申报获奖的概率并不高。许多普通农民反而感到还是原来"摊大饼"的补贴方式好，这样每个农户都能得到资助，哪怕那个时候数额并不高。有农民 YZJ 这么理解：

> 报项目要有人，没人不行。什么奖励，就是给钱、给政策。老百姓又拿不到。都是那些脑袋尖的人才搞到。

在调研中发现，几乎每个村庄都会有农业示范基地项目，有的是水蜜桃种植示范基地，有的是茭白种植示范基地，有的是山羊养殖示范基地，还有金银花种植示范基地。这一方面体现了政府对农业的扶持力度逐步加大，另一方面也反映了村庄中农业生产在农民中起到的分化作用。有头脑、善经营的农民，就适应这种以奖代补的方式，积极为自己争取各种资源，扩大生产规模、提高经营水平。而那些普通农民，因为自身能力的局限，对市场的判断能力也不高，只能紧跟一些农业种植和养殖大户，难以占有市场先机。

从当地的《生态精品现代农业发展示范创建考核评定办法（2014年修正版）》中看出，生态精品农业"361工程"其实就是在全市范围内分为县、乡、农业企业、农业专业合作社、大学生、家庭农场、农产品基地等层面选拔一批典型，用以带动其他农户走向农业的工厂化和商业化。根据评定办法，如果要成为示范单位或个人，就需要制定一个包括目标、规划、标准、评价、现状、措施、绩效等进行详细的陈述，以参加评审。由此可见，像这样的创建申请，并非普通农民所能做的。即使是一些专业大户，也不得不请人捉刀代笔。例如，有位农业专业合作社的负责人 MLW 感慨：

> 我们出去跑跑都可以，从市里到县里都能联系。现在就是需要一个能写的。无论申请什么项目，或是报奖，都得有人会写。领导就是看材料。有时候花钱请人写，有时候到乡里找大学生村官写。做得好，还要写得好。做好了，写不出来，也是白费劲。

尽管政府投入的力度增大，但总体而言，丽水各地的农业生产的基础设施条件还相当落后，天气的捉摸不定仍然是农业生产稳定增收的很大威胁。全天候的农业生产设施较少，因此农业生产的效益还受到自然条件的极大制约。当然，地方政府也意识到，如果向现代农业迈步，丽水的农业发展还面临三个挑战。一是自然条件的限制。丽水各地的优质耕地非常有限，扩大生产经营规模非常困难。从 2008 年当地农业部门的土地肥力调查和分级看，丽水的一等田只占到 1%，二等田也只占到将近 30%，三等田只占到 10%。而且，长期的农业生产和经营，导致有些耕地的肥力下降，农业生产的可持续供给能力不强。二是农业基础设施落后。尽管丽水各地也有许多的种植大棚，但缺少更加完备的农业基础设施。丽水时常会受到台风、低温和干旱等极端天气的袭扰，农业基础设施对高品质农业生产的保障程度不够。尽管有些恶劣天气并没有典型地区严重，但也会对当地农业生产造成严重影响。三是科技保障不足。丽水地处经济先发省份，周边地区快速的工业化和城镇化进程吸引了大批青壮年劳动力。如今乡村滞留的劳动力普遍受教育程度不高，这已经成为农业转型升级的一个重要障碍。

针对以上问题，地方政府希望引入市场机制来解决。目前来看，农民专业合作社承担着在农业生产中的投资者、经营者角色。不得不面对的是，专业合作社在发展过程中也会碰到诸多困难。例如南山村的茶叶专业合作社就面临严重的土地短缺问题，如何调动当地农民的积极性，动员广大农民加入专业合作社已经成为负责人苦恼的问题。当茶叶专业合作社的负责人试图扩大茶叶的种植规模，实现集中连片种植的时候，就碰到了农民不愿加入合作社的问题。作为农民自愿的生产经营组织，专业合作社不能强迫农民加入，因此茶叶专业合作社的发展在这个村里就受到限制。这位负责人LHH感慨道：

> 如果茶园中间有没参加合作社的农民茶园，他们的病虫害防治，种植苗木的质量，采摘的方式，都会对我们的茶叶有影响。希望政府能有更多政策，帮助我们扩大规模。

当然，乡村发展中还有一大批农民并没有主动加入或没有机会加入这个工厂化和商业化的进程，有的对此抱怀疑态度，有的干脆就不理会这些东西。访谈中有位农民CZL的观点很有代表性：

> 合作社这东西在农村不稀奇，原来也搞过，有一天，把你的地归合作社了，就全得听老板的。真是亏了，我们赔了庄稼不说，还贴钱。到时候，政府又说，这是你自愿的。你推我，我推你，最后没人认账。

另一位农民 LZM 也认为：

>合作社是好，我们年龄大了，也折腾不起。今天说你不准用药，明天说你摘茶叶还要戴个白手套。真赚的还是合作社的老板，他们才赚大的。给农民也就那点。价格是高了，丢掉的茶叶就没人要了。

从以上的说法可以看出，总有些普通农民对农业专业合作社不信任。这样的认识也不能简单地归结为农民受教育程度低、思想不解放等原因。其中更多暴露的是农民与农业专业合作社并非天然的紧密关系。只有少数农业专业合作社的负责人会着眼长远利益，在初始阶段更多地让利农民，逐步取得农民的信任，从而发展壮大。但也有些农业专业合作社的负责人，经常需要计较投入与产出的收益。这样，就在一定程度上与农民形成了新型的劳资关系。农业专业合作社往往以低价流转土地，并雇用农民从事工厂化的农业生产。尽管农民在名义上还拥有专业合作社土地的承包权，但在实际的劳动过程中自己的收益更多地表现为专业合作社所发放的工资。当然，有些头脑灵活的农民，以松散的方式参与农业专业合作社。但更多的农民只能依赖专业合作社组织生产、加工和经销。值得注意的是，各级政府在对待农业的工厂化和商业化的态度也非常明确，借用地方政府总结中所概括的就是"扶大、扶强、扶优、扶特"。在当前的乡村发展中，仍然在从事农业生产的大多数还是受教育程度不高和市场意识不强的普通农民。对于他们来说，很难都千篇一律地具有"做大、做强、做优、做特"的能力。因此，他们就不得不依靠乡村发展中的能人，才能勉强尝到较早开展农业工厂化和商业化的益处。随着市场力量在乡村的深入推进，显然还会带来像劳资关系紧张、经营收益的两极分化等问题。这是一场帮助农民摆脱贫困，提高农户收入的帮扶运动，实际上是由政府推动的农业市场化进程。这其中包含的乡村利益分化的风险，如果处理不好，就一定会给乡村转型带来困难。

（四）讨论

像以丽水为代表的经济后发地区，因为地处东部经济先发省份，因此受到现代市场经济深入推进的影响更直接。由于受到世界经济快速增长以及工业和服务业领域劳动力比重快速增长的拉动，城镇化对粮食和农业生产的直接影响越来越大。有人指出，农业的增长只是对城镇发展的一个反映。[1] 在全球范围内，快速增长的城镇人口对农业的需求在增长，因此给农业的繁荣发展提供了动力。[2] 现代农业的发展在一定程度上受到城镇规模、空间距离等因素的影响和限制。[3] 在地理空间上，丽水接近经济活跃的长三角地区，高品质农产品生产拥有一定的消费市场。对于丽水来说，周边经济先发地区工业和城镇的需求导向刺激了当地现代农业的萌发。

从丽水的发展策略看，乡村社区可以通过发展市郊农业来减少贫困、改善环境、促进发展。在城乡二分法中，城市和农业本来是两个相反的范畴，现代农业的诞生为两者之间架起了桥梁。[4] 现代农业主要通过农业工厂化和商业化的方式，提高农业在市场经济中的竞争力。客观上讲，农业工厂化和商业化提高了农业的生产效率，并相应增加了农民收入。从其他研究也可看出，粮食产量的增长和农业生产力的提高都有助于减少乡村贫困。[5] 在没有严格规定的前提下，大量乡村滞留农民开始转向经济作物种植，有些甚至尝试农业衍生的服务业和加工业。民间的热情，也引发了地方政府的关注。有些地方出于上级经济考核的压力

---

[1] Jacob L. Weisdorf, From Domestic Manufacture to Industrial Revolution: Long-Run Growth and Agricultural Development, *Oxford Economic Papers*, Vol. 58, No. 2, 2006, pp. 264-287.

[2] David Satterthwaite, Gordon McGranahan and Cecilia Tacoli, Urbanization and its Implications for Food and Farming, *Philosophical Transactions: Biological Sciences*, Vol. 365, No. 1554, 2010, pp. 2809-2820.

[3] Barclay Gibbs Jones, Urban Support for Rural Development in Kenya, *Economic Geography*, Vol. 62, No. 3 (1986), pp. 201-214.

[4] Charles Waldheim, Notes Toward a History of Agrarian Urbanism, in Linda Krause, ed., *Sustaining Cities: Urban Policies, Practices, and Perceptions*, New Brunswick: Rutgers University Press, 2013, pp. 63-75.

[5] Alain de Janvry and Elisabeth Sadoulet, Agricultural Growth and Poverty Reduction: Additional Evidence, *The World Bank Research Observer*, Vol. 25, No. 1 (2010), pp. 1-20.

或者是农业工作的推动,开始有意识地引导农民发展连片经营,客观上帮助了农业工厂化和商业化在乡村的深入推进。从当地农民对农业工商业发展的热情可以看出,农民并不一概拒绝市场化。周边经济先发地区示范效应所激发的当地农民对财富的热切期盼,使得市场化在当地的深入推进没有碰到多少阻力。

面对市场化在乡村的深入推进,国家往往还起到推波助澜的作用。对于经济后发地区乡村发展,国家首先要解决的是缩小发展差距的问题。农业工厂化和商业化所带来的效益使得国家表现出对此的偏好。地方政府通过制定农业发展规划,提高农业的规模化效应和产业化水平,以适应农产品市场的需求。就其本质而言,现代农业的发展需要更多的资金、技术与管理经验,这也引导许多工商资本投向农业。农作物多样化和农业生产联盟主要针对国内外利润较高的农产品市场,这也为大资本进入农业创造了机会。资金实力丰厚、技术和管理手段先进的工商企业介入农业,有助于突破传统农业投入不足、政府扶持财力有限的问题。然而,从以小规模生产为基础的乡村经济转向以资本为基础的农产品工厂化生产和商业化销售,把单个的乡村社区与全国乃至全球农产品市场联系起来,使农业的发展无法逃避更大范围农产品供求与价格波动的影响。发展现代农业的后果之一,可能是农民因为无法防范市场风险而会面临更糟糕的处境。① 随着市场化的深入推进,农业越来越与市场紧密结合。

尽管农业的工厂化和商业化让许多农民的财富增长很快,在国家对乡村和农业的保护和投入有限的情况下,也让他们不可避免地去面对各种市场风险。在丽水,农民通过土地流转进入农业企业。这种情况下,他们既获得了土地租金,又赚取工资。在农业工厂化和商业化早期,这种财富累积效果较为明显。它一方面增加了农民的收入,另一方面也把农民裹挟进全球市场经济,但在技术、资金和管理经验不足的情况下,都需要政府的积极介入,从而减少自然与市场的双重风险。看上去,农民收入多元化有助于提高农民收入,但由此带来的消极影响的确不容忽视。大规模的农业工厂化和商业化导致农业生产提高了对农业劳动力的

---

① Saumya Chakrabarti, A Critique of Inclusive Growth: Problems of Modernization of Agriculture, *World Review of Political Economy*, Vol. 5, No. 3, 2014, pp. 372-391.

要求，许多农民因为受教育程度不高，难以适应严格的农业种植、采摘、加工的标准化要求，并不受现代农业的欢迎。对专业化农业劳动力的需求，使得许多农业企业更多地依赖季节性的农业劳动力供应。在美国这样的发达国家，许多农业劳动力全年在农业领域工作的时间是1000小时，其他时间可以在其他产业找份工作。[①] 这可能就会导致这些农业工人难以从本质上减贫，有的甚至出现贫困的代际传递和恶性循环。

---

① Philip Martin, *Importing Poverty?: Immigration and the Changing Face of Rural America*, New Haven: Yale University Press, 2009, pp. 103-104.

六　田园诗抑或梦魇：乡村旅游的发展尝试

虽然中国赞叹乡村的经济增长，但有些乡村社区却面临农业回报低和青壮年劳动力外流等挑战。乡村在文化上的重新评价似乎激发了乡村复兴，因为乡村地区诗情画意的风景和乡土文化在工业化和城镇化的世界中越来越重要。许多乡村社区争先恐后地发展旅游，他们几乎总是利用乡村的文化重构作为资源来振兴经济。它们中的一些已经赢得乡村复兴的机会，但其他的却事与愿违。

（一）乡村的承续与变迁

对于生活在传统村庄中的农民来说，更多是站在自己的角度理解乡村和乡村社会变迁。政权的交替不可否认会影响乡村的生活，但结构性力量不发生本质的变化，就很难让农民真正感知到这种改变。在上千年的历史中，河阳村农民对乡村社会承续与变迁的叙事，其实也是他们对改革以来乡村变迁感知的反映。

1. 记忆中的美好时光

在农业时代，河阳村的当地农民认为乡村包含了耕和读两大要素。[①]这种想法是承续了至少上千年的基本意识形态。地方文献和老人的回忆

[①] 河阳村是新建镇 29 个行政村之一。它位于缙云县西部的一个小平原上。缙云县在行政上隶属于浙江省丽水市。我们选择这个村庄作为深入观察的对象有三个理由。第一，这个村庄在缙云县因为其历史上繁荣的农业经济和辉煌的过去而闻名。第二，因为它过于依赖传统农业，正在经历经济衰退。第三，乡村旅游开发开始引发农民的抱怨，因为许多农民认为这种尝试已经失败了。除了访谈之外，文献帮助我们了解村庄的历史，这对理解农民所称的"乡村"变迁很重要。同时，有些村庄老人的口述也帮助我们理解村庄的经济、社会和政治变迁。

都表明，这个村庄的生活与中国广大其他地区乡村的生活并无两样。村中朱姓的宗谱记载着这个村庄发源的故事。① 宗族的先辈是两位兄弟，他们都出生在唐朝末年熹宗在位期间。② 其中大哥朱清源曾担任吴越国钱镠的掌书记。③ 钱镠于932年去世后，朱清源就让自己的弟弟朱清渊和他一起隐居乡村以躲避战乱。他弟弟本来想参与平定叛乱以立战功，但最终被哥哥说服在战乱期间到乡村低调地生活。他们兄弟二人选择了这个地方生活，并将其命名为河阳村。④

之后所爆发的战乱就使得他们再没有返回朝堂。宗谱还记载了家族中有几位成员在20世纪初期的时候曾辞官回到村庄过着耕读的生活。从相关文本可以看到，这个宗族的先辈之所以选择这个地方定居主要是因为这里的土地肥沃，而且内陆水运交通方便，这些对于农业经济时代都是重要的生产、生活条件。在之后的上千年里，他们的子孙后代确实投身于传统农业生产，并过着相对富庶的生活。中华人民共和国建立之前，河阳村曾最多拥有32万把（4万亩）的耕地，这些耕地分布在河阳村及其周边的133个村庄中。⑤ 不止于此，它还拥有大量的林地，而且能够出产1万担（500吨）的大帘纸。当地农民中流行着一句俗语"有女嫁河阳，赛似做娘娘"。虽然听上去有夸张的成分，但当地农民宁肯愿意把它当作村庄过去美好时光的一个证据。

---

① 朱姓的宗谱可以被看作这个村庄的地方志，因为村庄中94%的农民都是同一宗族，因为先辈的封号是义阳，因此这个村庄的宗族就被称为义阳朱。

② 熹宗是唐朝不包括武则天在内的第19位皇帝，其在位期间为873—888年。

③ 吴越国是由钱镠建立，它是五代十国时代（907—960年）的王国之一。当时中国陷入内战。吴越国的地盘包括现在的浙江省、江苏省的苏州、福建省的福州。978年，它归顺宋朝，也就是通常所称的北宋王朝。

④ 根据朱姓宗族一些老人的讲述，家族中一直流传着这个村庄名称的故事。由于他们先辈的封地是在河南省信阳市的位置，朱清源就取了河南的第一个字和信阳的第二个字，并将这个村庄命名为河阳村，以告诉子孙后代不要忘记自己家族的渊源。但在田野调查过程中，关于这个村庄命名还有其他的说法。其中有人称，河阳不是河南信阳的简称，而是指河南南阳。持这种观点的老人由此推断，其先辈最初生活在河南南阳。还有从事地方文化的乡土学者认为，当初修宗谱的时候，可能许多宗族都会将其先辈溯及当时的政治经济文化中心的中原地区，这个村庄的先辈也许并非迁居自河南。因此，有人认为，河阳的村庄名称只是非常普通，老村位于河的北面，可能就取名河阳了。就目前手头的资料看，只有河南信阳的说法在宗谱中有文字记载。其他两种说法，只是在访谈中有人提及。

⑤ 把是当时的土地丈量单位。如今中国大陆仍然使用亩这个土地丈量单位，1亩等于将近8把。

方便的陆路和水路交通使得河阳村当地的商业在历史上非常繁荣。①在清朝中期，家族中也涌现了一些富有的商人。其中，最富有的两位分别是朱翰臣（1728—1794年）和朱虚竹（1792—1847年），他们在本村和许多其他村庄购买土地、并购竹林山，建立了造纸厂。他们去浙江金华、兰溪和江苏苏州从事青靛、土纸、谷物等货物的买卖。朱虚竹在缙云县拥有45万把（5.625万亩）的耕地，在苏州拥有120间店铺。他们生意做得很大，也带动了自己家乡乡村市场的发展，河阳村的集市于农历每月的初四和初十开张。周边的农民，包括来自丽水周边的农民，都到河阳村赶集。当时的河阳村有松木、毛竹和稻米三个集市。值得注意的是，河阳村的商业也非常发达，为此村庄合作社竟然还印刷了纸币用于乡村集市。

河阳村的农民也承续了先辈对读书和求取功名的追求。为了支持家族中的青年子弟读书，河阳村专门划出了大片的"书田"。如果家族中的孩子有读书的潜质，他们就不必从事农业劳动，并且依靠"书田"的谷物生活，而"书田"往往都是租给家族中的其他成员种。家族中有八个成员在宋朝和元朝都考取了进士。② 为了纪念他们的成就，河阳村在元朝的时候建造了一个八仕门。③ 考虑到一个家族中有这么多人读书进仕，明朝的开国皇帝朱元璋赐予河阳村一对石头"稀罕"镇守八仕门。以下的故事从侧面反映了这对石头雕塑的由来：

> 朱维佳是河阳朱氏宗族的一员，明朝建立后被朱元璋封为国子监，担任太子的老师。当他在空闲时间修订宗谱时，朱元璋撞见并问他家族中有什么人才。他骄傲地向明太祖报告自己家族中在宋朝和元朝有八位进士。他还告诉皇帝，其中宋朝有两位进士是亲兄

---

① 河阳村位于两条河流交汇的冲击小平原上。
② 从宋朝的绍圣元年（1094年）到完春七年（1271年），河阳村考中七名进士。在元朝至正三年（1343年），河阳村又考取了一名进士。在中国古代，最重要的是进士往往会被皇帝赐予官职。八个进士的数字也从侧面反映了村庄当时还是非常重视让子弟读书求取功名。
③ 八仕门是元朝至正时期（1341—1368年）建造的。明朝的时候，八仕门被暴动的劳工烧毁。《丽水志》关于矿工陶得二义军暴动的记载也从侧面印证了八仕门的悲惨遭遇。八仕门在清朝嘉靖年间（1812年）获得重建。"文革"期间（1966—1976年），八仕门又被破坏，直到20世纪90年代又被重修。

弟，有四位还是同一个家族的成员。朱元璋赞叹他这个家族的显耀极为少见，因此称其稀罕。朱维佳还告诉朱元璋，他自己的祖父为了纪念他们，就出资建造了八仕门，主要的意思是八位进士之门。于是，朱元璋就命他回老家建造一对"稀罕"护卫八仕门。由于根本没听过有什么"稀罕"，也没有范本可以参照，他就请工匠雕刻了一对狮身、蛙爪无头的怪物，正是因为它少见，因此才符合皇帝的说法。因为从来没有人见过这种东西，所以就被称为"稀罕"。

关于这个无头怪物的故事除了宗谱中的记载和老人们的回忆，也没有其他证据证明来历。然而，河阳村几乎所有农民都争相传颂八仕门和石头"稀罕"的神奇。作为辉煌历史的一个标志，八仕门和石头"稀罕"成为农民对农业时代"学而优则仕"理想的标志。如今，河阳村的谚语如此说："不过八仕门，不算河阳人。"它逐渐在河阳村成为不成文的规矩：娶新娘要走八仕门，嫁女儿要走八仕门，亲人去世要走八仕门。

2. 根深蒂固的意识形态

中国共产党的执政对河阳村农民的经济、政治生活有很大的影响，因为它在整个乡村地区都重新分配了土地，并开展了农业革命。然而，巨大的政治变迁并没有改变农民对农业时代乡村的构想。河阳村的多数农民不得不依靠传统农业生活，因为在那个时代他们只能依靠读书进仕或当兵等途径才能进入政治经济文化中心生活。

在20世纪50年代早期，新政权发起的土地改革使河阳村的耕地大量减少。① 后来，由于农民的努力，全村耕地又有一点增长。② 如今河阳村总共拥有6500亩土地，其中1460亩的土地是耕地。从20世纪50

---

① 在土地改革中，河阳村仅剩1820亩耕地，位于其他村庄的土地都被政府重新分配给其所在村的农民。1950年，河阳村的人均耕地只有0.72亩到0.9亩。1958年"大跃进"期间，河阳村又有300亩耕地被政府划走。河阳村还有6000亩左右的林地，包括福昌寺坑的4000亩林地和八都坑的2000亩林地。1961年，河阳村的一部分林地被分配给村民。

② 1967年，农业学大寨期间，河阳村通过移坟上山、填河造田、开垦荒山和改造河地等方式又重新造田近50亩。1979年，河阳村又在雾露磷溪畔重新造田。但它也腾出2000亩耕地给农民造房子。到20世纪90年代中期，河阳村只有1300亩耕地。

年代到70年代，河阳村承担并参与了一些水利工程建设。从那以后，村庄就拥有了一套综合灌溉系统，它保护了农业免受旱情的侵扰。① 由于政府推广新种子和农业技术，村庄的农业生产到80年代末一直保持增长，② 除了50年代末和60年代初的粮食减产。1949年以后，河阳村较早的一位村支书ZXX说：

> 我们村子特别走运。那时候没人饿死。但生活确实苦，因为有些人饿肚皮。

从中华人民共和国成立到20世纪70年代末，中国共产党对非公有经济都采取严格的政策。在河阳村，当地商业在那时的经济、政治环境中迅速收缩③。50年代中期以后，村中只有四个商店，后来也被镇里的供销合作社兼并。然后，河阳村就只有一个供销合作社的分店和两个小贩。副业也经历了短暂的兴起，特别是60年代和70年代，河阳村的养鸭业发展很快，但紧接着就被地方政府压制。50年代后期，河阳村开始种植桑树和养殖16张蚕纸和32张蚕纸。养蚕业为村集体经济积累了大量资本，但它因为国家对副业发展的限制在1961年之后逐步衰弱。

---

① 在离河阳村2.5公里的皂川村，包括河阳、皂川、长岭下、中里、燕山下等5个村子共同于1956年建造了长乐水库。这个水库占地10亩，储水量达到3万立方米，可以灌溉300亩农田，包括河阳村的180亩。三和水库是由河阳、泮村、下杨、西岸、新建（五、六村）共同建造的。它位于河阳村北边，距离河阳村1公里。1966年建成的新河水库位于河阳村南边，距离河阳村大约1公里。新河水库占地20多亩，蓄水量约18万立方米，可灌溉600余亩农田。新河水库是河阳村独立兴建的一个较大的水利工程。1979年，河阳村在碧山古庙右侧建排灌站，水渠约0.25公里。以上水利工程对河阳村以及周边地区的农业发展有很大作用。

② 1950年河阳村粮食亩产400斤。从互助组到初级合作社期间，粮食亩产增长到800斤。1981年实施家庭联产承包责任制以后，粮食种类有所增加，亩产也增至1200斤。1988年，河阳村开始种植杂交稻，亩产迅速增加到1600—2000斤，有时甚至能够达到2200斤/亩。需要注意的是，由于斤两的计算方式在1959年前后发生了政策变化，因此不能仅从字面上计算粮食增产的数字。(参见1959年3月22日国务院全体会议第八十六次会议原则通过了《科学技术委员会关于统一我国计量制度和进一步开展计量工作的报告》和《统一公制计量单位中文名称方案》规定，市制原定十六两为一斤，因为折算麻烦，应当一律改为十两为一斤；这一改革的时间和步骤，由各省、自治区、直辖市人民委员会自行决定。1959年6月25日国务院发布《关于统一计量制度的命令》，将1市斤=16市两改为十进制。)

③ 20世纪40年代前半期，村庄的商业一直非常繁荣，当时村里有9个土特产店、8个布店、6个肉铺、4个餐饮店、3个理发店、3个村庄旅馆、3个豆腐店、3个杂货店和2个裁缝店。此外，村庄还有1个合作社、许多小贩、3个中药店和2个西药店。

农民对读书改变命运仍然十分重视。"文革"（1966—1976 年）期间，八仕门被改名为红卫门，意思是毛泽东同志的红卫兵的意思。当时，红卫兵本来要把那一对石头"稀罕"扔到河里，因为它们被视为封建主义的象征。但村里的老支书说服了这些红卫兵，把这一对石头"稀罕"搬到自家院中做洗脸架。他保住了这对石雕，因为他认为这对整个家族都非常重要。有趣的是，农民们突然发现老支书的四个孩子之后都考上了大学或中专。这位已经退休的老支书说：

> 我的一个女儿那时考上了医科大学，现在是一个医院的教授了。一个儿子也考上大学，现在是一所大学的教授。还有一个儿子是中学校长，一个女儿是小学老师。那时候，几个孩子都考上在村里很少。他们也给我挣面子。

几年后，这个院子里的另外一户人家的孩子也考上了中专。当时，由于城乡居民之间在收入和福利方面有很大差别，许多农民都渴望离开乡村到城镇生活。由于户籍制度的限制，中国的农民很难到城镇工作和生活。于是，农民们认为，老支书的儿子和女儿都是那一对石头"稀罕"保佑的结果，就自然想到了学而优则仕这句老话。当他们认为这是石头"稀罕"显灵的时候，就开始抱怨。其中，有位农民 ZSZ 的观点很有代表性：

> 石头"稀罕"是全村的财产，谁也不能把它占为自家的。

最后，农民们把这一对石头"稀罕"又搬回到八仕门的两边，并在 20 世纪 80 年代的时候，把红卫门又改为八仕门。1990 年，这个家族的一位后人捐资又重新修建了八仕门，因为他认为八仕门是整个家族耕读遗风的重要标志。如今，农民们会向游人介绍这对石头"稀罕"的威力，并且让人们摸摸这对石头"稀罕"也沾点好运。有趣的是，这些后人们仍然保留着强调读书的传统，他们对教育一直都非常重视。在新老家训中，都特别提到了家族成员的教育问题，并且宗谱中也有许多关于教育的专门记载。① 此外,确实很少有村庄像河阳村这样曾拥有两所小学②、一所初中③和一所简易师范学校④。如今,虽然国家在乡村大力推行基本公共服务的合并,但河阳村仍有一所小学和一所中学。

3. 市场的激励与侵蚀

20世纪70年代末期导入乡村地区的市场化改革似乎改变了村庄的命运。之前,农民世世代代都在这个相对封闭且物产丰足的山区村庄中过着平静的生活。改革以后,有些农民开始从事非农产业,其他一些农民仍然依靠传统农业。

70年代后期,村庄中的副业又开始兴起。90年代中期,养蚕业非常发达,当时河阳村有桑树128亩,384张蚕纸。河阳村有59户农民从事养蚕业,蚕茧的年均产出有15360公斤。养蚕业的年收入达到300万元。然而,由于市场价格的波动,这个产业在2000年前后逐渐萎缩。

---

① 截至1994年,家族中有287人高中毕业,120人中专毕业,58人大专毕业,91人本科毕业,2人硕士研究生毕业,11人获得高级工程师职称,6人到海外留学。截至这个时间,家族中有112人担任各级各类政府干部。

② 河阳小学建于1907年,并几易其名。最初,它被称为"义阳初等学堂",取自家族先辈古时候的封号。1918年,它被改名为"义阳两等学校"。1921年,它被更名为"义阳完全小学"。1931年,它又被命名为"义阳小学"。1940年,它被称为"钟庆乡中心学校"。河阳村于1920年建立了另外一所小学,被命名为"文翰初等小学"。到1946年,两所小学合并为"简师附小"。1947年秋天,它被更名为"钟马乡中心国民学校"。1950年,它又被重新命名为"河阳小学"。八年后,它又被更名为"碧河公社中心小学"。1969年以后,它都被称为"河阳小学"。学校占地4873平方米,在村级小学中可以说是设施良好且空间充足。1980年代初期,它拥有12个教室、20位教师。学生人数为380—400人,最多的时候曾达到539人。

③ 抗日战争期间(1937—1945年),仙都初等中学(如今缙云中学的前身)在河阳村有五个班级。1958—1966年,河阳村先后开办了农民初等中学班、新建镇初等中学分校和小学附属初等中学班等。如今的河阳初等中学建立于1969年。1972—1975年,河阳村筹资为小学新建了8间教室,并将村中的祠堂改建为教师宿舍和办公室。1987年,河阳村为学校老师建了另一幢宿舍楼。1992年,河阳村在河边划拨24亩土地并花费10多万元兴建新的校舍。那时学校的面积达到了3298平方米。河阳初等中学曾经有480个学生和28位教师。

④ 缙云县简易师范学校于1940年建于另外一个村庄内普华寺旧址。1943年,校长由河阳村的一位人士继任,他就于1945年把学校搬迁到河阳村。河阳村的绅士们捐资为学校兴建了一个包括6个教室和9间教师办公室的两层建筑、1个篮球场和90张双人床。学校在每年的春秋两季招收两个班的学生。为了感谢河阳村的财政支持,学校照顾河阳村,每年从河阳村招收5个学生,且免学费。白天学生正常上课,晚上为河阳村的农民开办夜校。1949年秋天,学校被合并入缙云中学。

值得注意的是，80年代以后，养鸭业成为一项重要的副业，并且迅速传到缙云县其他许多村庄。随着国家对人口流动管制的放松，许多农民开始外出从事这些产业。由于这个产业的兴盛，缙云县与1997年还获得了国务院颁发的"中国麻鸭之乡"的称号。之后，这个称号成为缙云县的一张新名片。根据官方估计，河阳村至少有1300个农民外出到全国其他10个省、自治区或直辖市从事养鸭产业。他们往往提供包括育苗、供应和配送等环节的养鸭和相关产品的系列化服务。[①]

在改革中，浙江省因其发达的工商业而闻名，河阳村却没有经历像温州、义乌那样的工业和商业大发展时期。1950年之前，河阳村只有1个锯木厂、1个印染店和1个榨油坊。1958年集体化运动中，河阳村开办了1个地方性的化肥厂，但因为亏损而倒闭。1965年，河阳村利用水力碾米厂产生的利润投资兴建一个粮食加工站。1972年，河阳村从宁波地区余姚市购入设备和技术，在大祠堂内创办1个五金厂。这个厂雇了十来个工人，从事加工农机配件的业务。不幸的是，这个厂由于效益不好先是于1978年承包给本村的一位农民经营，后来还是因为经营不善倒闭。1988年，新建镇在河阳村兴办了1个电缆厂，由于收益不好，就于两年后承包给一个农户。这个电缆厂鼎盛的时候，最多有50个工人。20世纪90年代前半期，电缆厂因为亏损倒闭。如今，河阳村只有一些像竹木加工、摩托车或农机修理店、水泥预制厂、粮食加工站等家庭作坊，且没有一家经济收入是可观的。80年代以来，河阳村已经有十几个小型店铺。[②] 村庄在过去的三十多年里经历了前所未有的变化，但经济却在浙江省相对落后于许多其他工商业较为发达的地方。由于非农产业发展缓慢，当地农民的收入不高。2011年河阳村农民的人均年收入达到6447元。然而同一时期缙云县农民的人均年收入是7995

---

① 农民的养鸭产业至少包括以下五个范畴的业务：一是承包鱼塘或水库养鸭并兼营养鱼；二是建立鸭苗养育基地从事鸭苗的育种和孵化；三是经营养鸭和饲料加工、配送；四是养鸭并承包套种香蕉、蔬菜、水果；五是养鸭并兼营鸭蛋和饲料的运输。

② 20世纪90年代，河阳村有19个杂货铺、10个餐饮店、4个药店、3个建筑与装修店、6个豆腐摊、2个肉铺、2个理发店、1个五金店、1个澡堂、1个农药店。直到目前，河阳村也只有十来个杂货铺或餐饮店。

元，城镇居民的人均年收入有 23897 元。①

许多农民将村庄经济发展缓慢归结为交通不便。② 古代的时候，他们的先辈选择这个相对封闭的小盆地定居是为了防止受到战争的侵扰，而且这里内陆水运便利，明显有助于后来河阳村地方商业的繁荣。然而，很少有农民愿意将村庄工商业不发达的原因归咎于农业时代继承下来的以耕读文化为核心的意识形态。另一位退休的村干部 ZZM 这么评价：

> 村里的农业是不错。田地肥。那些水利工程也帮了大忙。过去，没几个人愿意搞商业这些。风险大。头脑灵活点的也就搞搞副业。

河阳村像中国内地的许多村庄一样，不得不面对大量青壮年劳动力外流问题。青年人都愿意到城镇工作或生活。还有些青年人就在镇政府旁边的工业园区就业。村里的青年人没人愿意依靠传统农业生活。因此，村庄的户籍人口自 1994 年以来几乎都没有增长。而且村庄 2/3 的人口也不再住在原来老村里。③ 那些留下的农民也开始认识到自己的村庄与浙江省其他工商业发达地区村庄之间的发展差距，没办法改变现状的情况下，有些农民甚至开始抱怨村干部带领他们致富的能力不强。

---

① 这个统计数字由河阳村提供。它其实是基于村委会对村里现有居民当前收入的估算。而对于那些外出务工和创业村民的收入，往往难以估算。

② 原来只有山上的石佛岭、新建岭和岭背三条通道。陆上交通主要依靠肩挑手提等人力的方式。20 世纪 50 年代早期，河阳村有 1 架轿子、15 架毛竹滑轿、20 辆独轮车、9 辆双轮车、4 辆自行车。60 年代以来，河阳村的交通状况逐步改善。1960 年冬天，河阳村铺设了一条简易公路，通向镇政府所在地的新建镇。1968 年，河阳村开始有了公共汽车站。1977 年，河阳村投资铺设了 2.5 公里长的三条机耕路。1984 年，河阳村集资 8 万元，修建了一座重达 15 吨的石桥。随后，河阳村又修建了一座桥。90 年代以来，河阳村实施了十来个道路工程，有些是政府投资，有些是当地村民和其他人捐资兴建。如今，相邻的镇政府所在地旁边就有一条高速公路经过。村里的交通方式也从原来主要靠肩挑手提和独轮车逐渐变成两轮车。1994 年，河阳村有 658 辆两轮车、1358 辆自行车、12 辆三轮车和 9 辆卡车。如今，农民们还拥有了机动车辆，有些农民还有了私家小汽车。

③ 根据河阳村自己的统计，1950 年有 1500 多人居住在该村。1958 年到 1962 年，河阳村的经济状况与全国的经济形势相一致，生活艰苦造成此期间的出生率也很低。之后，村庄人口持续增长，直到 1978 年开始贯彻实施计划生育政策。1994 年，河阳村人口达到 3000 人，直到今天全村户籍人口保持在 3000 左右。

(二) 汇入乡村旅游的大潮

工业化和城镇化的快速推进凸显了乡村生产和生活方式的文化价值。面对市场在乡村深入推进所带来的发展机遇，农民义无反顾地接纳。然而，市场力量绝非他们所预想的那样容易驯服。村庄商业化所碰到的困境让当地农民陷入困惑和彷徨之中。

1. 乡土文化的商业化契机

为了证明自己村庄辉煌的历史，河阳村的农民总是会提及村里大量的古民居。① 根据宗谱和一些老人的叙述，这些古民居多数是于明朝和清朝建造的，少数甚至是早在宋朝和元朝建造的。这些古民居共占地0.4平方千米，整个古建筑群的格局是在元朝定下来的。一条150米长的古街道是整个建筑群分布的轴心。在轴心的两侧分别有五条垂直的巷子，把每一侧的建筑物各分为五个群组。其中最为有名的建筑是古别墅，它们主要分布在整个街道北段的两侧。多数古别墅都是一套拥有18个房间，因此被称为"十八间房"。少数古别墅一套拥有29个房间，因此被称为"二十九间房"。这些古别墅是砖木结构，并且混合了中国南北的建筑风格。② 大多数古别墅建筑都装饰有做工精良的木雕、石雕和砖雕，有些外墙上精美的画与书法至今仍保留完好。梁栋的两头都雕刻有栩栩如生的人物、鸟类、动物和花朵，这象征着祝福、官运、长寿和幸福。这些正是一代又一代的农民追求和传承的理想。有些古民居在明朝和清朝被毁。③ 幸运的是，许多古民居被保留至今，包括15间祠堂。其中，朱氏大祠堂是清朝同治年间（1861—1875年）重建的。在访谈中，我们发现，河阳村是国内拥有这么多古建筑的四个地方之一。村干部也经常会提起同济大学一位教授的评价。据说，这所在全国以建筑研究闻名的重点大学的一位教授高度赞扬了河阳村的古民居群，称其

---

① 根据官方统计，河阳村现在留下有1500间古民居、15间祠堂、10间别墅、1座寺庙、1座石桥和1个石门。

② 这些古别墅建筑不但拥有典型的北方庭院，还有典型的南方前庭后堂的多层建筑。

③ 据说许多建筑是在明朝至正年间（1436—1449年）和清朝同治年间（1861—1874年）被大火所毁。

具有相对完整性和显著的地方特色。2000年,村干部偶然发现这些古民居是发展乡村旅游的重要资源。访谈中,一位前任村干部ZQN告诉我们这个想法是怎么诞生的:

> 2000年,县里组织我们去参观兰溪县的诸葛八卦村。他们从1994年开始开发旅游。自那以后,他们靠旅游赚多了。我们听了后很高兴,其实我们村的古民居比他们保存得还好。

现实的经历给了这些村干部很大的鼓舞,他们就立刻着手在河阳村推动这个产业。他们的首要任务是获得开发乡村旅游的官方认可。有了政府的支持,河阳村就获得了一些官方的名气和奖励。① 多亏这些古民居和优美的风景,河阳村被十几所大学、学院和研究机构确定为大学生书画写生基地,其中还包括位于浙江省会的中国美术学院。河阳村还投资20多万元制定了乡村旅游的长期和短期规划。2003年,省政府发起了乡村整治计划,主要是整体上改善乡村的生产和生活环境。② 在项目的推进过程中,河阳村建造了一个牌坊,并在景区口上建造了一条游步道。

由于这些古民居在20世纪50年代和60年代基本上都分配给村里的农民,因此发展乡村旅游就需要获得广大农民的支持。让村干部意外的是,农民们对发展乡村旅游的提议表现出很大兴趣。许多农民都主动清扫他们居住的古民居迎接游客,有些老人甚至还主动清扫古祠堂。当村干部提出修建一个民俗博物馆时,农民们立刻主动捐出了几千件乡村生活物品。这样,两个反映河阳村历史的民俗博物馆很快就

---

① 2000年,河阳村被省政府授予"历史文化名村"。2002年以来,河阳村已经获得地级市层面的"历史文化村落""生态村""新农村示范村",省级层面的"环境优美奖"以及国家层面的"中国书画协会创意写生基地""十大慢生活旅游村镇"。

② 2003年,省政府发起了乡村整治运动,即"千村示范,万村整治"。目的是五年内从全省4万个村庄中选取1万个村进行全面整治以改善村庄规划和基本公共服务供给,并且把其中的1000个选取为示范村。根据官方统计,浙江省到2007年年底总共选取了1181个示范村,并对10303个村庄开展了整治。全省有60%的行政村被整治,85%的村庄建造了垃圾处理站,45%的行政村建造了污水处理系统,70%的乡村家庭都安装了清洁卫生设备。鉴于前一阶段所取得的成果,2008年浙江省政府又发起了新一轮乡村整治运动。截至2012年,浙江又完成环境综合整治村1.6万个。

建立起来。一个用于展示古代的家具和古老的农具,另一个用于展示刺绣、剪纸、服装和家庭生活用品。有些农户还自己购买了红灯笼装点古民居,营造喜庆的气氛。还有农民为发展乡村旅游志愿劳动。例如,有个农民就志愿看护古祠堂,每次也就拿到一点象征性的报酬。有些农民投身河阳村民俗的保护工作。有位乡村教师 ZQS,他自称是义阳朱氏宗族祭祖仪式的传承人,多年前就主动为了民俗文化的保护与发展而努力。他说:

> 从 2007 年开始,我就主持祭祖仪式。宗族的祭祖仪式已经有 300 多年的历史。我们每个步骤都是按照宗谱记载进行的。祭品和服装的选择也都按照宗谱的要求来。

为了吸引游客,村干部极力宣传乡土文化。2012 年 3 月,河阳村举办了第一届乡土文化旅游节。在这个节庆上,河阳村用盛大的宴会招待来自各行各业的来访者。有些农民认为,这个节庆活动主要是用来推动乡村旅游,这吸引了超过 2000 多人的来访者。

2. 经营村庄的失落与怨愤

近年来,河阳村的乡村旅游已经吸引了大量的游客,但旅游收入仍然入不敷出。官方统计显示,2007 年河阳村总共接待了 12 万游客,旅游收入达到 60 万元。现在,河阳村努力推动突出民俗文化体验为主要内容的乡村旅游,这每年吸引 2.6 万游客。2011 年,河阳村旅游年收入超过 100 万元,但由于修复古民居的价格很高,村里仍然负债将近 40 万元,因此陷入预算赤字。有村干部 ZSJ 这么总结乡村旅游发展的酸甜苦辣:

> 我觉得有三个原因。第一,我们开发旅游下手晚了。我们着手的时候,许多村子已经很有名气了。我们很难在市场上割一块来。第二,开发古民居旅游需要大量资金,包括保护这些文物的钱。第三,我们也没钱做广告。古民居的开发和保护都需要很多投资,但旅游开发的收入根本补不了这个缺。我们每年需要支出 5 万元用于

维修古民居漏水，防止它倒塌。我们还需要维护的经费。即使现在不赚钱，有些农民仍自愿保护古民居。我都很感动。但我也没啥办法盘活这些资产。

由于村里的古民居历史较长，如果不善加保护，就很容易倒塌。其中有20多间已经成为危房，至少有100间古民居亟须维修。而且，古民居的维修比通常房屋维修需要更高的工艺。乡村旅游的收入也难以承担如此巨大的成本。另一位村干部ZYQ说：

> 古民居的维修至少需要一个亿。这对村里来说是个天文数字。河阳没能力承担这个工程，住在这里的村民也都不富裕。去年，村委会筹集了3万元维修古民居。结果，也只够修理半个祠堂。古民居结构都很复杂。维修是个复杂的活。成本是造座新房子的五六倍。

实地调查中，我们还发现，河阳村一个非常具有代表性的祠堂都已经沦为废墟。其他有些看上去也像是危房。遗憾的是，农民们的极大热情并没有迎来繁荣的乡村旅游。当河阳村陷入古民居保护与发展之间的新困境时，地方政府认识到这些古民居的价值并开始重视古民居的保护。通常情况下，政府干部都会赞扬河阳村古民居和乡村文化的价值。其中县政府有位干部KHZ这么评价：

> 我参观过许多古村落。河阳的古民居是最有历史感的。它们具有独特的乡野风格，并且具有动静结合的美。这里的古民居是宝贵的历史遗产。他们不仅属于河阳人，而且属于全县人民，属于全国人民。它们是中华文明的缩影。我们有责任将其保护好、发展好。

这位干部鼓励河阳村寻找更多的途径保护古民居和当地农民生活方式，并且将古代耕读的生活方式商业化。2006年，缙云县政府发起了资助修复破损建筑的旧房改造计划，并且投资了100万元用于更新基础设施。然而，这仍然距离古民居的保护需求很远。

实际上，许多农民对先辈留下的历史遗产也抱有复杂的情感。一方面，这些古民居代表了义阳朱氏宗族辉煌的历史，他们为之庆幸。另一方面，他们却不能修理他们居住的古建筑。他们本来以为发展乡村旅游能够让他们摆脱传统农业的艰苦劳作。因为当年曾有村干部 ZLS 这么告诉他们：

> 你们就坐在家里给游客讲故事就能赚钱了。

当然，这个梦想并未成真。为了改善居住条件，许多农民逐渐都从这些古民居中搬出去。但对于那些经济条件不好的农民来说，他们不得不居住在古民居中，也不得不依靠传统农业生活。国家法律和村规民约都不允许他们擅自修理自己居住的古民居。这也立刻引起政府的注意和支持。但事实是，有些农民确实担心住在这些老房子中的家人安全。于是，就有农民 SD 抱怨道：

> 他们要求我们做贡献，为全社会保护文化遗产。谁又关心我们？

由于乡村旅游的发展并未像当初他们预想的那么繁荣，因此村干部就开始同情这些农民，并且对他们有些人私下里修理古民居的行为放松了管控，但前提是不能改变房屋的结构。此外，他们还必须事前获得当地文物保护单位的同意，以确保对这些古民居的官方监管。① 同时，他们也要使用青砖及其他特定材料维修古民居。由于政府对古民居修复的补贴，农民自己如今只需支付修复费用的三成即可。但这些农民仍然担忧快速攀升的开支，因为监管部门坚持认为，农民必须请专业人员修复古民居。农民们发现，青砖比红砖贵了很多，虽然补贴多了很多，但往往也难以覆盖建筑材料增长的成本。

---

① 省级层面关于历史与文化保护领域的相关法律和法规如此规定：在修复古建筑时不得改变文化遗产的面貌，必须修旧如旧。

（三）讨论

在当地农民的眼中，河阳村因为其发达的农业经济和长期的读书做官的传统曾在缙云县享有盛名。这些农民赞叹其先辈的智慧，他们当初选择这个相对封闭的地方是为了逃避战争的纷扰。他们一直以来都崇尚耕读的传统，并且代代相传。这已经成为他们在农业时代的意识形态。农民们知道，在经济上，农业为这个家族的生存和繁衍提供了富足的生活；在政治上，读书做官让其中的少数人获得了很高的官衔。这就是为什么农业被放在和做官同样重要地位，也是为什么对乡村的界定被之后的世代农民所承续。虽然在20世纪50年代的时候，全村有超过一半的耕地被新政权重新分配，农民们对农业时代意识形态的坚守没有多少削减。新政权发起的集体化运动和农业革命帮助他们获得了新种子和更好的灌溉设施，这些都是农业丰收的物质保证。20世纪六七十年代，农民们主导的意识形态也没有被席卷全国的政治运动所动摇。农民们仍然羡慕那些考上大学的人。一个重要的原因是，他们的生活经历让这些农民坚信学而优则仕的信念。虽然读书不一定像古代一样确保他们获得做官的机会，但至少确实会帮助他们获取城镇居民所享受的社会福利。在那个时代，由于经济和政治结构的不均衡，这些就显得特别重要。

市场化改革的确给中国广大乡村地区带来前所未有的影响，迅速兴起的工业化和城镇化进程不断矮化农业在国民经济中的地位。乡村社区很大程度上受到了近期由全球化或城镇化等力量所触发的政治经济、人口和文化变迁的影响。[①] 河阳村也不例外，不得不面对青壮年劳动力外流、传统农业对家庭收入贡献的下降等问题。这种情况下，农民们有必要将非农业收入纳入家庭收支范围考虑，而解决的办法是要么移民城镇，要么改变家庭收入单一的现状。部分原因是，河阳村地理位置相对封闭，农业意识形态根深蒂固。尽管这个村庄地处中国沿海省份，但没有像许多其他乡村社区那样在过去的三十多年里发展起大规模的工商业。虽然农业的产量已经跃居高位，但传统农业却无法帮助这里的农民

[①] R. Blake, A. Nurse, eds., *The Trajectories of Rural Life: New Perspectives on Rural Canada*. Saskatchewan: Saskatchewan Institute of Public Policy Publications, 2003.

赶上整个国家快速的发展步伐。他们还不得不面对自己与其他在现代经济中很快致富的村庄之间日益扩大的经济差距。在美国，那些最优秀、最聪明的青年人都被他们的父母鼓励离开乡村社区。① 在中国，有些农民仍然依靠村庄中的传统农业生存，他们也宁愿让自己的子女离开乡村社区。

有幸的是，三十多年快速的工业化和城镇化进程日益凸显乡村社区的文化价值，其传统的农业耕作、优美的风景和乡土的文化越来越受到城镇游客的欢迎。这跟随了发达国家乡村去农业化和去社区化的潮流。② 乡村社区已经成为城镇居民的向往之地，有些地理位置相对偏远的村庄几乎成为许多城里人的天堂。对乡村的文化重构也受到乡村社区的欢迎，他们也非常渴望乡村的复兴。对他们来说，如果没有资本、技术或人才的大量输入，就很难提升传统农业。在河阳村，村干部发现了古民居和乡土文化价值，别人的实践鼓舞了他们。乡村社区之间在国际和国内层面的互动较大地促进乡村的变迁。③ 对于有些乡村社区而言，发展乡村旅游对他们是有利的，有助于缓解他们经济上的被剥夺状态。而且，地方政府也尽全力鼓励社区发展乡村旅游，因为他们将此视为帮助有些农民摆脱贫困的机遇。同时，发展乡村旅游的经济回报通常也让人满意。④

即使是那些留守的农民也很难排斥日益高涨的市场导向的改革。他们中的有些听上去仍然沉浸在传统农业中。他们对过去美好时光的说法无非是对其经济和政治地位相对低下的抱怨。在发达国家，乡村在历史上也充满苦难⑤。这种解读也有证据说明，当市场导向的改革在乡村地区深入推进的时候，这些农民对发展乡村旅游报以极大热情。有些农民

---

① P. J. Carr, M. J. Kefalas, *Hollowing out the Middle: the Rural Brain Drain and what it Means for America*, Boston: Beacon Press, 2010.

② 毛丹、王萍：《英语学术界的乡村转型研究》，《社会学研究》2014年第1期。

③ C. Hedberg, R. M. do Carmo, eds., *Translocal ruralism: Mobility and Connectivity in European Rural Spaces*, New York: Springer, 2011.

④ 根据国家旅游局的统计，全国有85000个村庄成为乡村旅游点，170万农户投身这个产业。乡村旅游每年获得2160亿元的收入。在浙江省，有2765个乡村社区成为乡村旅游的目的地，有1.2万农户进入这个产业，2011年的年度收入达到70亿元。

⑤ [英]雷蒙·威廉斯：《乡村与城市》，韩子满、刘戈、徐珊珊译，商务印书馆2013年版。

甚至认为，古民居是他们先辈故意留给他们的遗产，后代们日后可以用以振兴乡村经济。当农业收入本身不足以改善生活的时候，他们认识到发展乡村旅游也是振兴乡村经济很好的选择。农民是否愿意参与发展乡村旅游主要是看取代原来衣食起居的东西是什么？相关的政策或措施怎么样？农业的特性如何以及农民的总体状况如何等①？在河阳村，那些留守的农民从来没有料想到这些古民居在旅游市场上的价值，而且当他们发现了这个价值也就毫不犹豫地支持发展乡村旅游。我们可以看出，市场导向的改革好像是改变农民对乡村理解最触手可及的力量。

  不幸的是，发展乡村旅游的策略并不是对每个村庄都有效，而且这个努力对于河阳村的农民来说变成了食之无味而弃之可惜的鸡肋。只有地理位置优越、资源条件良好的地方才能在政府主导和其他乡村发展措施中成功变成一个范例，而且它的经验也并不天然就可以推广。② 即使有些国家把旅游作为振兴乡村经济的手段，但结果发现，真正受益的反倒是有些跨国公司和企业家，当地居民并没有得到多少好处，还要承担发展必须付出的代价。③ 虽然河阳村的村干部无法详述乡村地区横行的市场导向改革的全景，但是他却无意将必备条件归纳为资本和企业家精神。在近期，至少还没看到这些要素从城镇到乡村的大量返流。就乡村发展本身而言，政府也必须考虑他们的担忧和困难。工业化和城镇化两大战略推动中国成为世界第二大经济体，但各级政府在看不到经济或政治回报之前，短期内还没将保护古民居这样的事宜放在显著位置。地方政府在其任期之内也一下很难创造政绩。在没有上级政府的支持下，地方政府也不会大力推动古民居的保护工作，因为谁都知道这项工作非常耗费资金。如果农民能够靠自己振兴乡村经济，地方政府对他们进行政治鼓励并不吝啬。我们可以看出政府对村庄的支持，各级政府给予河阳村发展乡村旅游急需的各类头衔和名义，但没有哪一级政府愿意划出大笔财政资金以保护古民居。

---

  ① I. Vanslembrouck, G. V. Huylenbroeck, *Landscape Amenities: Economic Assessment of Agricultural Landscapes*, Dordrecht: Springer, 2005.
  ② S. Kitano, *Space, Planning, and Rurality: Uneven Rural Development in Japan*, Victoria: Trafford Publishing, 2009.
  ③ Donald G. Reid, *Tourism, Globalization and Development: Responsible Tourism Planning*, London: Pluto Press, 2003.

河阳村发展乡村旅游事与愿违的根本原因是这项业务的入不敷出。有些农民开始怨愤仍然住在古民居中的现状已经成为他们的噩梦。乡村特性既代表乡村振兴的历史遗产，也成为他们缺少外部支持和内部企业家精神时的负担。就是他们明白这些古民居的价值，也没人肯为了这个前途渺茫的发展项目牺牲自己的安全和舒适。他们抱怨政府对乡村发展缺少实质性的干预。按照法律、法规的要求，古民居无疑需要保护。谁也承担不起损害古民居的责任。实际上，这种禁止也无法让农民与政府充分合作，农民只是想让政府了解他们的需求，以及他们在经济转型中的失落。

七　保护与索取：政府主导的农民搬迁

面对乡村基本公共服务供给明显不足的挑战，各级政府如何应对已经成为市场化进程中现代国家构建要回答的问题。乡村在生产和生活两方面都容易受到自然条件的影响。随着市场力量在乡村的深入推进，国家在保护乡村社会中的角色逐渐凸显。一旦放任市场力量在乡村的扫荡，由此导致的城乡之间在产业、利益、文化和社会治理方面的断裂，必然会给现代化进程致命的打击。为了确保现代化的平顺推进，国家逐渐认识到自己在市场化进程中兜底的功能，因此也开始重视对乡村社会的保护。然而，政府在此过程中出于成本与收益差额的考虑，有些做法容易导致国家这方面功能发挥的偏离。在严格的科层制体系中，地方政府①不得不按照中央政府的要求，积极干预乡村基本公共服务供给不足等问题。但自上而下的考核体系使得地方政府更看重上级政府对其评价，因此更倾向于优先满足上级政府而不是乡村社会的期待。当然，上级政府，特别是中央政府会更多地回应社会的诉求。这种情况下，乡村整理的成果一方面呈现为乡村面貌有所改善，另一方面也不乏地方政府在权衡利益之后推行的各种乡村改造工程。如果地方政府附和市场对土地等资源的需求，就有可能加深对经济发展相对滞后乡村的侵害；如果地方政府真正承担起国家在市场化深入推进过程中应有的社会保护作用，就需要规范其在乡村整理中的行为。

（一）村庄整治视野中的散居村落

在丽水的许多山区村庄中，农民的生产生活条件艰苦。各类地质灾

---

① 地方政府主要指地级市、县市区、乡镇政府。

害对农民生命的威胁会直接影响国家在乡村社会的合法性。然而，地理空间的区隔，导致政府在基本公共服务供给时需要承担高昂的开支。同时，地方政府的发展愿望和城镇化的惯性，也让地方政府对农民的搬迁有一定的兴趣。

首先是地质灾害的威胁。在丽水，许多村庄分布在山区，规模普遍不大。[①] 这些村落中的农民从事第一产业的占到超过70%。传统农业根本无法帮助这些农户摆脱贫困，他们的家庭收入中有超过60%来自第一产业，因此农民的贫困问题还比较突出。将近一半的小型村落地处海拔较高的山区，其经济发展和基本公共服务供给的条件都不理想。[②] 对于这样的山区而言，不但地块分散且面积小，还常受到地质灾害的威胁。从地质构造上看，丽水处于浙闽隆起地带，岩石受到日照、雨水和风化的侵蚀严重，因此许多地方都是地质环境脆弱区。泥石流、山体滑坡等地质灾害主要分布在丽水所辖九个县市区中的庆元、景宁、龙泉、遂昌、青田等县市。从地理空间上看，丽水地区自西向东受到地质灾害的威胁逐步增大。一般情况下，地处小平原的村庄较少受到地质灾害的波及。位于海拔300—600米的村庄则更容易受到地质灾害的威胁。一方面是因为这个区域在碰到极端天气时，容易出现地质灾害；另一方面，这个区域分布的村庄有一定数量，当地农民受到的伤亡威胁非常直接。2015年11月13日发生在莲都区雅溪镇里东村的山体滑坡事件，最终造成38人遇难。由于事发突然，伤亡人数多，加上媒体的及时报道，该事件还引起国家总理李克强的关注。当地干部ZXM这样坦言：

> 国家总理都第一时间做出指示，可见这事情的影响有多大。地方干部压力很大，最怕这种负面消息。市里的主要领导都出动了。好在救援及时。本来已经派施工队在加固山体，结果工程还没完，就出事了。要是当初没有排查到，这次责任就大了。

---

① 从2005年的专项调研的面上数据看，当时全市共有1.5万个自然村，其中10户以下的村落有2700多个。总体而言，丽水当地的村庄规模都不大，平均每个行政村不到800人，平均每个自然村只有180人左右。按照户籍人口数计算，小型村落中有将近6万人，占全市农业人口总数的将近3%。实际生活在小型村落的人数每村只有不到30人。

② 丽水地处海拔500米以上山区的小型村落有将近1300个，占所有小型村落总数的将近50%。

由于上级政府的重视，重大灾害事故可能会追究地方干部的责任，因此近年来各地逐渐形成了对责任事故的严格管控态势。由于基层干部的努力排查，丽水全市范围内仅在2006年到2010年的五年时间内就新确定了520多处地质灾害点。虽然有些地质灾害点一时尚不会对周边村庄的生产、生活构成致命威胁，但一旦碰到恶劣天气，比如连日暴雨，就可能酿成重大事故。地方政府的调查数据显示，五年期间这些地质灾害点就造成将近50人死亡或失踪，因此成为当地政府生产安全工作的一大威胁。[①] 对于县乡政府而言，都非常重视地质灾害点和隐患处的排查工作。正如一位负责具体工作的基层干部ZZJ所说：

> 往上报的时候，只能多报。上面有时候有标准控制，但这种事情，标准只能就低不就高。要是排查的时候我们不报隐患，到时候事故发生了，谁承担得起？所以，大家都绷着一根弦，尽量防止出事。如果报了，不但有钱拨下来，可以排除险情。即使出了事，责任也没那么大。

这种自上而下的管控和问责机制，让基层干部不得不把山区农民居住安全问题放在重要位置[②]。如果出现险情，或者有人员伤亡，就可能

[①] 参照《生产安全事故报告和调查处理条例》有关规定，由不能预见或者不能抗拒的自然灾害（包括洪水、泥石流、雷击、地震、雪崩、台风、海啸和龙卷风等）直接造成的事故，属于自然灾害；在能够预见或者能够防范可能发生的自然灾害的情况下，因生产经营单位防范措施不落实、应急救援预案或者防范救援措施不力，由自然灾害引发造成人身伤亡或者直接经济损失的事故，属于生产安全事故。其中，生产安全事故分为四个级别。（1）一般事故：造成3人以下死亡，或者10人以下重伤，或者1000万元以下直接经济损失的事故，由县级人民政府初步认定，报设区的市人民政府确认。（2）较大事故：造成3人以上10人以下死亡，或者10人以上50人以下重伤，或者1000万元以上5000万元以下直接经济损失的事故，由设区的市级人民政府初步认定，报省级人民政府确认。（3）重大事故：造成10人以上30人以下死亡，或者50人以上100人以下重伤，或者5000万元以上1亿元以下直接经济损失的事故，由省级人民政府初步认定，报国家安全监管总局确认。（4）特别重大事故：造成30人以上死亡，或者100人以上重伤，或者1亿元以上直接经济损失的事故，由国家安全监管总局初步认定，报国务院确认。

[②] 根据各县市区呈报的截至2010年年底数据，丽水全市有将近1400个地质灾害点或隐患处。经过仔细排查，他们发现，这些可能造成地质灾害的点中有将近100处都属于危险程度高的，危害程度较大的有将近480处。在调查中发现，这些地质灾害点和隐患处分布在500多个行政村范围内，可以说影响面很广。当地主管部门对受此隐患影响的农民人数进行统计，总共有将近3000人的居住地随时可能面临滑坡、泥石流、山体崩塌等威胁。

给地方政府带来巨大的问责压力。这种情况下,政府就很想把农民迁出。面对各种地质灾害的威胁,当地农民也会克服困难迁出。特别是发生了恶性地质灾害事件后,就会出现地质灾害点搬迁农民人数突然增加的现象。

其次是基本公共服务供给的成本高昂。由于许多村庄分布在山区,之前因为地理空间的阻隔以及地方财政收入低,当地乡村基本公共服务供给严重缺乏。分散的居住形式着实给财政实力不强的地方政府提出相当大的挑战。从人均成本看,道路、水电供应、医疗卫生、教育等基本公共服务供给的困难很大。特别是对于高山、远山地区的村庄而言,这种供应成本不是地方完全能够承担的。加上村集体经济能力不强,农民也多依靠传统农业,收入也不高,依靠自身改善生活福利的能力也不高。有位市农办的干部 LXQ 感慨:

> 农民平时住在山上也挺好的,都习惯了。最怕的是下雪下雨。一旦断电了,党的阳光雨露送不上去,那就上网了。所以,谁敢冒这个险?

据当地媒体报道,2015 年 1 月底,丽水出现降雪,海拔 500 米以上的许多山区积雪就很多。因为青壮年劳动力外流,对于一些只有老人常住的山区村落而言,面对自然灾害时的自救能力不强。出现这种恶劣天气时,地方政府也特别紧张,许多拥有山区村落的乡镇都积极组织人员把饼干、蜡烛等救急物质送到村中。除此之外,修造通村公路的成本也非常高。许多地处山区的村落人口不多,距离山下村庄较远,结果就会明显增加政府道路设施建设的成本。据当地交通部门分管"村村通"的一位干事 LJW 介绍:

> 丽水修造通往村庄"康庄公路"的价格是每公里 35 万元,修造机耕路的价格是每公里 25 万元。有的村子离主干道较远,造价实在太高。

实地调研中发现,有一部分村庄与其他公路干道的距离都在 10 公里以上，因此修建通村公路就成为财政负担。尽管如此，省政府还是下决心推进"康庄工程"，让每个行政村都通公路。然而，有些村落中的常住居民只有少量老人，其凸显的投入成本也非常惊人。

最后是地方政府的发展愿望强烈。改革以后，从地方到中央都积极追求发展。改革后，乡镇企业快速增长更多是在广阔的乡村展开，因此更加明显地推进了城镇化进程。① 对于经济先发地区而言，由于原来城镇化的比率就比较高，上升的空间并不大，往往希望通过扩大城市规模，提高自身城镇化的量化指标。对于丽水来说，山区的地质风貌、相对滞后的经济发展现状对推进城镇化都不是有利的条件。即使如此，地方政府仍然重视城镇化问题。② 尽管丽水地区城镇化比率上升空间很大，但因为基础差，加上资金、技术等投入不足，难以在短期内提升城镇化的比率。在乡村工业不发达的前提下，免不了有地方干部希望借助人口集聚，完成农民搬迁的任务，并同时推动当地经济增长。

（二）积极主动的地方政府

面对自然灾害的威胁，部分农民早有意愿迁出大山生活。然而，并不是所有农民都能顺利搭上城镇化的便车，因此造成多数农民仍然滞留在山区的村落生活。从迁出地的特征来看，丽水农民的搬迁主要是高山远山、地质灾害点和库区移民三种类型。据调查的数据看，这三种类型中高山远山搬迁的农民人数最多，超过搬迁农民总数的74%。其他两种类型的搬迁农民所占比例相当。其中，地质灾害点搬迁的农民占总数将近12%，库区搬迁的农民占总数14%左右。从搬迁的比例可以看出，

---

① 20世纪80年代，国家还推出了一系列刺激小城镇发展的政策和措施，客观上也为城镇化的快速推进创造了条件。1984年以后，工业化的快速推进导致城镇吸纳乡村剩余劳动力的能力猛增，由此带动城镇化水平迅速提高。许多沿海地区的乡村就地城镇化，经济活跃地区城镇的规模快速增长。到1997年，中国城镇化率达到将近30%，增长速度明显超过改革前三十年的水平。1998年以后，城镇化与工业化发展相辅相成，一起成为中国经济快速增长的两大引擎。1998—2014年，城镇化率从30%跃升到55%，整体超过世界平均水平。党的十八大提出城镇化建设的战略，当然会对市县级政府的工作提供指导。2012年年底召开的中央经济工作会议，也把城镇化列为刺激经济增长的重要手段。

② 据统计，截至2012年，丽水的城镇化率只有不到53%，而同一时期浙江省平均城镇化率则有63%，与全省平均数还有至少10%的差距。

高山远山的农民搬迁数量最大。

改革初期,有些农民较早致富,因此希望改变自己的生活。尽管当时城镇户籍制度管控严格,但官方资料记载,丽水少数先富农民从1984年开始自发地搬离高山远山或者地质灾害点。这些先富的农民因为生活条件改善了,所以搬迁的愿望也非常强烈。但对于地方政府来说,先富农民的搬迁更容易做工作。访谈中,一位原来居住在距离缙云县壶镇20公里村庄的一位较早致富农民PWY讲述了自己创业和搬迁的故事:

> 刚一开放,我就跟一个亲戚到义乌帮别人跑零售。当时就是拿着样品到处跑,有人要了,就让老板发货。全国各地跑。后来,他就带着我单干,我们把东西批回丽水卖。我们最先是摆小摊,卖小百货,后来就买店面,独立经营。那时候丽水都还很小,大洋路东边都还是稻田。1994年我第一批就给孩子买了户口。1998年就买了房子。我也算是我们村出来早的。

因为地质灾害点或隐患点的数量是一定的,且经过政府部门确认才可以归入这种类型,所以这种类型的农民相对所占比重也是最低。尽管有些农民搬迁的愿望也非常强烈,但地方政府在处理这一类农民搬迁的时候,多数是为了完成上级政府的工作要求,因此不得不重视。当然,地质灾害点农民的搬迁也有诸多困难。有些农民认识到地质灾害点居住可能面临的危险,往往也会采取配合政府的态度。但有些就不那么认为,其中就有农民QJB提到:

> 村子里面有几户在斜坡上。雨下大了,土都是松的,很危险。村西头那家房子就倒过。但村里也不能就让我们都搬出去。

丽水的库区移民主要集中于乌溪江、紧水滩库区,涉及的县市主要是龙泉、遂昌、云和等。据丽水主管农民搬迁工作的机构提供的材料显示,在1984—1986年,当时青田县山口镇有1000多户农民主动搬迁下山。1949年以后,浙江省因为水库建设出现过大规模移民。丽水当地因为滩坑水库的建设，由政府主导开展过大规模库区搬迁，但农民为改善生活条件主动搬迁的情况还不多见。21世纪以后，地方政府出于多种考虑，开始鼓励农民搬迁下山。

丽水从2000年前后开始制订农民搬迁计划，在全市范围内统一开展高山、远山和地质灾害点的农民搬迁工作。在落实这项工作的过程中，丽水市委、市政府于2006年制定了每年在全市范围内搬迁2万人的目标。对于转移农民担忧的再就业和返贫等问题，市级层面制定了"农民增收六大目标"，希望通过实际提高农民收入，提升农民对搬迁的认同和支持。在这项全市层面的工作中，实现农民搬迁和提高农民收入成为较为核心的内容。到2008年，市级层面又制定了《十万农民异地转移规划（2008—2012年）》，提出用五年时间迁出10万名左右的农民。2012年年底，市级层面发布《农民异地转移规划（2013—2017年）》，提出搬迁将近3.9万户农民的新目标。在这个目标中，从高山远山搬迁的农民占搬迁总数的比例提高到将近85%，其他两类搬迁农民的比例则明显下降。全市所辖县市区到乡镇政府，都列出了目标和任务分解计划。在过去的十年里，全市开展了有组织、有计划的农民搬迁。刚开始，各地通过媒体开展宣传，并通过自上而下的方式把农民搬迁列为各级政府重点推动的工作，并借助各种督查和推进会议，落实这项工作。特别是对于乡镇层面的干部而言，他们更多地考虑如何落实上级政府交办的工作，因此有乡镇干部MLW如此理解这项工作：

> 上级交办的，就要制订工作计划，落实具体负责的领导，然后再落实到各个村去。一旦列入规划的村子，就要一次一次地给村干部开会，思想上想不通，先解决思想问题。思想是大问题，所有症结都要在这里解决。思想上不通，就是推行不下去。老百姓就这样，说好讲，就很好讲，说不好讲，谁都不给面子。思想上通了，就要想办法。怎么搞？先是进村宣传，把好处讲深讲透。然后，发挥村集体的战斗力，让大多数老百姓认同这项工作。最后，剩下一些难搞的钉子户，再通过现场会、协调会、经验交流会等方式，想办法，归类解决。从前期的工作来看，村集体发挥的作用还比较大。但有一点，不能出现人员伤亡，否则好事办成坏事。

一般情况下，如果基层干部想在自己的岗位上脱颖而出，就需要在这些难题上体现出自己的工作能力。在县市区政府之间的相互竞争中，有些地方就很积极，希望超额完成指标。但对于多数县市区政府来说，他们都明显表现出委托—代理的行为。他们一方面在市级层面的会议上为自己争取利益，另一方面向乡镇政府施加压力，让他们努力完成这项任务。在市级层面，他们往往会提出规划制定缺乏科学性，给自己规定的工作任务不科学等意见。到县市区层面的工作落实会上，他们也会在理解基层政府的基础上，要求他们按时完成工作目标。

（三）可以选择的安置方式

对于迁出的农民，当地政府设置了集中和分散两种形式的安置办法。集中安置分为三个层级：一是县城，二是中心镇，三是一般乡镇和中心村。一是由政府想办法在县城、城郊或中心村获取宅基地，有时是按照整村搬迁农民的数量，有时按照年度搬迁规划设计，筹建联建公寓式住宅。[①] 由于丽水地处山区，城镇建设用地本来就非常紧张，全市土地的平均农保率将近93%。加上地处经济后发地区，向省级层面争取建设用地的获批可能比杭州、温州、宁波等经济较为发达的地市要小得多。因此，地方政府在解决搬迁农民的集中安置问题上，也不太可能耗用过多的城镇建设用地指标，于是就希望通过扩大乡镇和村庄的规模来推进这项工作，并同时达到提升城镇化率这个目标。在地方政府这种理性考虑中，我们就可以看到，集中安置搬迁农民主要还是靠将地理位置相对重要的行政村确定为中心村，县市区级政府在解决搬迁农民集中安置的三种类型中主要还是依托一般乡镇和中心村。

二是政府通过规划，划出土地供农民自建公寓式套房。在实际操作中，政府往往根据农户家庭的人数，规定农民可购地基的面积。一般情况下，都是采取联建套房的形式，具体的有四直八户的建造方式。联建

[①] 针对2008—2012年的搬迁目标，仅仅在县城就建设安置小区和安置点22个，用于安置5万名移民。这需要全市在县城范围划拨将近3600亩的建设用地。在中心镇需要建设安置小区和安置点11个，用于安置2万名移民，这需要占用中心镇土地1650亩。其余的搬迁农民就要安置在一般乡镇和中心村。

套房既可以节约建房开支,也可以节约土地,是政府推崇的形式。在调查中发现,其实农民并不喜欢与邻居共用山墙,他们感觉这样的住房产权不清晰。今后如果要重建或者维修,就需要几户一起协商,开支分摊也是个难题。

三是整村搬迁和重建。这种情况一般由政府出面协调,采取集体土地置换的方式,获取重建的安置土地。然后,再根据农民的经济状况和意愿等,分期分批逐步搬入重建的安置地。理论上讲,整村搬迁的难度较大。但从实际情况看来,整村搬迁有时也能得到广泛支持。当农民考虑到原有的生活方式和群体仍然在一起生活,社会融入的困难不大的时候,也会选择整村搬迁的方式。特别是当村集体的动员和团结能力较强的时候,就能组织农民实现整村搬迁。有农民 JY 这样认为:

> 农村不比城里。城里人谁都不认识谁。有时对面住的邻居是谁都不知道。大家回家了,关门过自己的。农村不一样。如果一家人孤零零地搬到其他地方,会受人欺负。我们村原来有一个外姓搬进来,啥事情都轮不到他。我们还是愿意和全村生活在一起,反正我们家里什么情况,村干部也清楚。下次如果换换地方,办个事也难了。

对于第二种形式来说,分散安置的办法就相对灵活。有的农民因为经济条件好了,也不愿在乡村居住和生活。无论从就业形式,还是从子女今后的发展,都自愿搬迁到城镇生活。丽水所辖的九个县市区中只有莲都区、缙云县和青田县没有在城区安排安置点,其他六县市区共安排了 13 个安置小区和安置点。① 据官方统计,在 2000—2012 年间,全市

---

① 这些安置小区和安置点共占地 3524 亩,用于安置 1.3 万户农民。从安置小区和安置点的布局来看,庆元县安置用地最多,达到了 1139 亩,云和县用地最少,有 121 亩。全市的中心镇布点的安置小区和安置点达到 30 个,用地总共 1955 亩,用于安置超过 1 万户的农民。全市九县市区的中心镇都有安置小区和安置点,其中占地最多的是遂昌县,达到将近 410 亩。全市九县市区的一般乡镇和中心村计划建设 211 个安置小区和安置点,用地达到 3341 亩,用于安置将近 1 万户农民。其中松阳县占地最多,达到 884 亩。全市范围分散安置的用地也超过 1400 亩,用于安置 5300 多户农民。各县市区也相应分配到分散安置的指标,其中用地最多的是青田县,达到 603 亩,用于安置 1100 多户农民。

共有6.5万户、23.6万农民完成搬迁。

（四）就地转产和转业

地方政府还积极推动搬迁农民的转产转业。市级层面在进行农民搬迁规划的时候，就已经考虑到他们的转产转业问题。从安置的原则来看，安置小区和安置点主要布点在金丽温、龙丽、丽龙三条高速公路沿线产业带上。安置小区和安置点的建设往往是靠近工业、城镇，目的是帮助搬迁的农民尽快就业。从调查的情况看，农民的转产、转业主要有三种类型。一是进入附近的工业园区、城镇务工或自主经营，直接进入第二、第三产业就业。二是加入当地较为成熟的农业专业合作社。为了帮助这些农民尽快适应新的生活，各级政府还专门组织了各类搬迁农民的劳动技能培训。有些是有针对性地围绕迁入地的产业开展的劳动技能培训，有些是面上推进的农民劳动技能培训。总的来说，这些措施，一定程度上帮助了一批农民实现了转产转业。具体做法有以下几种类型。

为了解决搬迁农民的就业问题，丽水在移民安置集中的地区鼓励种植经济作物和发展副业。① 种植经济作物和发展副业毕竟需要土地资源，这对于本来就缺少耕地的丽水来说是一个难题。如果异地安置小区和安置点的选择距离工业、城镇或农业产业园太远，搬迁的农民转产转业困难，自然会带来后续问题。可喜的是，地方政府在搬迁的工作实践中发现了一项产业，用于解决大量乡村滞留劳动力的就业问题。

在丽水，来料加工已经成为解决搬迁农民就业的一个重要产业。一方面，丽水地处浙江省，周边地区经济快速增长，自然而然对丽水这样经济后发地区有一定的溢出效应。农民搬迁后，妇女就业成为一个突出问题。市级妇联发现这个问题以后，就联系义乌等地的加工厂，组织当地妇女在家完成简单的加工、组装工序。实地调研中，莲都区大港头镇一位普通来料加工经纪人QY的故事能够帮助我们了解这个产业：

> 我们这里的来料加工主要是铅笔。铅笔内胎都是人家生产好

---

① 2008—2012年间，全市投入搬迁的低收入农户发展资金达到将近4000万元，扶持了一批食用菌和畜禽养殖项目。这些扶持项目超过1400个，有9万多名农民受到政府资助。

的，我们这里先是要把内胎穿进彩色的包装纸中，然后过热，再加装橡皮，最后装盒。很简单，不用学就会。

当农民搬迁到县城、中心镇和中心村，交通相对较为方便，原材料能够送达，大大减少了运输成本。对于义乌等地的一些加工厂来说，与其到中西部地区寻找合作伙伴，还不如就近在浙江省找到一批乡村滞留劳动力从事简单加工业。值得注意的是，尽管原材料和成品的运送需要一定的运输成本，但这些员工分散在乡村，无须企业承担录用正式员工所需的各类成本。此外，计件的付酬方式也让加工厂可以从终端控制加工质量，并减少了生产管理成本。因此，来料加工迅速成为丽水和义乌等地之间经济往来的一个重要渠道。更重要的是，来料加工符合乡村妇女的劳动特点和时间安排，因此受到广泛的欢迎。一位参与来料加工的乡村妇女 MLH 这么评价：

> 下山搬迁后，就在家里没事。田地都在原来的村子里，很远，有点活我公公、婆婆就去了。我老公平时在镇上做木工，有时也到县里给人家装修。我就在家里接送孩子。早上送去，下午很早就接。到哪上班，都没人要。要上班的时候，没法去，孩子还没送。要接孩子的时候，还没下班，哪个老板让你这么随便啊？在这里装装铅笔，时间灵活，接送孩子没事了，也有个事干。不赶工期的话，也不用那么累。

地方政府发现了来料加工在解决搬迁农民就业上的潜力，于是就有组织地规划来料加工点的设置，有限满足搬迁安置点农民的就业问题。这样既能够尽快让这些农民感受到搬迁以后的益处，又有助于树立样板让更多还没有搬迁的农民看到希望。市政府专门下发了《来料加工对接服务企业活动实施方案》，组织开展大规模的经纪人培训，并在义乌、台州、温州等地设置专门的联络点。对于许多搬迁安置点来说，来料加工的益处不仅限于经济方面。例如，一位来料加工的老板娘 QZH 这么讲：

> 我们村是下山移民村，又没多少地在这里。男人们都到附近城里打工，有开拖拉机的，有包活的。反正干啥的都有。村子里本来啥产业都没有。有了来料加工，这些妇女都有活干了。原来，天天搓麻将，这路边一溜都是麻将桌。现在在这里干活，婆婆在家里烧饭都有劲，吵架也少了。村里打麻将的少了，婆媳吵架的少了，家里关系都好起来了。

丽水妇联还被中央层面邀请在全国会议上做报告，介绍来料加工在乡村中减贫方面的经验①。如今，全市所有的乡镇都有来料加工产业，其中有80%的行政村都有来料加工点。

（五）各种支持和优惠

对于农民搬迁这个专项工作，各级政府也给予了一定的经费支持。综合来看，政府的补贴主要分为三种形式。一是对农户的直接补贴。直接补贴中也有四种类型。首先是对整村搬迁农户的直接补贴。按照标准，每个农户可以获得3万—4万元的搬迁补贴。② 但对于这部分农户来说，重新建房的困难仍然非常大。有位低保农户 QZM 这么认为：

> 村干部对我们家一直都很照顾，这次是全村搬迁，也不能因为我们家拖后腿。这点补贴哪够建房，家里又没有积蓄。反正村干部说了，到时想办法，先给我们暂住的地方。后来搬下来了，就住在村委会边上这里。

---

① 在许多搬迁安置点，来料加工的收入已经超过当地农户家庭收入的60%。据初步统计，仅仅是2012年全市范围内从事来料加工的农民达到18万人，全市都已经发放加工费超过10亿元，培育经纪人超过1800个。

② 从2005年开始，省级财政对于实施整村搬迁的农户给予人均3000元的补贴。按照一家三口到四口的家庭规模计算，一般情况下，每个农户大约可以获得9000—12000元的补贴。到2008年，省财政将此标准提高到人均5600元，这样每个农户可以获得16800—22400元的补贴。同年，由于市级政府根据《十万农民搬迁规划（2008—2012年）》的要求，对整村搬迁的农户给予人均1000—3000元的补贴，并要求各县市区财政配套资金，以达到人均1万元的补贴标准。

然后是收益返还。县市区政府将农民搬迁后的宅基地复垦,由此获得上级政府奖励,并将这种奖励转换为对农户每人不低于4000元的补贴。在调查中发现,这种上级政府给予的奖励资金先要除去土地复垦的各类工程成本,其中还有一部分用于对各级政府部门工作人员的奖励,剩余的资金才用于补贴农户。

最后是各级政府对搬迁农户在安置小区和安置点基础设施建设的补贴。有的县市区对农户在安置小区和安置点的基础设施建设的补贴标准是每人2000元。仔细考察可以发现,政府在这方面对农户的直接补贴无非是将新农村建设的一部分村庄改造资金用于新的安置小区和安置点的基础设施建设。与此同时,各级政府在整个年度预算内,将用于城乡社区基础设施建设的资金进行整合,优先用于农民搬迁安置小区和安置点的基础设施建设。在日常行政工作中,政府往往都是通过调整各项工作的优先性,来表明其对某项工作的重视,并借此达到上级下达的搬迁工作目标。

各级政府在谈及这些农民搬迁的问题时,总是关注搬迁的数量,增长的速度。而农民在谈及这些问题的时候,更多地关注补偿、搬出以后的生活、原住地的土地等问题。也就是说,地方政府和农民关心的问题根本就不一样。如果政府主导的农民搬迁触动到农民的利益,自然就会产生冲突。严重的时候,甚至会出现群体性事件。政府在面对农民搬迁出现的难题时,有多种解决办法。其中有位乡镇干部MZB在谈到农民搬迁的具体工作时,表现出一定的基层工作经验:

> 最起初的时候,当然是强制搬迁。农民不肯,闹出矛盾了,上级也怕压力,记者又喜欢报道。后来,大家就要想其他办法。然后,就把电断了。农民这些年已经习惯用电了,时间长了,有些也就搬出来了。再后来,我们也不管了,也有人专门找来,说要搬的。现在没人敢强拆了,我们是不怕上访,就怕上网啊。高山远山的就随他,不搬也行,以后想搬也没有地,也没有补偿,让他们自己考虑。一户、两户地留在山上,水电一断,生活不方便不说,山上还有野猪,有些野兽吃地里的东西,人身安全也没有保障。

理论上讲，农民搬迁后居住相对集中，在很大程度上减轻了地方政府基本公共服务供给的负担。一方面，乡村人口相对集聚能够减少基本公共服务供给的成本，另一方面也能够扩大基本公共服务供给的覆盖面。有基层的干部 MJH 提到：

> 尽管集中供给有些老百姓不愿意，但不这样解决，一下也想不到更好的办法。

二是政策优惠。丽水由于客观条件的局限，在整体的城镇化进程中用地都很紧张。由于上级政府的倡导和重视，市县乡政府也不敢懈怠。为了保证这项工作的开展，市县乡政府还在政策上给予这项工作极大支持。例如，在土地规划部门，只要是用于安置搬迁农民所需用地，经常都会优先安排。对于有些可能带来政治风险的工作，地方干部更加重视。像地质灾害点农民的搬迁，如果现居住地被评为危险状态，地方政府会立即启动搬迁工作。否则，一旦出了安全事故，基层干部就极有可能葬送自己的前程。这种情况下，有些地方政府甚至允许地质灾害点的农民可以先搬后批。尽管他们都知道这种处理方式是违规的，但也从侧面反映了基层干部对这项工作的重视。MML 如此评价：

> 对于我们基层干部来说，大多数都要变通一下。如果都按要求执行，出了事情谁负责。到时又会说我们审批环节多，也是挨批。反正领导们就关心结果，只要过程不会太出格，一般也就不会追究了。

由此可见，基层干部在执行政策的时候，更多关注的是有效达到工作目标。加上各项政策在设计的时候，会有脱离实际的情况。有些政策也只是做了一些原则性规定，让基层干部拿出具体办法。这种情况下，基层干部往往有很大的解读空间。尽管上级政府可以通过督查的方式来规范或纠正基层干部的工作，但出于政绩的需要，上级政府更多关心的是工作目标的达成度，因此一般不会对基层干部一些变通的做法上纲上线。通常情况下，在不会造成负面结果的时候，上级政府都保持默认和容忍。一位在基层工作有经验的干部 TYJ 更是深有体会：

> 基层工作不容易，都按照政策说的做，一事无成。省里有时也是睁一只眼、闭一只眼，只要不犯原则性错误，完成任务就行了。

基于这种政策执行方式，也就给基层干部很大的自由裁度权。在完成上级布置的工作任务时，他们既是政策的执行者，也是政策的制定者。当基层干部较好地解读和执行政策时，就会产生良好的反应和效果。反之，就可能造成农民对国家的抱怨。时间长了，这种怨愤的积累就可能给许多政策的执行带来迟滞效应。严重的时候，一件小事就可能触动较大规模的对抗。农民也发现，这种自上而下的任务分解方式，使得基层干部更多地关注上级政府对其工作的评价。因此，在政策执行出现偏离的时候，有些农民就会选择上访来解决问题或给基层干部压力。有些问题在久拖不决的情况下，就可能出现越级上访的现象。但在调查中也发现，有些农民仅仅是对基层干部的政策执行能力失望，因此仅仅会抱怨。例如，农民 JSG 就认为：

> 经是好经，让歪嘴和尚念歪了。只要还过得去，谁愿意去上访。有时候，上访也不一定就解决问题。到时候，又发回原籍。结果还是地方干部解决。上面有时候也是耍滑头。

有些县市区政府为了更好地推动农民搬迁工作，也会出现让利的现象。① 在调查中，我们还发现，有些县市区政府不但给予土地出让的优惠，还有地方设立专项扶持基金，用于帮助农民安置，为乡镇政府落实农民搬迁计划创造更好的政策环境。

政策优惠不仅限于以上方面，市县政府还专门制定政策，统筹协调各个相关职能部门，给予农民搬迁安置小区和安置点建设的减免优惠。

---

① 例如，青田县就把搬迁农民安置小区和安置点的土地出让金及配套设施费的全额、土地征用税的一半返还给乡镇，解决乡镇在安置小区和安置点基础设施建设中的资金短缺问题。同时，县政府还对迁入安置小区和安置点建房的农户给予土地出让20%的优惠。这一方面促进农民集中归并到安置小区和安置点居住，另一方面也有助于推动安置小区和安置点内土地出让，增加地方财政收入。

政府减免安置小区和安置点建设中所涉及的一些规费,目的是让农民配合政府推动的各类搬迁。同时,市县政府还积极推动将搬迁农民的户籍迁入到安置地,增加搬迁的吸引力。通常情况下,无论是哪一类移民,安置地往往比其原来的村庄地理位置更好。搬迁的农民在就医、子女入学、社会保障等方面享受了更加便利的条件和更多的实惠,因此会配合这项工作。同时,政府还确保搬迁农民对原有承包土地的收益,这让有些农民也的确感觉到实惠。因为山区的村庄以林地为主,田地较少。多数农民对林地的耕作都是粗放式,一般不需要天天劳作,间歇式的维护方式有助于减少农民在搬迁中的阻力。因此也让农民感到可以接受搬迁。有的地方政府还推动了田地和林地的流转和使用权的有偿转让,受到部分农民的欢迎。

(六) 政府与农民的不同考虑

地方政府对农民搬迁的热情既源于对农民的支持与保护,也来自对发展资源的需求和发展前景的期待。在地方财政极为紧张的前提下,地方政府仍然在农民搬迁工作上进行了大量投入。然而,农民对地方政府的各种考虑却抱以复杂的态度。无论是出于情感的需求还是利益的考虑,农民并没有像地方政府预期的那样顺从,进而在实际工作推进中产生了一些误解和争议。

尽管有大量的官方投入,但此项工作距离当初设定的目标还有差距。[①] 其中,投入不足是农民搬迁目标无法完全达到的重要原因之一。同时,由于实施农民搬迁的县市区都是经济后发地区,地方财力非常紧张。部分地区为解决资金压力,将部分下山脱贫安置用地面向全社会进

---

① 按照政府估算,2008年市级政府在农民搬迁这项工作上需要投入1亿元的资金。但当年,全市财政总收入也只有63亿元,其中地方财政收入也只有36亿元。对于这种财政收入的地市,1亿元的资金不是一个小数目。更何况,在经济发展相对滞后的情况下,当年全市的财政总支出却超过85亿元。由此可见,把大量的财政资金投入到农民搬迁工作在客观上是比较困难的。仔细考察就可以看出,其实官方在统计的过程中,把各级政府的各项投入资金加总,体现地方政府在这项工作上的投入。从官方数据看,丽水全市在2008—2012年间共投入农民搬迁的经费达到48亿元,共建成安置小区和安置点185个。例如,当初估算14.6万人的搬迁任务,到2012年年底也只搬迁了11.6万人,并没有达到当初规划的目标。

行商业开发,以其收益弥补安置小区建设资金不足。这样,在项目用地本来就非常紧张的情况下,人为地扩大了下山脱贫政策的惠及面,使有限的资源无法充分用于真正需要扶持的对象,与下山脱贫政策的初衷不相符,与用地政策相违背。另一方面,各地在确定商品房开发比率时无明确的界定标准,主要以"自求平衡"的要求进行测算,如不进行及时规范,可能会导致商业开发比率逐渐提高,下山脱贫用地商业化倾向日益严重。

更重要的是,地方政府在农民搬迁中还有相当明显的红利。虽然其他零星搬迁后复垦土地量较少,但随着搬迁工作的深入推进,零星搬迁后暂未复垦的宅基地大多也会逐步复垦。① 农民搬迁不但产生了明显的经济红利,还对全省的生态建设间接做出了贡献。丽水本身就是一个以山地为主的地区,因此耕地面积较小。② 农民搬迁还带来了间接的经济效益。③ 此外,农民搬迁还有利于减少灾害损失、降低抢险救灾费用。丽水搬迁的重点地区也是自然灾害的多发地区。由于自然灾害的频繁发生,给农民和政府造成的直接损失都非常大。搬迁后,一方面直接受自然灾害影响的人数减少,直接损失降低。同时,农民搬迁后,可以减少政府抢险救灾投入的人力、物力。另一方面,山区农民减少后,对自然环境的负面影响降低,有利于减少自然灾害的发生。

浙江省因为经济先发,相对经济实力雄厚。加上广大群众提高生活水平的愿望更加强烈,因此对政府改善民生的期望也有所提高。进入新世纪以后,经济下行的压力逐步增大。浙江省作为一个制造业大省,经济转型升级也非一朝一夕的功夫。中央层面在面对这些困难时,曾采用

---

① 从长远看,搬迁后的宅基地基本可以全部复垦,即全市能复垦宅基地将近 2.3 万亩,盘活建设用地约 1.2 万亩。农民搬迁后,全市可以增加 1.2 万亩退宅还耕、还林形成的耕地、林地。当地还有 7.8 万多公顷耕地和林地因搬迁农民转产转业后而减少耕种强度和破坏程度。

② 由于工业化和城镇化的推进,丽水的耕地面积除了一些年份稍有变化外,1952—2006 年间始终保持着直线下降的趋势。然而,由于杭州、宁波等地的城镇化快速推进造成耕地需求的压力增大。鉴于耕地占补平衡的政策,丽水在 2007 年开始出现了耕地面积回升的趋势。特别是 2007 到 2009 年期间,耕地面积增长速度较快。直到 2013 年,丽水的耕地面积都保持增长。

③ 2008—2012 年间,按当前每亩 30 万元的土地转让价格计算,整村搬迁后宅基地复垦盘活建设用地价值约 10 亿元。即使按照当前的价格,搬迁后复垦宅基地的潜在价值总计达到 37 亿元。

基础设施建设投资拉动经济增长的策略。对于浙江省这样的经济先发地区，政府也看到这其中包含的经济动力。据省级建设部门统计，全省乡村地区每年新建房屋约有 15 万户。① 姑且不论政府主导的农民搬迁的对与错，这项工作的确从客观上拉动了乡村的消费和就业，为阻止经济下行压力发挥了作用。然而，如果真的要评价这种做法，它在很大程度上给乡村贫困人口造成了经济负担。即使是经济条件稍好的乡村地区，农民也感受到建房支出带来的家庭财政支出的压力。

有些农民生活条件好了，想搬出山区，到人口相对集中的村庄居住。对于许多农民来说，确实有人到城镇购买商品房，但多数还难以负担城镇购房的压力。如果继续留在乡村生活，就要面对乡村宅基地的政策限制。因为乡村宅基地归村集体所有，尚不能在市场上公开交易，所以农民无法购买其他村庄农民的宅基地。尽管也有农民私下购买其他村庄的房子，但总会担心因此引发产权纠纷。针对乡村土地的这些问题，地方政府也不得不想办法应对，并逐步形成了一整套农民搬迁的政策、措施和办法。

在建设用地极为紧张的条件下，全市在五年内安置 10 万农民，对于这样"九山半水半分田"的山区来说相当不容易。因此，地方政府会鼓励有些已经进入工业化和城镇化大潮的农民干脆放弃乡村的住房，然后给予他们一定金额的购买商品房补贴。YZF 这么认为：

> 反正山上的老家也不回去了，正好赶上拆迁，还可以补点钱。

根据省市级政府的测算，每个农户重新建造搬迁标准公寓的造价大约为 25 万元。可见，农户的搬迁在财力不足的情况下，建造新的住房还是有较大的压力。在调查中发现，许多农民抱怨政府补贴太低。例如，一位农民 LXW 就认为：

---

① 根据丽水当地政府估算，农民建造一幢占地 85 平方米的房子可以拉动建筑材料、家用电器等商品的消费，并带动建筑、加工和服务业等领域的就业。其中，每建一幢新房，仅泥水工、木工就共需 450 多个工时，农户建房的工资支出就是 4 万元。全市范围内，按 5% 的农民有建房需求估算，每年建房农户约 50 万户，按平均每户建筑面积 200 平方米，每户投入 20 万元计算，每年投入的建房资金为 1000 亿元左右。

> 政府那点钱能干啥？只够水泥的钱。要不是亲戚朋友借钱，这房子怎么也盖不起来。政府光是说帮，到实际就不响了。

农民如果想拿到整村搬迁的补贴，就需要满足政府界定的标准。地方政府规定，所谓的整村搬迁就是所有的农民都必须完全迁出原有村落，原住地的住宅也都必须完全拆除。在整村搬迁的实际中，我们也发现，基本上是经济条件好的农民搬出的意愿更加强烈，也具备异地建房的条件。如果整村搬迁能够尽快达成一致，就会以相对较低价格拿到安置小区和安置点的土地。如果出现个别农民影响了整村的搬迁进度，农民之间就会产生分歧，最终影响政策搬迁。大多数时候，这种问题的解决就要靠乡镇干部和村干部的政策执行力。尽管农民嫌政府的补助太少，但有些农民对于到地理位置较好的地方建造新房还是有很大的热情。农民 YJX 这么感慨：

> 在农村建房子是大事。一辈子就想建个房子。原来村子里，谁家的房子高了，谁家的房子矮了，都有人说三道四。也有村民为此吵架、打架的。现在好了，政府出面，大家都建一样高，谁都没话说。村里这方面的矛盾也小了。

从这里可以看出，也有农民对此有所认同。政府主导的城镇化在资金投入不足的情况下，因为满足了农民建房的愿望，或者说，一定程度上，加快了农民愿望的实现，也不会遭到过多的抵制。对于经济条件稍好的农民来说，有时也会对搬迁的成本斤斤计较。但对于贫困的农民而言，不但要考虑搬迁成本，多数时候还要考虑迁出以后的生产和生活方面的现实难题。对于有些贫困农户来说，他们的不愿意也溢于言表。例如，农民 ZGCF 认为：

> 有人有钱了，自己会搬，干嘛让我们陪着一起搬？搬出去了，靠啥生活？

这位农民道出了那些不愿搬迁农民面临的共同挑战。即使是具备了搬迁条件的农民，当他们面对地质灾害搬迁，特别是库区移民搬迁的时候，往往还会和基层政府讨价还价，争取到更多的赔偿。政府给予的补偿或补贴都远远不足以让农民就有经济能力购买城镇的商品房。但有些农民反正已经进入城镇生活，也一下不会回到原来的乡村工作和生活。再加上整村都搬迁了，原有的宅基地都拆了，也就没有什么更多的要求。他们往往在比较其他农民的基础上，感到心理平衡也就答应了。当然，也有人 LGX 会有不同的想法：

> 现在乡下的老房子好。我在上海就发现那里的人听说我老家的情况，就很想去。有些干脆想买一座老房子，到了节假日就去。现在不比从前了，高铁也通了，到上海也就两个小时的时间。周末完全可以回乡下去。本来不愿拆的，但政府一定要求拆，也硬不过他们。

即使有些农民已经在城里购房，也不愿在搬迁这件事情上做过多让步。有些在外多年，反倒预测到乡村住房的未来价值。加上政府推动和主导，有人猜测政府有利可图，于是就不愿配合。在正是因为农民搬迁是当地政府推动的一项中心工作，基层干部在推进过程中碰到困难，也会得到上级政府的支持。例如，市政府的干部 LXP 这么说：

> 农民搬迁工作是全市一盘棋。我们在村里碰到困难，上面也会支持。有些农民拆迁有想法的，我们会打听他们是不是有孩子或亲戚是有单位的。到时会让他们单位找他谈。这种办法一般都有用。

同时，对于有些经济困难的农民，一下没有能力建房或购房，安置小区或安置点会有少量的过渡房。但在调研中发现，对于一些贫困的农民来说，经济负担不是他们考虑搬迁问题的唯一因素。尽管担负着极大的风险，有些农民仍然坚决地配合搬迁，自然也有自己的苦衷。例如，农民 YJW 也坦言：

> 家里条件差，小孩子找对象都困难。有时候，女孩子一到这山

上，就吓到了。现在哪还有女孩子愿意嫁到这山上。就是在城里租一辈子房子，也不愿到这山上生活。还好，这次搬迁，好歹也算是在中心的位置有了房子，孩子找对象一下就成了。

从这里可以看出，农民既不是天然就喜欢居住在条件艰苦的地方，多数情况下都是不得已的选择。工业化和城镇化给传统生产、生活方式带来的挑战，他们有着自己的风险评估方式。一旦搬迁由政府主导，农民就明显体现出弱势。在调查过程中发现，基层干部在与农民关于搬迁的谈判中占有绝对优势。例如，在处理整村搬迁的时候，基层干部出于自己的工作经验，能够较为准确地把握农民的心理。因此，他们还专门设计了按时搬迁奖励，用于刺激和分化农民，使得个别获益的农民可以领头搬迁，因此产生多米诺骨牌效应，便于推进面上工作。有些农民感到利益受到损害，就顶住压力不搬迁。例如，在库区移民的访谈中农民YFY这么抱怨：

> 我们搬出来了，腾出地方给国家发展，但好处又没有我们的。建水库有多少地方不能淹，为啥偏选择我们这里。

库区移民与之前的高山远山和地质灾害点搬迁有所不同，面对的问题和矛盾也有所差异。基层干部在推进高山远山和地质灾害点搬迁时，主要从关心农民的生产、生活条件的改善入手说服农民。毕竟行政工作也是一个专门化的工作，不是每个农民都对政府推进搬迁的理性考虑都了如指掌。库区移民主要是让农民为了集体利益牺牲个人利益，于是就成为移民问题中的一个难点。对待库区移民中的个别钉子户，基层干部LWH这么说：

> 当初谈好的补偿款，签字画押了，钱都领了。如今搬了几年了，说是其他地方拆迁价格高很多，说我们骗了他们。可是，现在是现在的价，原来是原来的价。当时我们的补偿在全市都已经很高了。

从以上农民的话语中简单地概括出农民善变的特征是不负责任的。姑且搁置各自的特性不说，仅就农民在搬迁这个问题上与政府谈判的力量对比来说，单个的农民无法与政府对抗。政府不但有熟悉农民心理的谈判专家，还有各种吸引农民的资源和确保任务完成的强力后盾。在能够将农民的矛盾控制在一定的限度内时，政府往往扮演了问题解决者的角色。如果要实现大规模的农民搬迁，只有政府才能解决土地、经济补偿、户籍等一系列关键问题。[①]

然而，对于农民来说，进入划定的搬迁农民安置小区和安置点，还要缴纳比较高的土地审批的税费。按照当前的土地审批税费规定，如果是耕地，省级财政就要收取耕地占用税、耕地开垦税、征地管理费、不可预见费和农田专用费。这些税费加起来还是一个经济负担。另外，建设移民安置小区和安置点的土地需要征用，所产生的费用也在逐年提高，因此移民在购买安置小区和安置点中的土地时，除了限制购买的面积，还需要付用地的费用。如果全部由市县政府承担，财力又很有限。如果全部让农民承担，肯定会引发农民对搬迁的抵触。这种情况下，农民总是感觉政府给予的优惠是口惠而实不至，因此搬迁的积极性受挫。这样，较晚搬迁的农民就抱怨政府涨价，其实在政府投入不足的情况下，农民就会有不公平感。当然，农民也知道土地的价格每年都会涨，但总是会纠缠这样的问题，其中原因之一是对政府直接推动的搬迁有所不满。农民也是希望通过抱怨来增加谈判的筹码，争取获得更多的补偿。

（七）讨论

经济快速增长造成经济先发地区与经济后发地区之间的发展差距。对于经济后发地区而言，不但面临着固有的城乡差距问题，还不得不面对不同区域村庄之间的发展差距。事实证明，市场机制肯定不是解决发

[①] 此外，农民搬迁还面临一定的制度障碍，土地制度就是其中一个门槛。根据当前的土地制度规定，土地的所有制分为国有和集体所有两种类型。农民承包经营和宅基地都属于集体所有土地，而在土地市场上公开交易的是国有土地。这就导致农民的宅基地根本无法进入土地市场交易，也就无法真正地置换土地和公开交易。

展差距的理想选择。因此,国家不得不承担起缩小城乡和地区发展差距的责任。鉴于长期存在的城乡二元体制,国家在城乡地区之间的投入严重失衡。如果国家附和市场机制,可能造成经济后发地区乡村与其他地区之间的发展差距进一步拉大。考虑到发展差距可能带来的社会利益断裂必然导致现代社会治理的难题,国家试图改变原有的投入机制,希望通过主动干预的方式,解决现代化拖后部分乡村的发展转型问题。对于浙江这样的经济先发省份,经济实力本来就相对雄厚,加上经济发展转型的矛盾首先凸显,因此地方政府就不得不较早探索缩小经济后发地区乡村与其他地区之间的发展差距。

在政府的官方表述中,"农民异地转移"的对象是高山、远山地区、地质灾害隐患区的农民。由于这些地区生产和生活条件恶劣,造成乡村减贫任务较为繁重。由于地处偏远山区,居住在高山、远山的农户多数依靠传统农业,非农收入少。出于上级政府对减贫考核的压力,地方政府不得不重视山区农户的减贫问题。对于地方政府而言,很难找到合适的产业帮助这些农户脱贫。于是,通过鼓励农户搬迁,有助于让他们发展现代农业或进入第二、第三产业就业。有研究证明,制造业在发展中国家对于乡村减贫的效果非常明显。[1] 浙江省还推出一系列农民培训工程,便于推动农民进入第二、第三产业就业。[2] 看来,地方政府一直关注经济后发地区乡村发展相对滞后的问题,并采取了一系列积极的措施,缩小发展差距。客观上说,农民搬迁以后得到的基本公共服务供给较之前都有了很大的改善。有些农民也因此开始适应并融入城镇生活。

不得不看到的是,农民搬迁并不全是成绩,随之而来的还有一些棘手的问题。在这场由地方政府主导的整齐划一的搬迁运动中,还是有一些农民不情愿搬迁,有的农民对地方政府的各种投入和关心根本就不领情。有研究专门关注了经济先发地区乡村城镇化,发现从自发到国家主

---

[1] Caridad Araujo, Can Non-Agricultural Employment Reduce Rural Poverty? Evidence From Mexico, *Cuadernos de Economía*, Vol. 41, No. 124, 2004, pp. 383-399.

[2] 从20世纪90年代开始,浙江省实施了国家八七扶贫攻坚计划;2000—2002年,实施了百乡扶贫攻坚计划;2003—2007年,实施欠发达乡镇奔小康工程;2008年,开始实施低收入农户奔小康工程。这些工程的实施,包括近几年的省委"一号文件",都在政策和机制层面对农民搬迁起了推动作用。

导的乡村城镇化凸显了村落共同体和农民的适应与发展问题。① 那么，农民难以适应政府积极推动的城镇化运动的原因是什么呢？从理性计算的角度看，改革以来，经济后发地区发展的相对滞后激起了有些农民的相对剥夺感，这种内在的发展愿望，本应成为农民适应政府主导的发展干预的主观条件。但事与愿违的是，政府在有些时候却吃力不讨好。对于普通的农户而言，农民天生就担心风险。出于各种理性的考虑，在没有十足把握的情况下，农民一般不会冒险放弃农业进入非农产业。在乡村，多数滞留乡村的农民本来就缺乏从事第二、第三产业的劳动技能和经验，加上受教育程度普遍不高，因此他们在没有足够的外界帮助的前提下，本身也难以脱离农业。但这并不是说，农民天然就不喜欢城镇生活所包含的基础设施便利、就业机会更多等好处，更多是因为处于糊口阶段的农民根本就没有任何冒险的资本。

然而，还不能及早断言，不愿搬迁的农民都是生活所迫，因为地方政府在推动农民搬迁过程中的确还有需要反思的地方。在乡村发展干预中，除了推动乡村减贫工作以外，政府还推动公共服务集中化以减少在乡村社区基本公共服务供给的成本。由于丽水当地的许多山区村落地理空间分散，政府在提供基本公共服务时，不得不承担高昂的供给成本。中央和省级层面开展的城乡统筹等名义下的基本公共服务供给，解决了当地乡村基本公共服务供给长期短缺的尴尬局面。通常情况下，上级政府为了调动地方政府在乡村基本公共服务供给方面的责任，还会要求地方政府针对上级拨款提供资金配套。在有些经济先发地区，地方政府不断加大在基本公共服务供给方面的投入。对他们来说，地方政府投入得越多，获得上级政府的支持就越多。而对于经济后发地区而言，上级政府提供的资金越多，地方政府需要的配套资金也就越多，这实在是个难题。在并不坐拥大工业和大城市的前提下，地方政府财政收入不高，本来就已经依赖上级政府的转移支付，想要对分散的农户大量投入资金以改善基本公共服务供给，是难上加难。

更严重的是，如果地方政府在推动农民搬迁中还夹杂着对土地资源

---

① 周大鸣：《中国乡村都市化再研究：珠江三角洲的透视》，社会科学文献出版社2015年版。

的需求,就会使问题更加复杂。客观上讲,中国传统村庄的确存在农户居住分散,住房占地面积大等问题。加上工业化和城镇化的拉动,大量剩余劳动力外流,也造成许多农户的住房闲置。因此,有人主张,应通过整合改造农户的住房,缓解当前的土地需求压力。[①] 在丽水,鉴于当地的地质特征和生态功能区的定位,本来就缺少土地推进工业化和城镇化,因此更希望推动农户搬迁,集约节约利用土地。有人指出,地方政府积极推动城镇化的动机之一是,希望获取土地的级差收益。[②] 工业化和城镇化的发展惯性对经济后发地区的影响还是比较大的。对于市县政府而言,如果将土地等资源投入到工业化和城镇化,比单纯投入农民搬迁这样的工作产生的效益会更大。因此有人断言,乡村社区中人为推动的"上楼""造城"式城镇化不可能获得成功。[③]

在实际推进过程中,省级层面通过"山海协作"这样的机制,让宁波等沿海经济较强的地市对接丽水这样山区的地市,开展对口的支援和扶贫。特别是在农民搬迁、旧村改造等问题上,发挥优势,支援丽水等地的乡村整合。从微观上看,这是一项兄弟地市之间的友情援助,目标是为了实现全省经济社会的均衡发展。但从宏观上看,经济实力较强的地市不完全是义务性的帮扶。尽管具体支持丽水乡村整合的一些部门或个人是出于上级要求和自愿帮扶,但在省级层面对土地和发展规划的统筹层面,经济先发的地市整体上从中获益。例如,丽水当地的土地整理产生的土地指标,有些是用于当地农民的安置和地方经济发展所需,有些就由全省占补平衡来统筹,用于支持经济发达地市的工业化和城镇化发展。也就是说,丽水多出来一亩耕地,发达地市可能就在不影响全省耕地控制红线的前提下,获得一定的耕地占用指标。

其实,无论是地方政府,还是农民,在搬迁这个问题上其实各有各的考虑。农民之所以有顾虑或者反对,主要是因为离开自己熟悉的生产、生活环境的风险难以预测。农民并非天然就喜欢生活在艰苦的环

---

① 楼江、祝华军、蔡建秀:《城镇化快速推进地区村庄改造研究——基于上海市郊区的调查》,《农业经济问题》2010年第3期。

② 刘守英:《集体土地资本化与农村城镇化——北京市郑各庄村调查》,《北京大学学报》(哲学社会科学版)2008年第6期。

③ 李强、张莹、陈振华:《就地城镇化模式研究》,《江苏行政学院学报》2016年第1期。

境，他们也追求良好的工作和生活环境。但在外部支持不足的情况下，有些农民宁肯还生活在艰苦的环境中。地方政府之所以积极和主动，主要是因为推动农民搬迁，不但能够推动农民转向非农产业达到减贫的目标，而且能够减少乡村社区基本公共服务供给的成本。不可忽视的是，由此产生的土地指标也给地方政府的收入和发展都带来机会和空间。对于这种一箭三雕的工作，地方政府的积极态度就不足为奇了。有人指出，地方政府在开展乡村建设的过程中，必须处理好与农民之间的关系①。在农民搬迁这个问题上，地方政府其实更多的是要处理好与农民之间的利益关系，进而正确地履行自己在现代治理体系构建中的角色定位。

---

① 王卫星：《美丽乡村建设：现状与对策》，《华中师范大学学报》（人文社会科学版）2014年第1期。

八 下乡还是返城:当村官的大学毕业生

在经济先发地区,工业化和城镇化对乡村的影响极为深刻。改革以后,乡村青壮年劳动力大量进入工业和城镇工作和生活,造成乡村发展中青壮年劳动力的极度缺乏。对于经济发展相对滞后的地区而言,工业化和城镇化的深入推进导致了乡村经济的绝对增长和较为普遍的相对衰落。为了解决乡村发展进程中人才相对匮乏的问题,经济先发地区较早开展了制度创新的探索。

(一) 经济先发地区的经验推广

大学生村官这种工作机制诞生于地方工作创新,因其带来多方获益的结果,因此受到上级的重视。在实践中,大学生村官很快发展成为一种人才培养和供给机制,并在解决大学生就业、后备干部培养和乡村人才需求等方面发挥了独特的作用。大学生村官的诞生和发展经历了三个主要阶段。

第一阶段是地方政府工作创新(1995—2003年)。在经济先发地区,乡村发展需要大量人才,加上村级组织工作待遇也好,就会吸引大学生前往工作。因此它就诞生于经济较为先发的江苏省[①]。江苏省首先尝试招收大学毕业生到乡村工作,具备内外双重因素的作用。一方面是因为江苏省乡村经济较为先发,生活条件本来就不错。另一方面,作为一个高等教育大省,每年大量的高校毕业生就业也开始成为社会问题。较早参与这项工作的组织部干部 GXY 这么评价:

[①] 1995年,江苏省实施了"雏鹰工程"代表着大学生村官的诞生。

> 我们省大学多，大学生也就多。我们这里的农村在全国来说还算是富裕的，村里的待遇不比单位差，当然能吸引大学生。我们这里很多地方说起来是农村，其实比许多地方城里都好多了。

第二个阶段是地方经验的传播（2004—2007 年）。鉴于江苏省在招收大学生到乡村工作的经验，许多省份发现开始面临就业难题的大学生给乡村提供了招收人才的机会。到 2004 年，有 10 个省市学习了这种经验。由于大中城市就业压力比较大，中共中央办公厅和国务院印发了《关于引导鼓励高校毕业生面向基层就业的意见》，试图从指导思想上改变一部分大学毕业生就业的趋向。当然，各地在开展这些探索的时候，也就有了政策依据，就逐步推开这项工作。到 2008 年初，全国就有 17 个省市推行了这些工作。丽水的大学生村官试点工作开始于 2006 年，并于次年正式面向大学毕业生公开招考。在谈到大学生村官招录工作试点的时候，丽水组织部的干部 YYH 这么回忆：

> 江苏招大学生到农村工作的事情是早就听说了。后来浙江省也开始搞，我们基本上是按照省里的要求开展试点的。招聘大学生到农村去，利弊我们还是有认识的。不是说当初不积极，因为对政策的理解和掌握要有个过程，毕竟这不是我们首创的。反正当时中央和省里都有文件依据，我们就结合自己的情况开展。省里开始说是开展试点，我们也派人到江苏去学习考察。

从时间上来说，丽水招收大学生村官到城乡社区工作不算是早的。一方面是因为丽水作为经济后发地区，当地乡村的工业化和城镇化进程都相比缓慢，因此难以在吸引人才方面占有先机。另一方面也是因为当地制度创新的动力并不强劲，在乡村人才需求方面得益于国家推行典型地区经验。

第三个阶段是工作全面铺开（2008 年至今）。2008 年 3 月，中组部、教育部、财政部和人力资源与社会保障部联合下发《关于选聘高校毕业生到村任职工作的意见（试行）》。四个部门联合发文表现了全国层面对大学生村官的态度和意见。中组部的参与是从政治上认可大学生村官的合法意义和地位，从而给许多大学生积累政治履历、唤起政治收益的预期提供了相当的保障。此外，为了让优秀的大学毕业生在乡村安心工作，中组部还尽力解决他们的后顾之忧。他们可以通过单独招考的形式，考入公务员队伍。在公务员和事业单位招录的时候，大学生村官还享受指标倾斜的优惠。除此之外，大学生村官在公务员和事业单位的工作中，还具备一定工作履历上的优势。教育部的参与既有大学毕业生主管部门的身份原因，也能够为大学生村官今后参加研究生入学考试享受优惠政策提供背书。财政部的参与是要解决这样一批人才进入乡村工作所需的财力支持问题，以确保他们的待遇落实。人力资源与社会保障部的参与涉及大学生村官的人事关系管理问题。作为就业的主管部门，人力资源与社会保障部除了帮助解决大学生就业，它还是大学生村官工作履历的认可部门。

由于政府的积极推动，大学生村官招录工作很快在全国 31 个省级行政单位铺开，连新疆建设兵团也不例外。① 由于中央组织部是中央层面管理干部的专门机构，它牵头负责大学生村官工作，就使得大学生村官计划很快演变为一种人才选拔和培养的工作机制。2014 年 5 月 30 日由中组部召开的全国大学生村官工作座谈会，确定了大学生村官的选拔、任用、考核、发展等一系列严格程序。为了确保这种工作机制的严肃性，中组部和各省也分别颁布了相关规定，明确了许多问题。对于丽水而言，经过几年的发展，大学生村官的数量也有一定的规模。②

---

① 截至 2013 年年底的官方数据显示，全国报考大学生村官的大学毕业生累计有将近 300 万名，大约仍有超过 22 万名大学生村官在岗。从性别比例上看，大学生村官中女性的比例超过了 55%。就学历层次来看，如今大学生村官中高学历的毕业生也逐步增多，其中在岗的大学生村官中就有 19 位博士研究生。硕士研究生的数量已经有 7857 人，比例也达到了 3.6%。但从总数来看，本科毕业生仍然是大学生村官的主体，占到总数的将近 73%。从毕业院校的类型上看，大学生村官的岗位还吸引了一些教育部和中央部门直属院校的毕业生。这些高校的毕业生已经超过 25000 人，超过总数的 11%。出于有些岗位的报考要求以及今后的工作需要，大学生村官中的党员比例较高，达到了将近 62%。

② 截至 2013 年年底，丽水总共有在岗大学生村官 1007 人。2013 年，新选聘的有 424 人，续聘 19 人。其中，到 2014 年，期满的有 156 人。从性别比例看，大学生村官中男性有将近 37%，女性有超过 63%。在丽水，大学生村官中女性的比例远远超出男性，并且比全国的比例还高出将近 8%。从学历层次上看，丽水招录的大学生村官中本科毕业生的比例非常高，超过了 92%。拥有硕士以上学位的大学生村官只有 8 人，只占总人数的不到 8‰。大专学历的大学生村官占到总数的 7%。丽水大学生村官中的主体是以本科学历为主，硕士以上学历层次的比例只有全国平均水平的 1/4。大学生村官中党员的比例仅仅超过全国平均水平的 3%，应

（二）政府主导的人才吸纳机制

在丽水，大学生村官的招录环节与全国其他地区没有太大的差异。仅就招录工作本身而言，丽水既有全市层面招录的计划，也分县市区根据需求招录。就招录的方式而言，丽水主要有择优选聘和公开选聘两种方式。其中，择优选聘的对象仅限于"211"和"985"院校的大学应届毕业生，或者是硕士研究生以上学历的应届毕业生。由此可见，所谓的择优并不仅仅是从报考对象中选择优秀的人员，还包括选择优质的大学毕业生群体招录的含义。同时，出于当地乡村发展的需求，在择优选聘的对象中，丽水还倾向于招录水利和农业相关专业的应届或往届大学毕业生。同时，丽水还在浙江省选调生村官考试进入面试环节的应届大学毕业生中招录大学生村官。对于这些优质生源，丽水没有设置笔试环节，考生只需参加面试即可。另外一种类型的生源也不需参加考试，就是浙江省选派的"两项计划"人员。①

公开选聘就是针对普通的应届和往届大学毕业生。这样的考生就需

该说这个群体的政治取向上的偏好无论性别、学历等原因，还是有很大的相似性。就所学专业类型而言，社科类的毕业生有504人，理工类毕业生有292人，农林渔牧类毕业生有22人，其他类有189人。就毕业院校的层次而言，有将近74%的大学生村官都毕业于地方所属院校，教育部及中央部门直属院校毕业的大学生村官只占7%，"985"和"211"院校毕业的大学生村官只有3%，民办和其他高校毕业的大学生村官占到19%。

① 为积极引导和鼓励大学生到实践中去、到基层和艰苦地区去，经受磨炼、健康成长，浙江省分别从2003年和2004年开始实施大学生志愿服务我国西部计划和浙江省欠发达地区计划，并通常简称为"两项计划"。参加浙江省"两项计划"期满当年的浙江生源、本科、党员毕业生，本人自愿且具备选聘条件的，可任选生源地或本省服务地的一个岗位报考，可简化选聘程序，直接通过考核方式予以聘用。聘用后，其志愿服务期视作在村或社区的工作年限。参加浙江省"两项计划"服务期满、考核合格，且累计具有2年及以上基层工作经历的人员可报考面向服务基层项目人员的定向职位。"两项计划"志愿者在服务期间可以报考所服务的县（市、区）公务员，既可以应届高校毕业生身份报考，也可以社会人员身份报考；服务期满后一年内，可以应届高校毕业生身份报考公务员；服务期间和服务期满后，也可以社会人员身份报考户籍所在地的公务员。相关的政策依据可以参阅《关于实施大学生志愿服务西部计划的通知》（中青联发〔2003〕26号）、《关于做好2004年大学生志愿服务西部计划工作的通知》（中青联发〔2004〕16号）、《关于统筹实施引导高校毕业生到农村基层服务项目工作的通知》（人社部发〔2009〕42号）等文件。赴新疆和兵团志愿服务的"两项计划"相关规定可以参阅全国项目办发〔2011〕6号文件。赴西藏志愿服务的"两项计划"相关规定可以参阅全国项目办发〔2013〕7号文件。

要参加笔试和面试两个环节,他们需要通过正式的考试,才有可能被录用。由此可见,丽水针对优势生源、急需专业以及高学历人才适当简化了招录环节,目的是为了吸引更优秀和更对口的人才投身于当地的乡村发展和治理中。丽水招录大学生村官的主体还是通过公开选聘的方式。① 这一方面是为了确保大学生村官招录工作的公平和公正,另一方面也是为报考像丽水这样经济后发地区的普通大学毕业生而设置的。

大学生村官一旦录用,由县市区的组织和人力资源与社会保障部门与其签订两到三年的聘用合同。受聘的大学生村官工资待遇并不高,各省有自己的规定,但国家也有些刚性规定。为了确保大学生村官的利益,国家限定大学生村官的最低待遇标准,即不低于当地上一年度企业职工平均工资。在丽水,市级层面要求各县市区招录的大学生村官的薪酬待遇达到乡镇或街道新录用公务员试用期满后工资收入水平。同时,市级层面还要求各县市区为大学生村官提供五项基本保险、人身意外伤害保险和住房公积金。工作业绩突出和群众认可的大学生村官还能得到奖励补贴。由此可见,丽水给予大学生村官一定的政策倾斜。其他优惠条件根据《浙江省选聘到村和社区工作高校毕业生管理办法(试行)》,大学生村官本质上是志愿者,既不是公务员,也不是事业单位工作人员。LSM 认为:

> 有些大学生考村官,其实是为了"曲线救国"。一下子考不了公务员或事业单位,当几年村官就可以获得一大堆的优惠条件。

大学生村官的经历还给他们更多的进入行政体系的机会。如果工作两年以上,可以参加选调生考试。每年的公务员招录还有专门面向大学生村官的岗位。而且,县市区和乡镇的事业单位也划出一定比例的名额用于招录大学生村官。大学生村官如果报考硕士研究生,不但享受加分政策,还能够在同等条件下优先录取。大学生村官如果被行政事业单位录用后,在村官岗位上的经历可以计算入其工龄,且承认他们的社会保险缴费年限。对于愿意到西部和艰苦地区乡村工作的大学生村官,国家

---

① 从名额分配上看,2015 年新招录的大学生村官名额为 123 名,其中择优选聘的有 30 名,占总数的将近 1/4;公开选聘的有 93 名,超过总数的 3/4。

还允许其户籍留在原处。

　　大学生村官的招考也有一定的身份限制,即只招收应届大学毕业生。而且,它只招收普通高校全日制普通本科的毕业生,因此像函授、网校等毕业生就不能报考。此外,浙江省在招考大学生村官时,还有一些刚性条件的要求。例如,应届毕业生必须在校成绩优良,并在如期毕业时取得学历和学位证书。但对于什么是优良也没有量化规定。其次,应考大学生村官的应届大学毕业生必须是中共党员或预备党员,并且担任过学生干部。在实际工作中,浙江省还出台了《关于修订〈浙江省公务员录用考察工作细则(试行)〉有关条款的通知》(浙人社发〔2014〕149号),对大学生村官报考公务员的身份有特殊规定。浙江省还规定,大学生村官的招考需要满足报名1∶8的比例要求。但如果报名比例超过了1∶20,其余考生就要改报其他岗位。而且,为了确保考试具有一定的竞争性,因此要求真正缴费确认的人数必须超过招考计划的3倍。

　　为了发挥这些大学生村官在乡村发展中的作用,对他们在村组织中的身份予以规定。对于中共党员的大学生村官,一般都被安排村党组织书记助理职务,其他人一般会安排村委会主任助理职务。在丽水,大学生村官第一年会担任远程教育站点的管理员、乡村规划指导员、乡村信息员、政策宣传员,便于他们尽快熟悉乡村工作。具体而言包括,要求他们整理涉农政策、走访农户、学习实用技术、写出调研报告,并提出发展建议。这些活动作为其进入乡村工作的热身环节。大学生村官任职第二年,担任村两委委员或以上职务。在村务管理工作中,他们一般是有具体分工的实职。具体包括,帮助农民建立专业合作社,负责村庄的各类文体活动,调解农民之间的矛盾和冲突等。大学生村官的日常管理是由所在乡镇党委副书记或组织委员负责。一个任期只要考核合格,就可以续聘。但任满两个聘期还未当选两委副职以上干部,就会被解聘。

　　如果是选调生村官,就可以被分配到乡镇和街道工作。如果被乡镇录用为公务员,就要担任大学生村官3年。浙江省也明确规定,担任大学生村官期间,不能借用到乡镇及以上级别的机关工作。选调生村官在工作满一年以后,就可以根据公务员管理规定定级。选调生在工作满三年后,就需要回到所在乡镇或街道工作。如果考核优秀,还有机会被提拔到乡科级领导岗位。浙江省的公务员招考还专门划出一定比例的名额，面向大学生村官选拔，但会优先从选调生中选拔。

由于大学生村官这个群体越来越大，因此需要提供政策指导。中组部、中央编办、教育部、财政部等部门下发了《关于进一步加强大学生村官工作的意见》，对大学生村官的选聘、管理、培训、考核、选拔、流动等做出明确规定。[①] 从上级部门对大学生村官的态度来看，主要集中在四个方面，即能够下去、待住、干好和流动。下得去，解决的是大学毕业生不愿到乡村工作。工业和城镇是吸引人才的地方，乡村不是。如果要解决大学毕业生到乡村工作，这只能靠利益机制的激励。当然，这种利益机制既包括解决他们的就业问题等利益，也包括未来作为政治履历的政治利益。诸多优惠政策就是为了吸引青年人才到乡村。不同的是，这种机制不仅仅是为了乡村发展，也希望通过乡村艰苦环境的历练，为今后各个领域提供了解国情、能够与广大农民沟通的群体。待得住解决的是大学毕业生能够在乡村工作一个时期，甚至长期为乡村发展服务。这个目标就比下得去更具体，且明确服务于乡村发展。这些受过高等教育的人才，是否能够真正了解乡村发展的症结还是问题，但至少给乡村发展注入了新鲜的力量。从青年人对发展的定位来看，单纯在乡村基层干一辈子，不是多数人的愿望，从往年离开的情况也可以看出，许多都通过提任、经商或深造等路径离开了乡村。如今乡村地区兴起的电子商务，似乎给有些大学生创业提供了契机。他们可以帮助农民把东

---

① 自2008年，中组部会同有关部委，先后出台了多个关于大学生村官工作的政策性文件：中共中央组织部、教育部、财政部、人力资源和社会保障部关于印发《关于选聘高校毕业生到村任职工作的意见（试行）》的通知（2008年4月10日）；中共中央组织部关于印发《选聘高校毕业生到村任职工作有关问题的答复意见》的通知（2008年8月21日）；中共中央组织部、中共中央宣传部、教育部、公安部、民政部、财政部、人力资源和社会保障部、农业部、国家林业局、国务院扶贫办、共青团中央、全国妇联关于印发《关于建立选聘高校毕业生到村任职工作长效机制的意见》的通知（2009年4月7日）；中共中央组织部、中共中央宣传部、教育部、公安部、民政部、财政部、人力资源和社会保障部、农业部、中国人民银行、国家林业局、国务院扶贫办、共青团中央、全国妇联关于印发《关于做好大学生"村官"有序流动工作的意见》的通知（2010年5月10日）；中共中央组织部办公厅、民政部办公厅、农业部办公厅、中国人民银行办公厅、共青团中央办公厅关于鼓励和支持大学生"村官"创业富民的通知（2009年9月11日）；中共中央组织部、中央机构编制委员会办公室、教育部、财政部、人力资源和社会保障部、国家公务员局关于印发《关于进一步加强大学生村官工作的意见》的通知（2012年7月29日）。

西卖出去，他们自己也可以借此寻找创业和发展的机会，有一天可以成为带领乡村发展的人物。干得好当然依靠严格的考核制度。奖优惩劣是考核的重要功能。如果希望继续留在岗位上工作，就需要进入村级组织。这就需要大学生村官的工作得到农民的认可。一旦进入不了村级组织，三年之后就要离开。能力强的人，会以此为跳板，进入乡镇工作，成为正式在编公务员或事业单位编制。也有人依靠考研的优惠政策，进一步深造。当然也有人发现商机，开启自己的商业和实业道路。就奖励来说，以上的优惠政策就是服务于让这些人才在岗位上好好表现。但问题是，如果说，考核的主体是乡镇党委，如何考核，如何运用考核的机制引导大学生村官服务于乡村发展，是一个复杂且技术性较强的问题。最后是流得动，并不是让大量的大学毕业生滞留乡村。这种机制的好处在于，可以吸引青年人才投身乡村发展，不但具有国情教育、实习实践的作用，而且可以为乡村发展源源不断地提供人才支持。弊端在于，优秀人才往往会利用各种优惠政策，最终离开乡村。这种流动机制也可以对之前的干得好是一种激励，让优秀人才敢于到乡村去。由此可见，乡村发展的人才缺乏问题非常突出。

（三）投身乡村发展的外来精英

从上级政府的政策定位来看，服务于乡村发展并不是全国层面选拔大学生村官的唯一原因。大学生村官的选拔机制的确为乡村发展输送了大量人才，一定程度上缓解了乡村人才匮乏的问题。从组织部门归口管理的统一规范看，大学生村官被招录以后，需要先到乡村开展深入的调研，并结合个人的发展规划，服务于乡村发展。经过筛选，我们选择了丽水市松阳县招录的大学生村官 LYP 作为分析对象。这位大学生村官是 2007 年正式招录进入这个队伍的。

在被招录以后，他第一件事情是深入了解松阳县乡村发展的情况。他与其他 9 位大学生村官组成一个调查小组，对松阳县乡村经济社会发展现状进行了调查，并撰写了一份 7000 多字的调查报告。从调查报告和对他们的访谈可以看出，他们先分析了松阳县农业发展的现状。他们将松阳县农业发展的成绩概括为三个方面，即发展势头良好的主导产业、增长较快的农民收入、变化较大的乡村面貌。在对主导产业的分析中可以看出,他们认为,松阳农业发展的主要成功经验在于抓住了茶叶这种经济作物的种植、加工和销售。他说:

> 松阳是个产茶大县。农民种茶的历史很长,哪怕"文革"期间,也有农民在一些山边、坡脚偷偷种茶。十一届三中全会以后,政策放开了,许多农民都放手种茶。但原来主要是茶产业的管理水平不高,市场占有率低。

他们在调研中发现,县级政府部门的品牌意识还比较强,并且树立了打造整个浙江省的生态绿茶生产基地和经销基地的目标。他们认为,松阳县的农业发展之所以有前途,主要是因为抓住了山区的特色。特别是像食用菌、高山蔬菜、香梨、脐橙等经济作物品种的选择,适合当地山区农业的特征。他们也发现,农业龙头企业和专业合作社在农产品销售过程中发挥了重要作用。农业龙头企业和专业合作社作为农产品最接近市场的销售端,能够带动农业生产基地的种养殖业。这种生产经营模式有助于帮助农户增收,并提高农业产值和农户收入。最后,他认为:

> 确保农产品的绿色种植和养殖有助于提高其市场附加值。特别是农产品生产标准的制定,对质量控制有很大作用。

针对农民收入增长,他们认为,正是由于确定了绿色、高品质农业发展方向,让农民有机会快速提高收入。特别是地方政府在其中发挥了重要作用,借助一系列政策、措施,有效地推动农民收入增长。在此过程中,地方政府推动的结对帮扶、创业扶贫等措施都有效地提高了农民的纯收入。针对乡村面貌变化,他们认为,地方政府推动的农民搬迁、旧村改造和宅基地复垦等工作,是促进乡村面貌改善的重要措施。这些工程有效地解决了当地乡村居民分散居住的问题,相对集中的乡村新格局不但从直观上让人感到局部复兴的势头,更让广大农民感受到基本公共服务供给的改善。特别是,当地探索的宅基地换养老的项目,通过拆除散居农民的住房,让老年的农民享受到养老福利的做法在当地作为一

种工作创新在推行。他说:

> 我们的宅基地换养老,就是在整村拆迁中,把五保户的老房子折算成为一定的货币价值。然后,在下山移民集中村建养老院。房产属于村里,五保户可以住进养老院,享受免费吃住服务。等他们百年以后,床位腾出来再给其他老人。

在对松阳乡村发展的利弊分析中,他们注意到了全国经济增长的惯性、区域经济的溢出效应以及当地发展高品质农业的自然条件。同时,他们也不回避农业发展中面临的基础设施相对落后、农业发展的外部投入匮乏以及农民进市场的各种局限。最后,他们提出了八项促进农业发展的措施。主要是从产业布局规划、农业生产的工厂化和商业化、政府的政策扶持等方面改进农业对农民收入增长的支撑作用。然而,从这几位大学生村官的调研报告中,也可以看出几个比较突出的问题:一是较多依赖各类政府报告和已经成型的资料,对乡村发展面临的矛盾、问题调研和分析不够;二是不知道从何处着手把握乡村发展的结构性矛盾;三是站在政府的视角观察乡村发展,解决问题的对策治标不治本;四是将市场化进程中政府的一些进退两难的具体工作做法简单地视为创新,但对其可能对乡村发展和农民利益带来的损害以及风险缺乏估计。

为了更加详细地了解大学生村官对乡村问题的把握以及对乡村发展的设想,就需要再分析一位大学生村官MCL,他是在松阳县赤寿乡界首村任职。刚开始,他就着手对其所在村庄的发展进行谋划。他先参与了以上县级层面的乡村发展调研,并开展了对其所在村庄的调研和分析。首先,他简单介绍了其在松阳县任职村庄的地理位置、人口构成、田地和山林面积之后,就了解到这个村庄的重要农作物是茶叶和柑橘。然后,他分别列举了该村庄的集体经济收入、农民纯收入。由于他没有与全县、全市的情况做过对比,因此也只有熟悉丽水当地农民收入的人才能大体上清楚这个村庄在当地乡村经济中的地位。同时,他也不忘捎带说明了一下村庄社会福利的现状。关于村庄发展面临的问题,他总共罗列了五项:一是村庄的第二、第三产业发展滞后;二是农民的实用技术和职业教育水平偏低;三是基础设施落后;四是村庄格局带来的乡村治理难题；五是当地的人文和自然景观没有发挥经济效应。针对这五个问题，这位大学生村官提出了规划发展目标，其中主要包括村内外道路修建、安置房屋建设、村庄康乐设施建设和历史文化载体的修复等。在改进措施中多次谈到发展成本，但他并没有说明资金来源。

在掌握了该村的优势之后，这位大学生村官提出了在该村发展农家乐的创业计划。在对农家乐项目进行规划设计的时候，他认为农家乐是城镇化进程中乡村自然和人文景观复兴的时机，并可能吸引一定的客源。特别是比起星级酒店，农家乐的住宿给了客人体验乡野文化的机会，因此会受到部分游客的欢迎。而且，农家乐的消费价格不高，因此具有一定的市场竞争力。然后，他对赤寿乡界首村的农家乐项目进行了深入的分析，并计划投资35万元用于设施建设。按照他的分析，界首村拥有19处清代古建筑，并伴有乡村的河流、道路等自然景观。特别是村庄旁边的万寿山有井、岩、洞、屏、峰、岭、台、廊、阁、亭等十处景观。受到毗邻遂昌县旅游业相对较为发达的溢出效应影响，可能会带动界首村的农家乐旅游业。对于该村农家乐的营销战略，他主要希望通过互联网和人际传播两种方式扩大宣传，以达到吸引游客的目的。村庄农家乐旅游的人均每天消费预算是80元，预计一年的收入可以达到28万元，附带农产品销售可以收入25万元。作为服务业的产业形态，农家乐也需要有一定的支出。据他测算，需要25万元左右的成本支出。在后期的调查中，我们发现，界首村在2014年共投入400万元修复村中的古建筑，并邀请高校的规划团队为其发展乡村旅游进行设计，最终以6个房间民宿的规模于2015年年底向外开放。如今，乡村旅游的效益还很难统计和预见。

尽管每位大学生都设计了创业计划，但在撰写个人成长与自我发展规划时，许多大学生村官仍然定位于考取公务员和事业单位。很少有人真正扎根乡村创业。在个人成长与自我发展规划时，他们对自己的优势、劣势的分析，以及对今后成长的设想中可以看出。他们并没有从心理上充分认同乡村发展工作，更多的是把自己视为大学毕业生，其他同学的就业成为他们选择今后发展方向的参照点。因此，在大量人才和青壮年劳动力流出乡村的大趋势下，他们无论从行动上还是心理上加入工业化和城镇化的大潮也就不足为奇。

在丽水其他地方的调查和访谈中，我们发现，如今大学生村官还有很多发挥受过高等教育的优势，在互联网领域为当地农产品的销售开拓了一个平台。因此推动了当地农产品电子商务的快速增长和发展，一定程度上解决了许多农民购物和农产品销售的两大难题。有些大学生干脆建立农业专业合作社，或开起了网店，帮助农民销售名特优的农产品。良好的销售渠道促进了农产品销售，并且也提高了农民收入。大学生村官 FCM 感慨：

> 我们是有一些电脑基础，但怎么开网店还不清楚。刚开始还比较难学，幸亏有电商讲师教。网店的销售款项需要一定的时间才能回到我们的账户上，因此就需要一定的资金才能运转起来。还有，如果有跳单的，损失就要我们自己承担。除了这些，还要着急物流问题。丽水经济不发达，物流也没有义乌这样的地方发达和畅通。并且，农产品重，又不好保存。说起来很多问题，好在都一一克服了。

遂昌县在全县所有行政村都建成了乡村电子商务服务站，鼓励大学生在服务站为农民代理缴费、预订、代购、农产品促销等电子商务业务。全县 51 名大学生村官在 2014 年间，都深入服务站学习和工作。像衢州这样的经济相对后发地区，也专门制定了《关于开展大学生村官"共创青春梦想，献力美丽乡村"活动的实施意见》，用于鼓励大学生村官投身农村电子商务，以推动乡村经济发展。按照这个文件的规定，衢州市的所有大学生村官都要在 2017 年之前参加电子商务培训，并通过评选在服务农业、依托乡村创业的大学生村官，来推动将大学生这个人才队伍用于乡村发展。从农村电子商务的兴起来看，无论什么专业的大学生，学校对其计算机应用能力都有一定的要求。如果经过电子商务的专门培训，就可以发挥这种通用技能在推动乡村经济增长方面的作用。据官方预计，这项政策有助于帮助农民增收 5000 万元以上。为了支持大学生村官投身到农村电子商务领域，政府通过协议的方式，推动银行为大学生利用电子商务平台创业提供 5 万—20 万元的贷款。更重要的是，这种贷款不需要信用担保，也给大学生村官一定的优惠。

（四）清晰又模糊的成长通道

大学生村官在乡村聘期期满，就面临着下一步的发展和出路问题。从对丽水的调研看，当地大学生村官在聘期满后基本上遵循了全国的规律。大体上看，大学生村官的出路有五种类型：继续留任，投身乡村发展；考取公务员，进入行政体系；发现商机，自主创业；攻读学位，继续深造；另谋职业。

第一是留在乡村工作。聘期期满考核合格的大学生村官，可由自己提出申请留在乡村工作。一般情况下，由所在县市区的组织和人力资源和社会保障部门审定以后，再续签合同，就可以留在乡村继续工作。只要到村工作一年，大学生村官就可以申请参加村委会换届选举，党员的大学生村官可以参加村党组织换届选举。如果当选村两委副职以上职务，大学生村官的身份和待遇并不会随着当选而消失，他们除了继续享受大学生村官的补贴之外，还可以额外享受所当选村干部职务的补贴。同时，一个聘期后，本来就已经担任村两委副职以上职务的大学生村官，可以参加面向优秀村干部的乡镇公务员定向招考。这让大学生村官进入公务员队伍有了一个特别的通道。如果大学生村官任满两个聘期，并且当选和任满一期村两委副职以上职务的话，他们还可以不通过考试，而通过考核的方式聘为乡镇事业单位工作人员。这种情况下，他们还可以留在原来的村庄工作。这个途径真正体现了大学生到乡村，并且进入公务员体系的特殊渠道，因此是名副其实的村官之路。

第二是报考公务员。为了提高大学毕业生到乡村工作的积极性，国家还专门为大学生村官定制了进入公务员队伍的办法，并向他们定向招录。特别是乡镇公务员岗位是向他们定向招录。前提条件是任满一期，并且当选村两委副职以上职务。当然还有一些其他的要求，例如考核优秀、实绩突出、群众认可等。如果达到这些要求，就可以通过公开选拔，直接担任乡镇科级领导干部。如果符合条件，还可以在乡镇领导班子换届时参选。如果担任了乡镇的党政机关领导人员或者通过公开选拔担任乡科级领导干部，这样的大学生村官就可以直接经过登记，成为国家行政编制内的公务员。另外的途径是,如果担任大学生村官满两年,有些大学生村官还可以参加选调生招考。因为选调生主要是从具有两年以上工作经历的大学生村官中招考,这也是大学生村官进入公务员队伍的一个重要途径。[①]

第三是自主创业。对于这么大数量的大学生村官,不可能全部进入公务员队伍,也不可能都进入事业单位。一部分大学生可能在乡村找到商机或在其他地方找到就业机会。对于政府而言,解决这些大学生村官期满后的就业问题也是一件大事情。原本由教育部门承担的就业压力,就变成组织和人事部门的压力了。因此,对于地方政府来说,愿意支持这些大学生村官自主创业。[②] 一方面,这些大学生可能带领农民致富。另一方面,解决了许多人就业问题。当然,政府也会给予他们一定的支持。一般情况下,政府支持除了直接提供少量创业资金的支持外,往往还会组织金融机构,给予创业者一定的金融服务支持。为了体现政府对大学生村官创业的引导,他们往往支持大学生在组织农民进市场、农业科技普及与推广、农业服务等领域。这样有助于真正弥补农民在迈向市场的过程中所处的劣势,让大学生把农业和农民摆渡到市场经济的对岸,也解决了大学生创业不接地气,找不到合适领域的问题。

第四是另谋职业。对于许多大学生村官来说,如果不能进入行政事业单位的编制,同时也难以创业的,往往就要选择自谋职业。对于这些重新选择的村官来说,政府还专门组织了面向他们的人才招聘会。当

---

① 大学生村官任期满后的就业有以下优惠条件。事业单位招聘时,要拿出40%的名额招收有两年基层工作经验的往届毕业生。其中,这40%的名额中在同等条件下,要招收大学生村官。

② 松阳县就建立了大学生村官的"3+X"的培养模式。3就是县乡村三级指导和帮扶大学生村官。X是通过多项优惠政策鼓励大学生村官安心乡村发展。在这个X项优惠政策中,还可以把大学生村官列入县乡的后备干部。当地面向大学生村官定向招录公务员的计划,还稍高于当年公务员计划的15%。而当地乡镇事业单位在大学生村官中招录的数额要高于招聘岗位总数的30%。对于创业的大学生村官,当地还为103名大学生村官提供了50%利率的优惠。更有意思的是,创业贷款的发放也和大学生村官的考核等次有关。例如受到县级及以上党政部门表彰的大学生村官可以获得10万元以内的贷款。年度考核为优秀的大学生村官,可以获得5万元的贷款。年度考核为称职的大学生村官也可获得3万元的贷款。如果当年考核不称职,就不能获得创业贷款。对于自主创业的大学生村官,政府减免一些行政事业收费,并为其提供小额贷款担保和贴息。

然，除了一些技术要求很高的岗位之外，许多用人单位倾向于聘用务实、肯干的员工。大学毕业生往往因为缺少社会经验，经常有用人单位担心他们眼高手低。但对于这些已经在乡村经过历练的往届毕业生来说，许多用人单位还是比较喜欢。当然，他们也担心，有些确实在乡村吃不了苦，表现一般的大学生村官并不是理想人选，他们还是希望择优录用。政府也积极引导一些大型国有企业招聘大学生村官，在大学生村官中起到示范作用，可以鼓励很多大学生村官在原有的岗位上安心工作，服务于乡村发展。除此之外，如果大量的大学生村官在期满之后失业，不但会给大学生村官选聘工作带来负面影响，也会使这些往届毕业生成为社会压力，因此政府还想了很多办法，甚至把他们推荐到社区、私营企业和公共服务等部门工作。

有些大学生村官确实能够较好地服务农民，当这些优秀的大学毕业生离开的时候，有些农民也很遗憾，因为能够服务乡村的人才最终还是选择了离开。例如景宁包凤村的金马洪就是一位大学生村官。他考上了乡镇公务员要离开的时候，许多农民非常留念。WLR 这么评价：

> 他刚来的时候，我们还真没把他当回事。这种学生到农村，就是转一下就回去了。谁会留在这乡下？后来发现，他还真能吃苦，头脑好使。

在丽水，大学生村官服务期满后，如果没有考取，就会收到合同期满的送达书。一般情况下，本科生会拿到一次性补贴1.6万元，专科生会拿到1.5万元的补贴，然后就要自谋职业。对于考取公务员和事业单位的大学生村官来说，今后有了一份稳定的工作。但对于大多数没有考取的来说，自然会有一些情绪。其中大学生村官 WMQ 就有如下的牢骚：

> 为什么当初把我们招进来了，现在就不管了。我们也是考进来的，最起码要安排个去处。

有些已经考取的大学生村官，WLF 相对比较理解这种处境：

> 大学生村官这个岗位本来就是给大家锻炼的。又没有什么正式编制。编制是要考的。如果考上大学生村官就有正式编制，可能也就没有那么好考的吧。就这样，我们也比其他人考公务员和事业单位容易一些。

第五是深造。服务期满的大学生村官，在参加硕士研究生入学考试时可以享受诸多优惠条件。一是在初试的时候，获得加 10 分的政策。二是在录取时，享受同等条件优先录取的政策。特别是对于人文社会科学类的一些专业，大学生村官可以在初试时享受 15 分的加分政策。对于每年一度的硕士研究生入学考试，竞争非常激烈，每年都有大量考生报考，面上的录取比例是 30% 左右，因此这样的加分对于大学生村官来说是难得的福利。最重要的是，大学生村官可以在离职三年内都享受这种优惠政策。

这五条道路中最多的还是考取公务员，这和中组部的意图相符合。[①] 许多参加大学生村官招考的毕业生主要是还把这作为自己进入公务员队伍的跳板，或者说为自己今后的政治前途准备的基层工作经验或履历。其次是考取事业单位。尽管事业单位没有公务员那么稳定，但在中国目前来看，需要通过考试进入的事业单位，往往还具有一定的稳定性，因此受到许多大学毕业生的欢迎。[②] 鉴于大学生村官在基层受到历练，许多大型企业也希望能招收一些吃苦耐劳的毕业生。像中国农业银行、中国人寿保险等都从大学生村官中招录人员。当然，希望深造的毕业生一般不太会选择这种途径获取加分，更何况村官的工作繁忙，他们也基本没有太多的业余时间用于准备应考，因此总共考上的比例非常低。到

[①] 从 2013 年年底的全国统计数据看，大学生村官中有 6.9 万人考取公务员，进入行政体系工作。考取事业单位编制的有 5.4 万人，也解决了编制和身份问题。自主创业的大学生村官大约有 1.3 万人。还有 5.2 万人进入企业工作。考取研究生的有 1900 多人。

[②] 前面的两类加在一起共有 12.3 万人，占到大学生村官的 1/4 还多。而进入企业和自主择业的只有 6.5 万人，只有前两类的一半稍多点。

2015年年底，丽水大学生村官的人数有大幅减少。① 从专业背景、就业愿望和今后发展规划都可以看出，许多大学生村官都没有打算继续做村官，服务乡村发展。

（五）讨论

市场力量在乡村的深入推进，还造成青壮年劳动力大量外流。人才匮乏也成为限制乡村发展的关键因素。大学生村官计划是在地方工作创新的基础上，由中央层面发起全国范围的乡村人才派驻工程。理论上讲，大学生村官计划既解决了大学生就业、满足了乡村发展的人才需求，也为国家培养了一批熟悉国情、经受过艰苦环境锻炼的人才。尽管国家在这个计划上的意图是多重的，但从实际上的确向乡村派驻了大量的大学毕业生。国家在政治上重视、政策上支持乡村人才派驻计划，并因此承担了大量的成本。就大学生村官的身份来说，他们既不是公务员，也没有事业单位编制。多数情况下，大学生村官都是通过选拔的方式进入。尽管选拔考试的竞争没有公务员招考那么激烈，毕竟也有一定的竞争性。对于乡村来说，大量的大学毕业生的进入在一定程度上满足了人才需求。作为一种工作机制，大学生村官计划的多种功能在乡村中

---

① 从丽水的情况看，2013年有259名大学生村官流动。其中，服务期未满离岗的大学生村官有183人，占总数的将近71%。在所有流动的大学生村官中，没有一个留村任职，也没有一个进入村两委班子的。进入公务员队伍的大学生村官有120人，占流动大学生村官总数的46%。其中有2人被选任为乡科级领导干部。在所有进入公务员队伍的大学生村官中，依靠大学生村官考录的优惠政策成功考取的有73人，社会考录的有45人，分别占61%和38%。聘期结束自主创业的大学生村官不多，总共只有7人。大学生村官另行择业的有115人，占流动大学生村官的44%。其中，通过社会招聘进入事业单位的有63人，占一半还多；定向招录为事业单位人员的有37人，进入国有企业或金融机构的有10人。特别是在丽水，大学生村官中成为选调生和考取研究生的人员都没有。全市在岗大学生村官的总数只有598人。其中，到2016年分别满一个和两个聘期的大学生村官总共有218人。在岗的大学生村官中，女性的比例攀升到67%，男性的比例下降到33%。从教育背景看，大学生村官中拥有本科学历的有566人，占总数的将近95%，比2013年的比例上升了3%。硕士研究生的比例维持在2013年的水平。大专学历大学生村官的比例进一步下降到不足5%。可见，大学生村官招录的门槛在逐步提高。同时，大学生村官的岗位也吸引越来越多的受过高等教育的青年人才投身乡村发展和治理。在岗的大学生村官的政治取向更加明确，党员的比例上升到75%，两年时间内增长了近10%。在学科背景构成中，社科类的大学生村官有249人，占近42%，理工类的有207人，占近35%，农林渔牧类的只有25人，占4%。就毕业院校的层次看，其中教育部及中央部门直属院校有29人，地方所属院校有480人，985和211院校有27人，民办高校和其他有89人。

得以实现。概括而言，国家主要借助大学生村官计划试图解决当前面临的三个突出问题。

一是国家担心许多干部缺少基层工作经验，因此给许多大学毕业生提供基层工作机会。无论从主管单位还是机制设置都可以看出，但从制度设置上看，大学生村官计划的一系列优惠措施，都体现出这是一个培养公务员队伍的蓄水池。对于进入公务员队伍的大学生村官来说，这种经历又成为干部履历的重要一笔。正是因为大学生村官中包含的这种意图，使得它从地方工作创新迅速成为国家层面推动的全国干部人才培养工程。这项计划很快引起中央的重视，并由中央组织部出面，将此作为一项特色的工作来推广。到地方层面，各地也交由当地组织部门负责大学生村官招录工作。这种方式强化了国家利用乡村场域培养干部人才的色彩，并在客观上表现为国家有计划、有目的地向乡村选派人才。在全国和丽水的大学生村官计划实施中，都可以明确地判断有些大学毕业生因此选择了这个途径，以进入公务员队伍。从身份上说，大学生有了在基层工作的经历，就具备了一种政治提升和学术深造方面的资历，并因此有机会享受一定的公务员招录或硕士研究生入学考试的政策优惠。在相关的研究中因此会有学者建议，大学生村官计划应扩大招收对象和范围，使其成为一种开放的基层官员选拔机制。[①] 作为国家培养后备干部人才的战略，大学生村官计划的实施环境就需要优化。[②] 大学生村官不是公务员，但他们通常要通过类似公务员考试一样的竞争性测试才会被录用。他们也没有正式的事业单位编制，但他们却享受着当地事业单位平均工资待遇和相同规格的社会福利。就待遇而言，大学生村官的岗位似乎又比企业更有吸引力。尽管他们没有这两种身份，但又明文规定，他们的工作管理和考核需要比照公务员的规定执行。考核的主管单位是所在县市区的组织部门、乡镇党委、村党组织。但从三者的分工来看，组织部门只是负责牵头，并不进行实质性考核，仅仅起到考核程序的督查、考核结果的存档等。所在乡镇党委是直接管理者，因此它才是考核的真正组织者。村党组织只是协助实施。具体的考核比照公务员的话，

---

① 陈忠：《大学生村官与中国政治生态：意义、问题与趋势——大学生村官的一种政治学分析》，《苏州大学学报》（哲学社会科学版）2009年第4期。
② 邓艳葵：《大学生村官成长环境及其优化》，《思想教育研究》2010年第7期。

村级党组织就更加不熟悉,也没有一套专门人员和规章制度考核,因此责任就落在了乡镇党委的头上。由此可见,大学生村官的考核机构实际上是所在乡镇党委。如果自己的工作是由上级政府决定的,那么大学生村官的机制又是对上负责的。当然,这种自上而下的体系,也可以将民意作为重要的参照指标。但如果乡镇党委不这么做,似乎又没有谁真正去干预。如此,难免会有人质疑,大学生村官计划到底是乡村建设的"生力军",还是新时期的"上山下乡"运动。[①] 言外之意,大学生村官计划到底是为了服务于乡村建设,还是为了培养返城的青年人才?尽管返城的青年人才具备一定的乡村工作经验确有必要,但其主要服务面向的不清晰造成这种工作机制的摇摆性。

二是解决一批高校毕业生就业难的问题,并适当缓解可能由此带来的社会矛盾。从全国和丽水大学生村官的数量来看,大学生村官计划总体上发挥了这个功能。然而,就这些大学毕业生的主观愿望而言,他们中的许多出于各种原因并不打算长期留在乡村工作。因此许多大学生村官明显感到待遇低、角色模糊和激励不足等问题。[②] 大学生村官的人事档案又没有进入所在的乡镇,而是由所在的县市区的组织部门或人力资源和社会保障部门所属的人才服务机构代理。这就说明,从性质上,他们并没有获得所谓的工作编制,仍属于自由签订劳动合同,由管理部门代管档案的类型,这就难怪有些大学生村官认为自己是临时工。由于大学生村官计划在实施过程中属于反向和短期的激励,因此导致大学生村官多从消极方面认识这种人才机制,难以维持长期效果。正向和长期激励措施包括加大投入、妥善安置等。[③] 但也有人认为,正是大学生村官计划的一些优惠政策才导致这种机制的短效性。[④] 客观上说,大学生村官流失严重既有政策方面的问题,也有大学生身份模糊、缺少地位的原

---

① 卢芳霞:《论大学生村官之出路——基于浙江绍兴市的调研》,《中共浙江省委党校学报》2010年第2期。
② 王志刚、于永梅:《大学生村官的择业动机、满意度评价及长效发展机制研究》,《中国软科学》2010年第6期。
③ 张文军:《论建立大学生村官长效机制的政策导向》,《河北学刊》2012年第5期。
④ 王瑞妮:《大学生村官职业发展长效性解析》,《西北农林科技大学学报》(社会科学版)2010年第5期。

因。① 如果单纯出于解决就业的需要，一方面国家可以改善大学生村官的待遇，关心他们的发展；另一方面大学生村官也需调整心态，真正面对乡村的发展难题。② 然而，鉴于乡村在就业吸引力上与城镇相比明显的劣势，许多大学生村官对自己的职业认同或长期投身乡村振兴的愿望并不高也在所难免。当然，这项计划的长期开展，的确会有源源不断的人才资源流向乡村。但计划的意图偏离或在执行中被误读，就难以发挥其应有的效果。即使是合同期满，这些事实上投身乡村发展外来精英的去向也成为问题。相关研究也触及类似问题。例如有研究发现，其主要原因是大学生村官顺利退出的政策不科学，退出的补偿不到位等。③ 如果他们转向其他岗位的途径并不通畅，就可能带来大学生村官的二次就业问题。④ 这样的话，仅仅是为了缓解大学毕业生眼前的就业压力，就无法从长远着手提高这项计划的效用。

三是满足新农村建设中乡村发展转型的人才需求。大量青壮年劳动力外流导致乡村发展的人才匮乏，急需一项人才支持计划。从实施的目的看，大学生村官计划给乡村发展注入了人才的活力。因此有人断言，这项计划的主要服务面向是新农村建设。⑤ 既然如此，有人提出，高校就应面向乡村对人才的需求做出人才培养上的调整。⑥ 但从实际看，不光是大学生，包括高校都很难预测毕业生的就业领域。即使有大学生的志向是服务乡村发展，也因为这项计划的准入条件限制很难就轻易入选。从大学生村官计划实施情况看，确实有一部分大学生村官在振兴乡村经济方面开始发挥作用。有些大学生村官创业带动了当地农民致富。⑦ 因此有人提出了激发动机、培养能力、培育项目、保障资金以及

---

① 郑强：《破解大学生"村官"流失困境的路径探析——以威海市大学生"村官"流失问题为个案》，《中国青年研究》2012年第9期。
② 朱哲、周慧、李冰梅：《选聘大学生村官工作存在的问题及建议》，《学术交流》2010年第10期。
③ 郑明怀：《论大学生村官退出机制的障碍及改善》，《中国青年研究》2011年第6期。
④ 黄金辉、杨富坤、韩冬梅：《大学生村官计划运行现状与优化途径探析——基于中西部部分省市问卷调查的实证分析》，《社会科学研究》2012年第6期。
⑤ 江苏省委组织部、江苏省委研究室课题组：《大学生"村官"工作长效机制探究——以江苏省为例》，《南京大学学报》（哲学·人文科学·社会科学版）2010年第3期。
⑥ 张维贵：《论大学生村官与新农村建设》，《经济体制改革》2010年第1期。
⑦ 聂邦军：《大学生村官创业的长效机制研究》，《中国青年研究》2011年第6期。

防范风险等一揽子策略，帮助大学生村官创业。①调研中也可以发现，许多大学生村官真心希望为乡村发展贡献力量。从他们的职业发展规划以及他们制定的村庄经济发展计划都可以看出，许多大学生村官至少在其履职期间对乡村发展还是抱有很高的热情和期待。尽管他们也制定了许多乡村发展干预计划，但也没有专业人士指导他们，所以不知道制定的计划是否可行。在乡村工作实践中，他们积极开展经济干预，提高村庄基本公共服务供给的水平和质量。结果，因为种种原因，有些大学生村官的计划并不能有效地落地实施，有些实施后也感觉效果不佳。在有些地方，大学生村官变成弱化的国家政策嵌入者、村务工作的秘书、无根的乡村治理者。②中央在全国层面有计划、有目的地引导青年人才投身乡村发展，为此提供了政策和资金的大量支持。结果是，这个工作机制确实吸引许多大学毕业生进驻乡村社区。许多大学生村官本身在面对群体之间的差异时，表现出心理上的积极适应和认同倾向。③然而，不容回避的是，由于这些大学毕业生多数并不是专业的乡村发展干预人才，所以他们的实际干预效果并不理想。尽管乡村发展急需人才支持，但如果人才供给无法发挥应有的效用，可能也会带来发展干预事倍功半的问题。有研究也发现，由于大学毕业生本身缺乏乡村发展方面的工作经验，在政策不健全的前提下，有些在乡村发展中难有很大作为。④由于许多大学生村官本身对乡村发展工作并不熟悉，这些国家选拔派驻的精英在乡村发展中所发挥的作用是有限的，加上他们自身对此认同度不高，因此更削弱了这项人才资助计划的效用。加上该项计划所规定的合同期限，大多数大学生村官在乡村停留的时间不长，使得这项人才工程更多表现为培养了一批在乡村的艰苦环境中经受过锻炼的青年，而不是为乡村发展转型稳定地输送专业化人才。可喜的是，有些大学生村官通过公务员考试进入乡镇政府部门工作，能够继续服务于乡村发展。然而，就目前乡村发展面临的困难来看，乡村社区迫切地需要一支专业化

---

① 尹德志：《构建促进大学生村官创业的可持续发展机制》，《理论与改革》2011 年第 4 期。

② 郭明：《游走在国家政策与农村社会之间：杜镇"大学生村官"的个案》，《青年研究》2012 年第 2 期。

③ 郑庆杰：《飘移之间：大学生村官的身份建构与认同》，《青年研究》2010 年第 5 期。

④ 姚东瑞：《大学生村官成长环境分析》，《中国青年研究》2010 年第 10 期。

队伍。否则，像大学生村官计划一样，中央和地方政府的投入很大，所产生的效果难以达到预期。有些优秀的大学生村官，也得到各级政府的表彰，有些进入基层公务员队伍，有些获得提拔，反倒是增强了这些计划的政治锻炼的色彩。从积极意义上看，大学生村官计划让人才匮乏的传统乡村有了吸引青年人才的机制。从消极意义上看，乡村的发展转型面临着与之前时期相比更多的困难和问题，因此更加需要专业化的干预和支持。因此，这项工作机制仍需在实践中完善和改进。

四是从乡村治理的视角审视大学生村官计划，其中也有些问题需要关注。从属性上讲，村级组织是当前中国乡村的自治组织，大学生村官则是通过考试或条件设定选拔的方式进入乡村治理。他们既不是国家派驻村庄的正式官员，也不是经过农民选举产生的村两委成员。[①] 本来，村庄自治组织的领导机构是由大会或代表大会选举产生，党组织由党员或党员代表选举产生。大学生村官在被选举进入村两委之前，还很难称得上"村官"。问题不在这里，而在于大学生村官并未因此受到乡村社会的普遍抵制。原因不在于乡村社区不愿维护自己自治的属性，而是因为大学毕业生整体教育程度远远超出现有的村级组织成员，对原有的村级组织结构有一定的改善，因此受到当地群众的容忍或者说欢迎。有人认为，大学生村官计划反映国家改变了整合乡村的路径，采取精英整合乡村。[②] 对于这些外来的精英参与乡村治理，有人提出大学生村官"乡土化"的想法。[③] 当然，具有当地乡村社区成长背景的大学生可能更了解当地，能够精准地开展乡村发展干预。值得注意的是，国家借助这些外来精英整合乡村的意图并没有受到抵制。一方面反映了乡村人才匮乏，农民对发展的渴望远远超出其对字面意义上自治的捍卫，另一方面也为中国乡村转型过程中探讨新型治理模式留下空间。在转型国家，乡村治理模式的构建既有人为设计的因素，也依赖各类矛盾和问题的配置和解决路径，因此逐步形成诉诸政治现实的制度设计。

[①] 刘文慧、宋远军、颜勇、翁阳：《困境与出路：大学生村官的法律地位》，《中国农村观察》2010年第5期。

[②] 付建军：《精英下乡：现代国家整合农村社会的路径回归——以大学生村官为例》，《青年研究》2010年第3期。

[③] 邓喆：《大学生就业问题分析——以大学生村官为例》，《国家教育行政学院学报》2014年第6期。

九 是土还是洋：返乡华侨的理想与现实

在过去皇权不下乡的时代，乡绅扮演过乡村治理的领导角色。1949年以后，乡绅做为一个阶级被铲除。在之后的30年里，共产主义体制让乡村社区服从于国家工业化战略。随之造成的乡村发展的普遍问题也迫使国家开始倡导市场化改革。然而，快速的经济发展并不是让所有的村庄都获得高度的发展成就。面对发展相对滞后的故乡，有些外出创业的精英选择了返乡。这些精英人士对振兴乡村既熟悉又陌生，因此被称为"半土半洋"的华侨村官。他们投身乡村经济，弥补国家基本公共服务供给的不足，有些直接当选村官参与乡村治理，因此成为乡村变迁的新群体和新现象。

（一）市场大潮中的幸运与不幸

由于受到西方资本主义的影响，青田人早在明朝（1368—1644年）末期就开始移民欧洲。地理条件和动荡的政治环境是促使当地人移民欧洲的两个主要原因。① 山区的地理条件使青田当地的耕地数量极少，能够养活的人口数量有限。由于青田在历史上经常受到自然和人为灾害的

---

① 青田县面积2493平方公里，其中89.7%是山地，只有5.3%是耕地，因此它在地质特征上被描述为山区。青田县的耕地只有16.3万亩，人均耕地只有0.34亩。2006年，青田县辖436个行政村。我们在村庄里开展调查时发现，有近一半的本地农民在国外生活或居住，乡村留下的农民多数依靠传统农业生活。2006年，农民人均年收入不到5000元，集体经济收入也只有1万元。我们选择了一些村干部的故事，用以说明青田县有些村庄的发展。而且，我们还选择了有些政府干部和当地农民的评价，因为他们关于乡村发展的说法很典型。有些人的观点未在文中出现，不是因为他们的观点不典型，而是因为他们的观点与文中出现的一些观点类似。仅仅是出于文章篇幅的考虑，而不是出于偏好的选择。在调查中，我们还收集了关于青田县经济、社会变迁的档案资料，特别是乡村地区的经济转型和农民外流的情况。

影响，许多农民生活艰苦。好在当地盛产叶蜡石，这种石头便于雕刻，因此被称为中国"四大国石"之一。当地的一些艺人将其雕刻为栩栩如生的造型或印章，并催生了石艺手工业。根据《青田华侨史》记载，来自青田县山口乡、方山乡、油竹乡及周边乡村的一些农民在明朝末期就放弃农业前往中国沿海的一些大城市贩卖青田石，当时像青田毗邻的温州国际和国内贸易都开始兴起。18世纪初，少数青田人途径西伯利亚到欧洲贩卖石雕工艺品、茶叶和其他商品。当时欧洲繁荣的市场吸引他们不远万里，克服长途跋涉的困难前往。① 之后的30年里，由于社会主义中国与资本主义阵营之间的政治立场不同，移民到欧洲的青田人数量大幅减少。

直到20世纪70年代末期，中国的乡村开始了市场化改革，青田县也开始有大量人口外流。作为侨乡，当地许多剩余劳动力受到国外劳动市场工作机会的吸引。当时，中国也改变了对西方资本主义国家的态度②。其中华侨YH的故事非常具有代表性：

> 我当时兄弟姐妹五个。一年到头就吃番薯。有人问我怕不怕出国的困难。那个时候，和我们在农村生活的苦日子没法比。

90年代，当中国放松了对人口出国的管制，更多的青田人走出国门③。他们很多都是从开餐馆、裁缝店、理发店或做小买卖起家，也有的先到老乡开的店里打工。他们创业的领域被青田人自己概括为"三刀一提"即菜刀、剪刀、剃头刀和售货手提袋。华侨YXY这么描述自己的创业史：

---

① 从1797年到1899年，青田县每年大约有21人前往国外。在20世纪的前10年，由于中国的政治动荡，青田县每年出国的人数增至170人。青田县第一次向国外移民的高潮出现在民国期间（1912—1949年），当时有1.7万青田人在欧洲工作或生活。1912年8月，青田县受到洪水侵扰，全县有34.5%的人口受灾。1912年到1914年，大约有1000青田人出国谋生。1917年，政府招收一战欧洲战场的战地劳工，当时就有2000青田人报名。1949年，仍有大约3000青田人留在欧洲工作或生活。（参见编写组《青田华侨史》，浙江人民出版社2011年版）
② 根据官方的统计，1979年到1984年间，有16206位青田人获得官方批准出国。
③ 1991年到2000年的10年间，总共有117476位青田人获得国家出国审批。

我是1983年到日本的一所大学学习经济管理。然后就去意大利做生意。最后，我去了保加利亚，在那里成立了一个咨询公司。主要是给到那里的青田人和其他华侨提供中介服务。我在那里的时候，华侨的数量一度达到2万。许多华侨称我是"民间外交官"。在保加利亚的时候，我还和总统、总理和市长们喝过咖啡。

　　根据官方估计，大约有一半的青田人在世界各地120多个国家和地区工作或生活。然而，他们主要集中在欧洲的几个国家。例如，有60%的青田华侨在西班牙和意大利工作或生活。这些国家二战以后的用工政策有助于解释这个分布规律。同时，华侨之间的血缘和地缘纽带也能够说明这个趋势。

　　20世纪70年代后期以来，青田的地方经济有了巨大的变化。在过去的30多年里，市场导向的改革推动了当地经济快速增长。随着第一产业的迅速衰落，农业在地方经济中的经济贡献明显下降。根据1996年和2006年进行的两次全国乡村普查结果显示，工业化和城镇化的深入推进导致青田乡村社区的相对衰落。① 政府干部XP这么评价：

　　青田的贫富差距特别大。在国外挣钱容易。出不去的农民就很穷。很多就依靠那点田地，有些也就在旁边打打工。如果家里再有个生病或上大学的，那就难翻身了。

　　此外，贫困在乡村地区更加集中。② 农业劳动力中的主要部分年龄偏大。③ 而且乡村劳动力受教育程度偏低。④

---

　　① 例如，截至2006年，村集体经济收入不足3万元的村庄超过了60%。根据浙江省统计局2005年的综合评价，青田县就经济实力而言仍属于全省24个欠发达县市区之一。在青田县，2006年农民人均纯收入达到3857元，这明显低于同一时期城市居民的14251元。
　　② 例如，2011年，在13252个最低生活保障对象中有12601个是乡村居民，占到总数的95%。经济结构调整和人口外流带来乡村地区人口结构的变迁。从1996年到2006年，农业人口从328300人急剧下降到158600人。
　　③ 按照年龄分，51岁及以上的占到总人口的47.4%。
　　④ 受到小学及以下教育的占到农业人口的72.6%。

（二）半土半洋的返乡精英

由于青田是侨乡，国际金融危机的影响导致从 2006 年开始有些华侨开始回到中国。尽管离开家乡多年，华侨对自己的家乡仍怀有深厚的感情。有些甚至参与振兴自己故乡的村庄。他们对自己家乡的发展非常关心。

当年 YXQ 出国谋生就是因为乡村经济非常落后，仅靠农业生产难以糊口。2001 年，他和朋友在国外开了一个贸易公司，并于 2005 年有了自己的贸易公司。如今，他虽然是柬埔寨的一位商人，但仍然关心自己故乡村庄的发展。在回国的华侨中，他回来的动机具有一定的代表性：

> 多年过去了，村里还是穷。我是有钱了，但我还是挂念自己村子的发展。我就是想为家乡做点事情。我想我有能力领导农民致富。

有些华侨回到自己故乡的村庄是因为在国外碰到了一些困难。他们在中国长大，而且也没受过太多的教育。想要融入国外的生活，外语是个重要的障碍。他们鼓励自己的子女学习外语以融入当地的生活，但他们自己却宁肯回到自己的故乡。他们中的一位华侨 ZLF 评价道：

> 现在，我两个儿子都长大成人了。一个把我的货店接去了，另一个与我老婆一起开了个服装厂。他们生意做得很好，我也就可以退休回家了。

2006 年，经济危机在欧洲蔓延，而中国的经济增长却达到 10.7%。欧洲的经济衰退确实对许多华侨产生了影响，因此有些华侨决心回到中国寻找发展机会。尽管还没有准确的统计数据佐证这个说法，但我们在访谈中每个华侨几乎都提到欧洲经济危机的负面影响。当然，这也有例外。例如，一位返乡华侨 ZCQ 谈到自己女儿在西班牙的杂货店的生意时说道：

> 西班牙金融危机的爆发使得许多西班牙人不得不考虑节省生活开支。有些就到我女儿的店里买东西，因为她那里东西便宜。

他们在国外生意的范畴也说明了他们有些人很容易受到金融危机的影响。他们也谈到中国的生意机会，因为中国不但没有表现出受到金融危机的影响，反倒经济高速增长。许多华侨对中国经济增长持乐观态度。返乡的华侨 XLY 这么说：

> 中国越来越强大。将来，孙子辈可能都要回来发展。所以我要求他们暑假必须回来，还要学汉语，今后发展用得着。

同时，他们认为，华侨有双重优势。他们既熟悉国外的经济状况，又了解中国国情，因此想回到自己的故乡寻找发展机会。中国的经济增长也吸引了他们，有些华侨对在中国大陆投资很有信心。出于某种社区的心理归属，有些华侨就愿意回青田投资。其中华侨 XG 这么说：

> 有些县、市邀请我到他们那里投资，但我还是想回来投资。我生在这里。这里是我的故乡。我已经在国外多年。对自己家乡的方方面面更熟悉。

在中国，社会关系对他们开办和扩大自己的业务都非常重要。由于许多青田华侨在中国大陆仍然保持着农民身份，回到故乡还难以直接进入公务员队伍。他们发现，政治参与能够帮他们进入政治圈子。这样，他们能够与各级政府交往，包括与有些重要人物建立社会关系。截至 2011 年年底，将近 50 个大型商务团体或公司在青田归国华侨创业园建立自己的业务或分支机构。

有些归国华侨通常会发展现代农业或乡村旅游业，有些还尝试两者结合的模式。当 FXW 于 2005 年回到自己家乡的村庄，他发现留守的农民主要是老人，有些还在依靠传统农业生活，或依靠国外汇款生活。于是，他得出的结论是，村庄的经济困难主要是由劳动力外流引发。与许多留守农民不同的是，他对村庄的未来更加乐观：

> 这里的自然环境好。我去过29个国家。家乡的环境是最好的。我们这里最好发展洋蔬菜和洋水果。

他决定在村庄中宣传种植洋蔬菜和洋水果等新品种，因为他认为，这是让农民很快致富的捷径。他与农业专家商量如何发展现代农业。加上自己在国外学习的一些农业知识，他就着手尝试一些中国农产品市场上日益受到欢迎的蔬菜和水果品种。他租了10亩耕地开始试种，但并没有像他预想的那样成功。在不到半年的时间内，他试种了十来个新品种，但无一成功。经过很多努力，他总算试种成功几个品种，例如黄秋葵和羊角豆，前者算得上是草药类的蔬菜，后者据说对心脏病的康复有一定的疗效。他在保加利亚医院看病的一次经历让他明白，黄秋葵竟然是有些运动员的必备蔬菜，有些人甚至拿它当保健品。在欧洲，每磅黄秋葵的售价往往能够达到5欧元。起初，农民们并不愿意种植这些洋蔬菜。一旦他们看到经济回报，就跟他一起种植洋蔬菜和洋水果。然后，他就建立了一个合作社，还注册了一个商标，服务于这些洋蔬菜和洋水果的生产和销售。从2005年到2012年，他个人投资了超过100万元，用于在村庄中吸引大家种植洋蔬菜和洋水果。虽然亏损了80万元，他也不后悔。访谈中他说：

> 我们其实根本无法满足市场需求。有些日本和韩国的老板订购黄秋葵，但我们供不了货。如果现在农业有了规模、品牌和工厂加工，就能够领导农民致富了。

合作社总共种植了200多亩的蔬菜和水果，其中有十多种洋蔬菜和洋水果。访谈中，一位农民说自己在2011年仅种植黄秋葵就获得8000元的收益。

有些华侨在他们故乡的村庄发展乡村旅游。由于儿子和女儿接管了自己在海外的产业，LLD就与妻子商议回到故乡：

孩子时代我就想着哪天能够保护和发展村里的民间文化。它们有很长的历史了。特别是"龙凤灯"的民间艺术，不但有文化价值，还有商业价值。我想带领村民们发展民间文化，繁荣经济。

他对龙凤灯和舞龙灯商业化的提议与农民们的想法合拍。于是，他在自己家乡的村庄努力恢复古代的龙凤灯。然后，他带领舞龙队到欧洲表演。他还忙于发展村庄的休闲旅游，因为他想利用民俗文化和传统农耕吸引游客。他认为，古代的龙凤灯肯定会吸引这些游客。不仅如此，许多其他的华侨也在努力发展乡村旅游。例如，PMH 就是一位雄心勃勃试图创造乡村田园诗的归国华侨。在他故乡的村庄，稻田养鱼这种传统的农业生产方式非常闻名，2005 年被联合国粮农组织收入"全球重点农业遗产名录"。2011 年，他被选为村长。他说：

村民没有利用好稻田养鱼这个遗产。这是开发乡村旅游的重要资源。我打算把它与华侨文化结合起来，然后建一些西班牙或意大利风格的建筑，到时再开一些酒吧。

他前往西班牙、法国和德国，与当地的青田华侨讨论自己故乡村庄的发展问题。幸运的是，他说服了许多青田华侨支持自己，并为此募集到 120 万元的项目资金。然后就忙于在自己故乡的村庄创造出田园诗式的乡村旅游目的地。

当中国于 20 世纪 70 年代末将市场力量导入乡村的时候，就逐步减少了对村庄的基本公共服务供应。21 世纪初开始，国家决定改善乡村地区的公共福利，但也很难一下弥补乡村地区基本公共服务缺乏的问题。幸运的是，有些归国华侨填补了这个空缺，为他们故乡的村庄提供了大量的基本公共服务或改善了这些村庄的福利状况。MSC 就发现，公共设施的完善对于改善当地农民生活非常重要。于是，他个人捐资 100 万元为他故乡的村庄建造一个 1700 平方米的社区中心。这个社区中心不但包括村干部的办公室，而且包括普通农民可以使用的文化中心。这个建筑被列入国侨办的"华侨爱心项目"，因此获得了政府对华侨在新农村建设中做出贡献的正式承认。有些农民还志愿加入社区中心的建造，其中 YYJ 这么说：

> 我们小的时候没有这么好的设施。现在村长捐钱建，我们就出工出力。

在青田华侨中，MSC 不是唯一向自己故乡村庄捐资修建基础设施的。LYT 是另外一个例子。他是这样谈及自己故乡的村庄：

> 这么多年过去了，道路还很窄。没有路灯，也没有老年活动室。集体经济是零。我打算把路拓宽，给村里安装路灯。

该村道路拓宽总的预算资金需要 200 万元。他个人就捐了 23 万元，然后从海外募集到了剩余部分资金。后来，他还筹集资金修理并增加村庄各处的路灯，并为老人建立一个活动中心。在调查中，我们发现，许多青田华侨都曾为自己故乡捐款，提高农民的社会福利水平。他们不但自己捐款，而且在海外广泛动员青田华侨为自己家乡的乡村发展出力。有些青田华侨支持低收入家庭儿童入学，有些为他们捐助奖学金或学校校舍。有些青田华侨还为家乡农民捐款，让他们享受良好的医疗保险和文化生活。

（三）村庄治理的新领袖

对于当地农民来说，归国华侨在村庄选举和日常政治中有许多可以称道的地方。在他们的竞选演说中，有些候选人非常有信心赢得村庄选举，因为他们相信自己是领导乡村发展的最合适人选。农民们也认为华侨一般都非常慷慨。当这些归国华侨参加村庄选举时，多数都因为对村庄经济和基本公共服务供给所做的贡献而获得农民们的支持。归国华侨往往把这个说成是对自己祖国或故乡的爱国主义。但在村庄选举中，经济贡献是归国华侨获得故乡村庄支持的最好渠道或方法。例如，2008年，当 ZPL 决定参加村庄选举的时候，他就与原来的老村长专门交流了一下自己关于乡村发展的想法。这位前任村长非常有自知之明，就退出了选举，转而支持这位归国华侨。因为这位老村长相信，ZPL 比他更有能力带领村庄致富。他是这样评价的：

> 老百姓需要的是真金白银。如果你想发展农村，就得花钱。华侨帮助村民不在乎钱。如果他们能发挥作用，我让给他们。

这位前任村长的看法和地方政府也合拍。其中政府干部 PCX 评价道：

> 归国华侨很容易就能打败原来的村干部，特别是那些穷点的村子，经济也不发达，设施也比较落后。

许多归国华侨都被选举为村干部。2005 年，有 11 位青田华侨被选举为村干部。2008 年，有 38 位青田华侨赢得村庄选举，到 2011 年这个数字就变成了 59。有趣的是，几乎所有赢得村庄选举的归国华侨都是获得绝对优势，多数都还赢得连任。在丽水侨办工作的地方干部 GSC 说：

> 他们有些早就为自己村子的发展贡献力量了，其他的也承诺支持村子发展。所以，他们在选举中就有很多村民支持。

有些归国华侨对政治参与也确实有热情，甚至还在农民中广泛宣传自己的政策和计划。正如从事民政工作的地方干部 LYF 所说：

> 他们在选举前就到处游说村民，还游说前任村干部，有的甚至还跑到乡镇府游说。他们很注重让别人理解和支持他。

按照官方的统计，这些参加村庄选举的归国华侨中，有 63% 年龄在 40 岁以上。其中只有两位接受过高等教育，75% 只接受过初中教育。有大约 90% 的华侨来自欧洲，主要是西班牙和意大利。这与青田华侨的分布情况也基本吻合。如今，有 60% 参加村庄选举的归国华侨加入了中国共产党，其中有些是刚刚加入的新党员。他们在自己故乡的村庄往往获得普遍的支持，他们反过来也抱着极大的热情投身乡村发展，试图将那些发展资源缺乏的村庄从相对贫困中解救出来。

  青田华侨在国外都工作或生活了很长时间，但许多仍未放弃中国国籍。他们在自己故乡的村庄仍然有参选资格。在中国，虽然村官不是官方承认的公务员，但村庄政治有时候却是有些华侨政治抱负的起点。由于具备华侨的身份，他们可以当选不同层面的人大代表或政协委员。在访谈中，我们还碰到个别青田华侨甚至愿意捐钱，希望当地赋予他们这种身份。他们清楚，政治影响一定会帮助他们在中国大陆的经济事业。我们发现，他们的华侨身份本身在村庄选举中起不了什么作用。在一个有着一半人口都在海外工作或生活的地方，华侨身份肯定不是他们赢得选举的诀窍。一位农民 GMJ 非常坦白地说：

   我们喜欢实干的，不喜欢瞎吹的。谁能领导我们富起来，我们就选谁。乱吹的我们不选。

  在有些相对落后的村庄，当地农民非常渴望乡村的发展。归国华侨确实扮演了复兴乡村经济的角色，优势还填补了国家在乡村提供社会福利方面的缺位。上任以后，这些归国华侨在日常政治中有时也会受到怀疑，碰到挫折。这些自称是"本地农民"的村干部们好像还未完全适应乡村社区的经济与政治环境。当初参加选举的时候，就有少数农民怀疑这些归国华侨能否适应乡村社区当前的情况。农民们并不否认这些归国华侨在海外赚钱的能力，但他们对这些精英人物是否能在村庄政治中真正起到领导作用还是抱有怀疑态度的。

  在参加选举前，PZP 是一位在葡萄牙创业的华侨。当选以后，他就开始说服农民放弃引进高污染企业的想法。他在考虑如何在村中建立一个污水收集处理系统，以防止农民们再把污水直接排放到旁边的瓯江中。他认为，自己村的农民们不应该影响下游人们的用水。此外，他还从海外的青田华侨那里募集到 500 万元的资金，打算沿着河堤建造一个绿树成荫的公园。他认为，环境的改善有助于发展乡村旅游：

   现在是我回来的最好时候。我是一个环保主义者。我去过 100

多个国家。国外的经验告诉我，发展经济的时候不能忽视环保。有些人不愿面对污染的后果。工业化非常重要，但环保也要考虑。在全世界，最重要的还是青山绿水。这么大片的青山都是祖先留下的遗产。我不赞成牺牲环境发展工业。

他宣布，自己的村庄不再欢迎化工厂。他还动员本村的农民和他一起向当地环保部门递交了这样的倡议书。他欣赏欧洲乡村良好的生态环境，那里青山、草地和西式建筑构成了一副优美的画卷。他认为，环境保护需要每个人的努力。然而，当他在村中建立垃圾分类制度的时候，碰到了不少的尴尬。村庄中的垃圾桶一个一个整齐地排列，但农民们根本不了解如何进行垃圾分类。他认为，这当然需要时间，农民才会养成垃圾分类的习惯。有一次，他想劝说农民GZW将垃圾分类，反倒被嘲讽：

> 大城市都还不会垃圾分类。我们这个村子怎么这么高要求？

PZP即使碰到很多的抱怨，但仍然坚持自己的做法。访谈中，他对农民还是满意的，因为有些人已经开始将垃圾装袋，并扔到垃圾桶中。这些归国华侨在乡村政治中还碰到许多挫折。有时候，贫穷的农民很难信服这些归国华侨关于乡村发展的长远蓝图，因为这些想法几乎总是照搬国外乡村或城镇发展模式。他在自己的任期内，环保问题并不是唯一有争议的事情。当村内的小学校舍需要修建时，他再次碰到了阻力。村内的小学校舍是20世纪80年代早期建造的，有些在2011年的时候倒塌了。由于缺少政府补贴，PZP就决定从海外华侨那里募集资金。许多农民公开反对他的做法。他们认为，学校的校舍不值得重建，因为学校内只有个别的学生是本村农民的子女，大多数则是外来农民工的子女。他们认为，钱应该花在更需要的地方。但PZP却不同意他们的看法：

> 我们不能把这个当借口。我们许多华侨的孩子在国外读书，享受国外高质量的教育。我们为什么不能像国外一样给农民工的孩子提供同样的教育？

意大利的一位华侨一听到这件事情,就非常赞同 PZP 的观点,并且为校舍重建捐资 50 万元。他个人也捐助了 3 万元,其他村干部也都捐了 1 万—3 万元。他很快就募集到 700 万元。地方政府了解到这件事后,也赞扬了他的做法。

然而,如果农民们的利益被触碰了,他们也会毫不犹豫地反对和抵抗。当这些归国华侨推进政府发起的村庄整治项目时,有些人就犯难了。例如,ZYW 在实施村庄整治项目时,目的是让农民们改变村庄现有的面貌。然后,村庄就开始有了硬化的路面、新的垃圾场、清洁的下水道、更多的公共厕所、污水处理池,还有许多垃圾桶。但是这个过程非常艰难。当他要求农民填掉自家的露天粪坑时,就马上碰到了麻烦。没人听他的,因为他们不肯为了改善村庄的面貌牺牲自己的利益。有位农民还抱怨称,ZYW 想把村庄变成外国的农村。还有农民认为,ZYW 这么做不现实。由于传统农业仍然是村庄的主要经济形式,因此露天粪坑仍然能够提供有机肥。农民 ZCL 这么评价:

> 我们填了自家的粪坑,他让政府表扬,我们却受损了。他想当官,我们可不想。

这种情况下,ZYW 还是想了各种办法完成了这个项目。一方面,他从政府那里寻求支持,因为这个村庄整治项目本来就是政府发起的。另一方面,他自己出钱弥补有些农民的损失。在日常政治生活中,这些归国华侨却清醒地认识到,如果还想连任,就不要激怒农民。

(四) 善抓时机的地方政府

虽然国家承认对乡村发展负有首要责任,但中央发起的"社会主义新农村建设"的全国运动却需要大量资金投入。地方政府不得不为乡村复兴寻找资源。青田县的地方干部 HZX 这么说:

> 中央政府取走好的税种。他们拨付新农村资金的时候,总会要求地方配套。我们这里在浙江算是穷的。没有大型企业。地方政府

每年收入也不高。所以有时很难提供配套资金。

理论上说，地方政府是代表中央政府照管自己辖区内的乡村地区。在这个自上而下的乡村发展项目中，哪个地方政府也不敢无视中央振兴乡村的决心。有位农办的干部 ZLM 这么说：

> 如果上级拨款让我们修路，我们做得到。但如果让我们想办法去振兴农村，我们不行。我们为农村经济做了很多，但很少有成功的。

受到青田经验的启发，丽水也开始实施被称为"百名华侨助百村"的计划，鼓励华侨为家乡社会主义新农村建设做贡献。这个计划又被简称为"双百计划"。由于归国华侨对乡村发展的贡献，地方政府一方面把自己从"社会主义新农村建设"巨大的财政压力中解放出来。自从 2006 年实施"双百计划"以来，青田华侨就已经对家乡的乡村发展做出了大量贡献。① 由于乡村振兴的突出表现，地方政府从上级获得了一些表彰。② 地方政府鼓励华侨支持乡村发展的创新获得了成功，并且为上级政府提供了启发。2007 年，国务院侨办在全国层面发起了"万名华侨助万村"的计划，鼓励华侨参与乡村振兴。可以相信的是，这是青田县"双百计划"的升级版。③

另一方面，地方政府也因为这个创新获得了政治褒奖。鉴于青田县"双百计划"实施期间有些华侨被选举为村干部的事情，丽水侨办着手

---

① 根据官方估计，截至 2011 年年底，总共有 254 位华侨、145 个侨团、企业或慈善组织已经给予 269 个行政村资金支持，1300 个华侨已经给予 2347 个农户资金支持，帮助他们摆脱贫困。全市各级地方政府总共获得超过 4200 万元的支持资金。

② 2010 年，丽水侨办、青田县和莲都区都被浙江省侨办授予"新农村建设组织奖"。还有八个华侨、一个华侨企业、一个华侨企业家组织赢得了浙江省侨办颁发的"新农村建设贡献奖"。2011 年，丽水有六个获得资金支持的村庄被浙江省侨办授予"华侨爱心奖"。在访谈中，地方涉侨部门的干部们都高度赞扬"双百计划"的积极意义。

③ 根据官方统计，这个全国计划截至 2009 年年底，已经为乡村地区引入 1864 个项目，惠及 1517 个村庄和 700 万农民。这个观点也有报道佐证。例如，就有报道称，国务院侨办的干部称这个计划是建立在青田县经验的基础上。参见丽水市人民政府门户网站，http：//www.lishui.gov.cn/zwgk/zwxxgk/qtb/ywgz/xzxk_1_1_1_1_1/t20110824_750430.html。

创造了"华侨村官"这个新词来宣传这批人在乡村发展中的贡献。2007年,这个词是在青田召开的华侨大会上提出的。中央和省级层面一些重要人物出席了这次会议,并许可使用这个提法,因此就在会议上为公众所知。实际上,如果按照当前的界定,20多年前,青田县就有些村干部可以被称为华侨村官,但是他们没有被当作典型,也没有当作制度创新。在访谈中,政府干部CJN承认:

> 我们主要受到中组部提出的"大学生村官"这个词的启发。后来,大学生村官就成了一个大家都用的词,用来指从大学生中招收的村干部。所以我们就提出了"华侨村官"的说法①。如今,这主要指身份为华侨的村干部。

然后,地方干部开始尽全力宣传华侨村官这个新的提法。由于媒体的报道,这个制度创新吸引了上级领导的注意。然而,大家都不敢忽视这个制度创新的风险。实际上,多数华侨村官仍然保留海外的合法居留许可,虽然地方政府和华侨村官都不愿过度突出这个问题。而且,他们每年都会出境去监管自己的产业或探亲。地方政府潜在地意识到推动华侨村官这个制度创新的政治风险,并着手开展一些初步的研究。他们打

---

① 实际上,"华侨村官"是个模糊的词,主要是用来指由归国华侨担任的村干部。就华侨这个概念而言,国务院侨办有个工作定义。第一,华侨有两个范畴:(1)获得国外长期或永久居留权并且连续两年居留在所居住的国家,或者两年内累计居留时间不少于18个月的中国公民。(2)从居住国家获得连续五年及以上的合法居留许可,且五年内累计居留时间不少于30个月的中国公民。然而,无论是由国家资助还是自费的留学生、商务人士,包括海外务工,都不属于华侨。第二,海外华人也有三个范畴:(1)具有外国国籍的中国公民;(2)具有外国国籍中国公民的子女;(3)具有外国国籍的中国公民子女。第三,归国华侨也有两个范畴:(1)放弃他国长期、永久或其他合法居留权并恢复获得中国国籍的华侨;(2)恢复或获得中国国籍的海外华人。第四,侨眷有两个范畴:(1)华侨的配偶、父母、祖父母、子女、孙子女和收养的子女;(2)华人的配偶、父母、祖父母、子女、孙子女和收养的子女。关于华侨的定义,也有文献讨论。例如,Peterson(2011)就发现,官方和集体认为是"国内华侨"的人包括仍然待在中国的海外移民的家庭成员、逃避灾害的难民、之前的移民以及他们的子女,他们回到中国接受高等教育并且服务于自己的祖国。(参见 Glen Peterson, *Overseas Chinese in the People's Republic of China*, London and New York:Routledge, 2011.)实际上,这个词是由地方政府创造,并且用于宣传自己创新的做法。根据地方干部的说法,早在1982和1994年就已经有村干部是华侨身份了。访谈中,一位村干部也告诉我们,他也是华侨,当村干部已经二十多年了,但被称为华侨村官才是近几年的事情。

算在政治上更好地管制这些华侨村官,于是就选择了官方培训的方式来驯服这些回国的精英。2009 年,青田县政府首先举办了一期短期的华侨村官培训,丽水政府也随即在 2012 年举办了为期一周的华侨村官培训。这些培训不但按照常规培训他们的管理能力和公共政策把握能力,也专门设计来从政治上同化他们。同时,地方政府还对这些华侨村官进行表彰,以表示在政治上对他们的接纳。为了参与中国大陆的政治生活,有些华侨村官还加入了中国共产党。在访谈中,有些华侨村官还承认,这对于他们的政治抱负来说是非常必要的。即使华侨村官为乡村发展做出很多贡献,但他们在中国大陆也无法享受特权。如果他们违反法律,也同样会受到惩罚。例如,其中一个华侨村官因为售卖了其他农民已经承包的一座山上的沙土。尽管这些农民抗议,也没能阻止他。警察来平息争议的时候,华侨村官挑动自己的亲戚袭警。最后,他受到了法律的制裁。

(五)讨论

市场力量在乡村地区的深入推进导致了传统农业的相对衰落和当地青壮年劳动力的外流。在青田县,地方经济自明朝末期就卷入了全球资本主义的进程,虽然这个进程在 19 世纪中期到 20 世纪中期的这段时间里经常被政治动荡打断。20 世纪 80 年代早期的改革刺激了经济快速增长和结构调整,但乡村经济变迁活跃的过程和运行机制让那些乡村特征依然明显的社区处于边缘化的地位①。在青田县,有将近一半的当地人口移民到海外工作或生活,因为青田县的乡镇企业和私营企业比较弱,导致其经济增长没那么快。海外汇款确实让有些留守农民摆脱了贫困,但还有一些很难跟上经济发展的步伐。市场力量的深入推进导致许多突出的问题更加明显,例如集体经济弱和农户收入低。由于缺少现代经济发展必备的资本、技术和智力支撑,许多村庄在经济上相对落后。

华侨为自己的故乡做贡献已经有很长的历史,这也被中国政府和同胞所感激。华侨也感觉自己对家乡的乡村发展、基础设施建设或小规模

---

① Y. Li, H. Long, Y. Liu, Spatio-Temporal Pattern of China's Rural Development: A Rurality Index Perspective, *Journal of Rural Studies*, Vol. 38, 2015, pp. 12-26.

工商业的培育都负有道德上的义务。① 他们与自己的祖国有贸易往来能够平衡他们在国外移民的地位,而祖国也正渴望他们所带来的投资、捐助和技术。我们无法了解青田华侨对故乡乡村发展的贡献是否能够弥补他们在国外的失落,但农民和国内地方干部认为,这些归国的精英们在自己故乡的村庄确实有些心理上的优越感。许多华侨村官承认,这种优越感对于他们来说在国外是不太可能有的。由于语言或其他的文化问题,有些华侨在年纪大的时候就退休回到中国。

有些华侨回国是为了寻找新的经济机遇。当许多其他国家都在经历经济危机的时候,中国经济却保持强劲的增长。许多华侨都认为自己具有双重优势。他们既有在国外做生意的经验,又了解国内的经济状况。也有研究表明,村庄的领导权为他们参与村庄层面的公共管理提供的动力不大。② 相应来说,我们也发现,没有证据证明这些归国华侨参与乡村发展仅仅是为了接管乡村政治,虽然当地的农民都选举有些华侨成为村庄的领导者。由于参与全球经济和市场导向的改革,有些归国华侨意识到政治参与的必要,因为这对他们在中国大陆的经济抱负是有帮助的。作为乡村发展慷慨的支持者或动员者,他们就轻松获得自己故乡村庄合法进入政治圈子的机会。

市场力量的深入推进是有些乡村社区相对衰落的真实原因。一定程度上说,相对落后的村庄是现代经济的受害者。华侨返乡不完全等同于发达国家在20世纪六七十年代兴起的富人返郊化进程。就美国的经验看,返郊化对乡村社区服务业的影响最明显,但对当地农业的影响并不明显。③ 青田县的许多归国华侨则投身于农业发展,并对振兴乡村经济充满信心。他们关于乡村发展的蓝图经常是得自他们海外的经验,因此他们能够帮助农民在全球经济中找到一个位置。如果没有这些归国的精英,当地农民在相对落后的村庄中也很难面对市场力量的不断入侵。在

---

① Khun Eng Kuah‐Pearce, *Rebuilding the Ancestral Vllage: Singaporeans in China*, Hong Kong: Hong Kong University Press, 2011.

② J. Zhang, J. Giles, S. Rozelle, Does it Pay to be a Cadre? Estimating the Returns to Being a Local Official in Rural China, *Journal of Comparative Economics*, Vol. 40, No. 3, 2012, pp. 337-356.

③ A. Olu Oyinlade, Reverse Migration and Nonmetropolitan Employment in four Great Plains States, 1970-1980, *Great Plains Research*, Vol. 13, No. 2, 2003, pp. 253-270.

工业化和城镇化的进程中，有些村庄因为良好的环境和特色的文化而出众。如果没有内在的企业家精神，当地农民想从乡村旅游中获益也不容易。这些华侨其实是乡村发展中"半土半洋"的力量。基本公共服务供给的短缺在去集体化之后也成为乡村发展的一个障碍。由于国家不得不既在城市保持经济神话，又在乡村地区保持社会稳定，所以它不太可能在相对落后村庄的振兴上竭尽全力。归国的精英们填补了国家留下的基本公共服务供给空缺。市场和国家的双重失灵使得新乡绅成为相对落后村庄真正的挽救者。

赢得农民支持的与其说是他们的华侨身份，不如说是他们对乡村发展的贡献。因为青田县有一半的人口在国外工作或居住，所以华侨的身份本身也没有那么重要。尽管如此，否定这些华侨村官在他们故乡村庄的重要性是不理性的，他们在乡村发展中起主要作用。他们在自己故乡的村庄也更能够展示其在振兴经济和提供基本公共服务方面的优越性，而且有些村庄也因为他们资金和企业家精神的注入而更有活力。

有些研究者发现，基层民主在为千百万农民提供公共物品方面至关重要。[1]"猪肉桶政治"的乡村版表明，竞争性政治能够让村干部在任职期间实施更多的公共项目。[2]尽管如此，即使基层民主已经开展了多年，但在有些非常贫困的村庄中也难以见到经济复兴的景象。[3]乡村精英还有可能将获取的减贫资源用于自身发展，从而强化乡村治理的内卷化趋势。[4]这种情况下，由乡村选举所建立的精英与农民的互惠关系就形成了阻隔，难以发挥作用。乡村的选举并不一定就会给当地农民带来实惠，也不一定会激发乡村复兴。

当前的形势是农民热烈欢迎这些归国华侨的最好注脚。当有些农民在期待竞争性政治的利益时，他们就会在村庄选举中给归国华侨充分的

---

[1] S. Fan, J. Huang, X. Zhang, L. Zhang, Local Governance and Public Goods Provision in Rural China, *Journal of Public Economics*, Vol. 88, No. 12, 2004, pp. 2857-2871.

[2] R. Luo, L. Zhang, J. Huang, S. Rozelle, Village Elections, Public Goods Investments and Pork Barrel Politics, Chinese-style, *Journal of Development Studies*, Vol. 46, No. 4, 2010, pp. 662-684.

[3] Z. Hong, "Three disconnects" and China's rural election: A case study of Hailian Village, *Communist and Post-Communist Studies*, Vol. 39, 2006, pp. 25-37.

[4] 周常春、刘剑锋、石振杰：《贫困县农村治理"内卷化"与参与式扶贫关系研究——来自云南扶贫调查的实证》，《公共管理学报》2016年第1期。

支持。而后者通常就会以绝对优势获胜。多数农民都承认这些归国精英在乡村发展中的积极作用。但也不能忽视普通农民在村庄政治中的角色，因为他们对于村庄的领导权才有最终的发言权。村庄选举赋予选举产生的村庄组织和农民对村庄的领导者拥有主导权。[①] 随着村庄选举作用的发挥，精英与农民之间的互惠关系得以加强。由于对政治参与资格的限定，故乡的村庄更容易成为这些归国新乡绅开始自己政治生涯的起点，这里成为一个天然的，但不一定是唯一的舞台。

中国不得不花工夫回应农民的需求，否则农民的不满会从根本上危及乡村地区的稳定。中央政府认为自身是农民利益的代表，因此愿意利用严密的官僚体系在乡村实现自己的政策目标，那么地方政府就不得不参与到乡村发展中，解决这些复杂且影响深远的问题。在中国，地方政府与其说是对当地农民负责，不如说是对上级政府负责，因此中央政府能够利用自己对官僚的绩效评价体系推动他们去实现自己的政策目标。一方面，地方政府不敢忽视国家顶层振兴乡村的决心。另一方面，地方政府无法尽心尽力地应对乡村问题，使他们想到去寻找乡村发展的资源。事实上，地方政府的行动既影响到宏观政治制度的演进，又反过来受到后者的影响。[②] 当前乡村治理的逻辑从上和下两头挤压他们，在后税费时代地方政府成了"空壳"。[③] 地方政府不得不弥补国家在乡村地区投入的短缺。在青田县，地方政府积极邀请归国华侨来分担他们对乡村社区担负的政治责任。由于华侨村官的贡献，地方政府能够在不消耗过多地方资金的情况下完成乡村发展的任务。一旦他们获得上级政府的认可，就投身于发现、总结和宣传华侨村官的典型事例。在宣传华侨村官的过程中不能说就没有风险，因此他们就想办法从政治上管制这些归国精英。

[①] B. He, *Rural Democracy in China: The Role of Village Elections*, New York: Palgrave Macmillan, 2007.

[②] E. Jeffreys, ed., *China's Governmentalities: Governing Change, Changing Government*, London and New York: Routledge, 2009.

[③] L. C. Li, Working for the Peasants? Strategic Interactions and Unintended Consequences in the Chinese Rural Tax Reform, *The China Journal*, Vol. 57, 2007, pp. 89–106; G. Smith, The hollow state: Rural governance in China, *The China Quarterly*, Vol. 203, 2010, pp. 601–618.

结　论

当代中国乡村社会的变迁是在市场导向改革的大背景下展开的。市场机制具有激励劳动的积极意义，在乡村社区层面实现了经济普遍增长、农民收入大幅提高以及村庄面貌明显改善。就其消极意义而言，市场力量在乡村的不断推进最终导致不同村庄之间出现了严重的分化。如果将乡村发展的全景看作连续谱的话，经济先发地区和后发地区的乡村发展不但走了不同的道路，而且面对的是不同的前途。在经济先发地区，许多村庄都是借助工业化和城镇化，在产业、居住形态等方面成为城市地区的组成部分，尽管他们还面临融入城市的诸多困难。在经济后发地区，许多村庄仍依靠传统农业导致乡村经济不振，大量青壮年劳动力外流导致乡村人才匮乏，当地农民对传统村庄的归属感明显降低。经济后发地区的大量村庄成为现代化进程中的拖后部分。当然，这既有发展时机、宏观政策和意识形态传统等因素的影响，也有当地农民和地方政府对待现代市场经济的态度等原因。但必须清醒认识到的是，如果经济后发地区乡村的发展差距进一步拉大，必然造成城乡之间利益的断裂。如果乡村社会的发展转型问题不能平顺展开，由此所带来的社会震荡后果是无法估量的。

现代化拖后部分乡村的转型面临特殊的矛盾和问题。要实现当代中国乡村社会的顺利转型，绝不仅仅就是推广发达国家或国内经济先发地区乡村发展经验那么简单。如果像发达国家走过的历程一样，任由市场化将传统乡村扫荡干净，大多数乡村劳动力都会进入城镇地区。然而，面对后期城镇的产业结构调整，处理不好就会导致贫困、失业和犯罪等社会问题在社区层面的累积，因此成为现代社会治理难以治愈的痼疾。对于中国这样的人口大国，也不可能让乡村人口一下都进入城镇工作和生活。即使是像丽水这样地处东部经济先发省份的地区，也不可能重复像温州、义乌等地的乡村发展道路。无论是发展时机、政策环境都不允许多数后发地区重复经济先发地区乡村转型走过的道路。因此，深入观察和剖析经济后发地区乡村发展，有助于揭示当前中国乡村社会变迁的问题和矛盾。

乡村往往被视为现代化进程中最难改造的部分。在农业经济时代，耕读之所以成为乡村生活的主导意识形态，主要是由宏观的政治、经济、社会、文化因素决定的。那时，农民要改变命运，就只有靠发展农业经济和求取功名。历代的政权更迭，都没有从根本上动摇农民崇尚耕读的意识形态。20世纪70年代后期兴起的市场导向改革对乡村社会的转型产生了前所未有的影响。经济上的解除管制，让劳动者个体的生产积极性发挥出来，农民迸发的劳动热情很快提高了农业生产效率，其生活水平也相应明显提高。然而，在市场化进程中，乡村经济结构调整不但造成城乡之间的发展差距拉大，而且造成了村庄之间发展的严重不平衡。大规模的工业化和城镇化吸引许多农民转向非农经济或到城镇工作和生活，由此带来前所未有的乡村人口大规模转移。对于留守的农民来说，乡村社区意味着经济落后、收入低、基本公共服务缺乏。市场导向的改革使得一些乡村社区的经济和政治地位相对下降，反倒把农民置于更加尴尬的处境。随着市场化的深入推进，乡村变成许多城镇居民向往的地方，有些农民却宁肯逃离。有些农民们对过去美好时光的叙事，无非可以解读为这么一个隐喻：逃离乡村田园诗无非是他们在现代化进程中对自己政治、经济地位低下的变相抱怨。

然而，乡村发展与市场化之间并非一对天然矛盾体。发展差距所激发的相对剥夺感，促使经济后发地区的许多乡村社区对现代市场经济采取欢迎的态度。高品质农产品的消费需求，使得乡村变成大城市的菜篮子；文化上的重构，使得乡村成为城镇游客的后花园。大规模工业化和城镇化以后，乡村拥有新鲜的空气、洁净的水源、如画的风景和引人入胜的乡土文化。在现代市场经济中，这些宝贵的发展资源使得乡村具备了经济复兴的独有条件。农民也不一概拒绝市场经济带来的实惠，多数都无一例外地表现出对发展乡村经济的积极性，因为这样可以帮助他们摆脱贫困。

农民对市场化在乡村深入推进所包含的各种风险缺少足够的预见和警惕。尝试现代农业和发展乡村旅游这样的产业，确实可以利用乡村现有资源优势，激发经济活力。正是因为许多农民对市场的风险预计不足，才表现出对市场激励作用义无反顾地欢迎态度。事实证明，无论是市郊农业，还是乡村旅游，都没有让农民真正看到希望。农民适应新一波市场化的能力差异，可能带来农民之间的利益分化，并可能引发农民与资本拥有者之间潜藏的矛盾。乡村自然环境的资本化可能使乡村社区进一步淹没在市场经济的洪流中。资本在乡村的长驱直入，使得乡村社区不仅要面对劳动力商品化的风险，而且面临自然和人文资源商品化的风险。由于缺少有效的外部支持以及足够的企业家精神，有些农民在市场化深入推进的过程中充满挫折感。国家显然也低估了传统农业和乡村社区在转型过程中所面临的困难和风险，因此表现出对市场化的深入推进最终将乡村带向何处的摇摆态度。通过进一步引进市场力量推动乡村经济发展的措施，需要谨慎对待。

国家对乡村社区负有不可推卸的政治责任。现代化进程中，乡村的兴衰更大程度上取决于社区外部力量对待乡村的态度。国家在面对乡村经济衰退、贫困和发展差距拉大等问题时，如何化解由此引起的社会矛盾与冲突、减少社会转型的震荡，成为现代国家在应对经济社会转型过程中必须面对的问题。其实，国家对待市场的态度也发生了很大的变化。改革以来，国家通过解除管制等措施，减少了对市场的束缚，进而实现了财力的增长。但由于市场化的深入推进必然给乡村社区带来一定的创伤，国家自然应该成为承担社会保护责任的首选。面对市场深入推进带来的乡村发展困境以及可能由此给社会转型带来的风险，如果国家放弃了自身的责任，显然会造成乡村更严重的问题，并直接影响到社会的协调发展。就干预的向度而言，国家有责任挽救困境中的乡村社区。这不但反映在改革初期国家通过制度调整，放松对市场力量的管制，发挥市场对乡村经济的激励作用，而且表现在随着市场化在乡村社会的深入推进，国家更需要挽救在资源配置中不占优势的乡村社区，弥补市场机制的不足。针对市场失灵问题，国家应根据农业与工业和城镇的密切联系，在宏观调控中建立工业和城镇反哺农业和乡村的资源流渠道，实现城乡在产业上的衔接；消除农业、工业和服务业领域之间就业上的各种差异，实现城乡在劳动力流动上的机会均等。为了减少国家在追求长远发展目标的过程中可能出现的社会震荡，国家需要挽救工业化和城镇化深入推进过程中处于衰落的小型聚居共同体生活。国家在构建适应市场经济的新型社会治理模式时，当然应该考虑如何保护乡村社会免受市场力量的过度侵蚀，积极调整与社会的关系，建立与市场经济相适应的现代治理体系。

在当代中国乡村社会变迁中，市场激励和侵蚀的双重作用不断彰显，从而导致了当前现代化拖后部分乡村发展的特殊矛盾和问题。国家在应对市场力量在乡村深入推进过程中所表现出来的支持与索取的双重角色，又使得乡村变迁不得不面对更加复杂的局面。历史上，村庄在中国乡村社会治理中扮演了重要角色，但现代化进程却不可避免地打破了传统村落坚固的外壳。市场化和现代国家构建两大进程的演进，使得许多村庄加速了瓦解和重组。对于多数的经济后发地区村庄而言，既不可能重复经济先发地区乡村转型的道路，也不希望陷入发达国家社会转型的陷阱。当代中国乡村社会变迁的关键在于，现代化拖后部分的村庄在转型过程中与城市在发展上实现有效的衔接。理想的情况是，乡村与城市更多地体现为地理空间上的差异，而不是发展阶段、社会福利和心理归属上的不同。公共政策意义上重新发现社区，既不是要消灭村庄，也不是要抵御现代化进程固守传统村落的一切。更重要的是，国家在政策设计上使得城乡社区能够相互支持、依赖，并实现人、财、物等发展要素的平等流通。

需要注意的是，国家不能随心所欲地支配乡村。面对市场化深入推进可能带来的风险，国家愿意主动承担起保护社会的责任是好事。从丽水的案例可以看出，地方政府积极制定了各种农业规划，鼓励农民加入专业合作社和农业企业，以促进乡村经济发展，并减少市场化风险给乡村社区带来的震荡。同时，地方政府也极力为乡村振兴创造一些有利条件。不可否认的是，各级政府在资金、技术和人才上对乡村社区的支持，为其复兴提供了一定的保障。但国家需要明确自身在乡村发展中充当的角色，并从乡村的长远利益来调整与乡村社会之间的关系。在社区层面，国家干预的重点是解决发展动力不足、基本公共服务供给匮乏、农民对乡村社区归属感下降等问题。因此，就干预的内容而言，国家需加强对农民的经济支持与基本公共服务供给,并以积极的态度对待乡村社区的相对衰落。具体包括,进一步加大对农业、农民、农村的各项投入和支持,进一步提高乡村居民的社会福利,实现基本公共服务供给的城乡均等化,消除城乡居民在公共福利方面的身份差异。

国家干预乡村发展要有明确的限度。并不是说国家有干预乡村的积极性和主动性,乡村的发展问题就迎刃而解了。国家对乡村的干预必然带着自己的意图。国家向乡村社区选派"大学生村官"的做法因其意图的多重性,加上各种主客观因素的作用,最终导致这项人才计划在乡村振兴中的情感价值远大于其实际效用。特别是,地方政府在执行国家政策过程中,出于自身利益的理性考虑,会有意识地减少干预成本或向乡村社区索取土地等发展资源。地方政府在代表国家整合乡村的过程中,还可能出于各种理性的考虑,歪曲国家的政策意图,或者出现政策执行的偏差。在干预限度的设定中,国家既需防止对市场力量的压制,又要防止市场化对乡村社会的过度侵蚀。更重要的是,国家需要认识到政府机制的不足,防止自己成为过度索取乡村资源的力量。

政府直接干预乡村发展会出现吃力不讨好的问题。政府过多介入乡村发展,可能造成包揽乡村建设所造成的低效率和沉重的财政负担,处理不好还会给国家政治合法性带来挑战。从丽水的案例看出,地方政府直接插手乡村社区的经济发展,既增加了政府的成本,也带来了一系列的批评或者不合作。实践证明,政府的有些投入的确无法真正满足当地农民发展和改善生活的需求。不同的社区由于各种外部和内部因素的差异,满足居民需求的内容和形式往往各有不同。如果国家在解决这些问题的过程中充当直接干预者,往往会采取整齐划一的干预方式,以此控制解决乡村问题的成本。对于乡村居民来说,全国统一的基本公共服务供给标准肯定会受到普遍欢迎。然而,政府往往没有把重点放在如何补齐乡村社区基本公共服务供给的短板上,而是插手基本公共服务供给的许多具体环节。理论上讲,规范意义上的乡村社区建设避免了随意、不负责任的发展干预给乡村带来的伤害,进而提高干预的效果和效率。但从实际情况看,如果国家直接深入乡村社区发展产业,或者直接充当基本公共服务的供应商,就很容易陷入发达国家早期国家直接参与社会建设遭受诟病的泥潭。

社区是当代中国乡村社会转型的一剂解药。对于广大的经济后发地区而言，仅靠市场力量肯定不是解决乡村相对衰落问题的办法。国家出于经济赶超的考虑所制定的发展战略先后次序，也造成其对乡村投入的半推半就。出于各种考虑，国家很难完全承担乡村经济振兴和基本公共服务供给的全部责任。由于乡村社会转型过程中所出现的种种问题，有可能威胁到正常的社会秩序，并会对国家的政治合法性提出挑战。这种情况下，国家既担忧乡村持续衰败可能带来的社会动荡，又吃不消陷入直接干预乡村发展所带来的批评。一时间，返乡精英的乡村建设热情，让国家既节约了资源投入，又减少了具体发展干预中的问题所可能带来的政治合法性挑战。农民振兴乡村的愿望和返乡精英的政治诉求激活了村庄的"猪肉桶政治"，使得乡村振兴有了希望。由此，国家成功地从直接的发展干预转向宏观调控领域。社会机制主导的社区发展在一定程度上也教育了社区居民，即国家并非对社会问题唯一负责方，社会精英也对社会弱势群体负有一定的社会责任。国家通过这种方式，既唤起公民的社会责任，也拓宽了社区发展所需人、财、物资源。国家将自己管不好社会能够管得好的事情交给乡村社区自己管，并通过向其提供资源，对其进行考核和监管，实现了从直接建设乡村向有效治理乡村的转变。在此过程中，国家既摆脱了直接干预的繁琐，又提高了农民对基层治理形式的认同与归属。意识形态上，个人主义过于盛行有可能造成社会碎片化，在乡村振兴中有意识地培养权责平衡的公民意识显然有助于恢复共同生活的纽带，进而弥合乡村发展、转型过程中所出现的利益分化和断裂。事实证明，社区本身具有市场和国家机制无法代替的优点，有助于缓冲乡村发展中的具体矛盾对国家政治合法性的直接冲击。

社区具备了在解决乡村问题上的政治和道德双重优势。在现代市场经济推进的过程中，乡村社区能够承担起市场不愿意管，政府管不好的事情。返乡精英的事例说明，乡村社会精英一方面具备在社区层面广泛的政治动员能力，使得乡村社区再次成为农民聚居共同体生活的重要组织形式；另一方面因为其专注于支持经济和政治上弱势的群体，具备道德优越性，能够获得农民广泛的参与和支持。虽然不同的社会精英在宏观经济、政治和社会结构中的话语权有差异，但是作为乡村社区的代言人，农民与乡村精英的互惠关系则奠定了乡村治理的新局面，返乡精英所领导的乡村发展将会成为中国基层社会善治的一个缩影。在市场、国家和社会的关系调整中，乡村社区本身也勾勒出清晰的边界，发挥了市场、国家所不具备的乡村社会保护和治愈功能。乡村发展中的社会机制缓冲了国家直接干预乡村发展可能带来的矛盾和风险，也直接锻炼了乡村社区自我发展、自我服务和自我治理的能力。重新发现社区是市场化进程中国家和社会两种力量长期博弈的结果，两者最终选择了符合自身角色定位的关系模式。

对积极公民的强调不应成为国家推卸责任的借口。在乡村发展项目中，尽管培养社区的自我发展能力非常关键，国家不能据此减少对乡村的援助，因为国家是乡村振兴关键的外部力量。无论是中国，还是现在的发达国家，都不能说给予乡村的社会保护是足够的。情况恰好相反，即使是发达国家，乡村的相对衰落问题都特别突出。对于像中国这样的发展中国家，经济后发地区的乡村发展亟待国家的有效投入和支持。想要减少社会转型带来的震荡，关键在于国家是否能从城乡均衡发展的长远目标出发，结束乡村边缘化地位。国家在履行对乡村社会保护责任时，不应避重就轻，或者表面为了乡村，实质上却为了满足自己的利益和政绩需求。

随着乡村社区自身力量的成长，国家需要制定各类发展干预的技术标准以及对服务外包机构的考核、监管措施，通过规训市场力量、管理社区组织，最终构建新型的国家与社会关系。国家通过提供资金和干预指向，通过责任监管和绩效考核等方式，进一步规范乡村社区的发展干预行为。一方面，国家向广大乡村地区提供资金、技术、人才等支持。另一方面，国家提出乡村社区建设标准，鼓励专业化的发展干预，提高乡村建设的专业化和科学化水平。政府通过对乡村社区开展科学、合理的考核和监管，鼓励社会组织深入了解乡村社区，科学确定不同乡村社区发展需求的优先顺序，科学、合理地向乡村居民提供发展干预。政府通过服务外包，既防止国家与社会资源的浪费，也避免了乡村社区对包括政府在内出资方的过度依赖。理想的情况是，国家用法律的形式规定市场、国家和社会领域对社会建设负有的责任，从宏观上防止出资方对乡村社区社会建设具体事务的过多干预。另外，国家可以通过培养大量专业社会工作者，系统提升社会建设的专业化水平。如此，国家既摆脱了直接提供发展干预造成的成本攀升，也避免了无法满足不同社区农民差异化需求的尴尬。社区力量挑起了市场不愿管、国家管不好的乡村振兴的担子，能够获得国家和社会领域的双重认可。但国家也要充分认识到，如果乡村社区的行为不规范，轻则影响其效能的发挥，重则会造成农民对新型社会治理机制的质疑。

发展不能仅靠外部援助，最终也要靠自身发展能力提升。如果说乡村发展的外部干预要从乡村社区自身需求出发，那么当地居民就要有确定自身需求的能力。在自身发展能力没有提高的情况下，再多的外部援助也无法为乡村发展提供足够的内生动力。通过居民的积极参与，不但能够提高发展技能，而且可以获得赋权，提高乡村社区自我发展能力。同时，乡村居民参与社区发展项目也有助于提高政治行动能力，进而为自己争取更多资源。对于乡村居民来说，积极的公民身份意味着他们应勇于承担振兴社区的责任；对于国家而言，积极公民身份的塑造有助于提高乡村居民政治社会化程度，为建立现代社会治理体系提供了良好公民基础。

学理上，社区有助于反思之前研究中乡村被动变迁的思维。公共政策层面，社区指出了今后实现城乡衔接的路径选择。尽管如此，在使用这个具备学术和公共政策双重意义的概念时，还要保持谨慎的态度。政治意义上的社区发现，足以让国家重视社会领域的权利，进而重视对乡村发展的投入。然而，鉴于中国处于从传统向现代转型的过程，市场推进尚在不断深入，现代国家治理体系尚不完善，且以社区为代表的社会力量也需一个发育成熟的过程，因此需要深刻认识过度强调社区可能带来的政治风险。这是因为现代治理体系的构建不但要求国家明确自己干预乡村的向度、内容与限度，而且也要求社会力量主动承担起具体社会建设的责任。这个意义上的社区发现才能成为市场和国家之外的理想选择。但无论是社区还是社区组织都有自身的局限，因此在发挥其缓冲社会矛盾的同时，不应过度动员社区对国家政治合法性产生冲击。在一定的社会发展阶段，过度动员社会也有可能造成有些具体的社区组织在自身不完善或动机不纯的情况下，骑劫民意，造成社会与国家之间关系的紧张。当然，国家也应意识到自己权力的边界和责任，积极主动地干预和支持乡村发展。社区在发挥自身在现代治理体系构建中的优势外，也应按照成长规律，着力提升服务乡村发展的能力和技术水平。

附录 访谈对象列表

序号	访谈对象代号	访谈对象身份
1	ZJC	市开发区招商引资干部
2	XMD	环保组织志愿者
3	ZLJ	市发改委干部
4	CJB	市委组织部干部
5	ZQ	河南省信阳市环保局干部
6	ZL	贵州省毕节市发改委干部
7	LXZ	村干部
8	ZCW	村干部
9	XZY	莲都区退休干部
10	ZY	缙云县退休村干部
11	XGQ	遂昌退休县领导
12	LH	市农办干部
13	HY	村干部
14	QFG	农民
15	SQ	市政府退休干部
16	CXH	市政府退休干部
17	QP	市政策研究室干部
18	ZXQ	城中村居民
19	LSD	市政府现任领导
20	MCX	地方研究专家
21	YLP	市政府普通干部
22	TCZ	省政策研究室干部
23	SZK	市政府干部
24	ZCW	农民

续表

序号	访谈对象代号	访谈对象身份
25	ZXZ	村干部
26	PXQ	村干部
27	CYF	市农办干部
28	RFG	农民
29	LXJ	农民
30	ZY	村干部
31	GGM	市农业局干部
32	LH	市委宣传部干部
33	MYB	市政府普通干部
34	LXM	水果商
35	ZJL	乡镇干部
36	ZL	蔬菜经销商
37	RDL	村干部
38	HFG	市农业局干部
39	HF	市农办干部
40	WMF	乡镇干部
41	CM	缙云县农业局干部
42	LZH	农民
43	WZQ	松阳县农技员
44	LMJ	青田县农业局干部
45	MLX	农业企业老板
46	LHH	缙云县茶叶专业合作社负责人
47	HJW	市农办干部
48	LFL	农民
49	CXL	农业专业合作社负责人
50	JYJ	庆元县政府干部
51	LJB	松阳县农业局干部
52	YZJ	农民
53	MLW	农民专业合作社负责人
54	CZL	农民
55	LZM	农民
56	ZXX	村干部

续表

序号	访谈对象代号	访谈对象身份
57	ZSZ	农民
58	ZZM	退休村干部
59	ZQN	退休村干部
60	ZQS	退休乡村教师
61	ZSJ	村干部
62	ZYQ	村干部
63	KHZ	缙云县政府干部
64	ZLS	村干部
65	SD	农民
66	ZXM	市委干部
67	ZZJ	莲都区政府干部
68	LXQ	市农办干部
69	LJW	市交通局干部
70	PWY	农民
71	QJB	农民
72	MLW	乡镇干部
73	JY	农民
74	QY	来料加工经纪人
75	MLH	农民
76	QZH	来料加工经纪人
77	QZM	农民低保户
78	MZB	乡镇干部
79	MJH	乡镇干部
80	MML	乡镇干部
81	TYJ	乡镇干部
82	JSG	农民
83	YZF	农民
84	LXW	农民
85	YJX	农民
86	ZGCF	贫困农民
87	LGX	农民
88	LXP	市政府干部

续表

序号	访谈对象代号	访谈对象身份
89	YJW	农民
90	YFY	农民
91	LWH	乡镇干部
92	GXY	江苏省委组织部干部
93	YYH	市委组织部干部
94	LSM	云和县政府干部
95	LYP	松阳县大学生村官
96	MCL	松阳县大学生村官
97	FCM	大学生村官
98	WLR	村干部
99	WMQ	大学生村官
100	WLF	大学生村官
101	YH	华侨村官
102	YXY	华侨村官
103	XP	青田县政府干部
104	YXQ	华侨村官
105	ZLF	华侨村官
106	ZCQ	华侨村官
107	XLY	华侨
108	XG	华侨
109	WLL	华侨
110	LLD	华侨村官
111	PMH	华侨村官
112	MSC	华侨村官
113	YYJ	农民
114	LYT	华侨村官
115	ZPL	华侨村官
116	PCX	青田县委统战部干部
117	GSC	市侨办干部
118	LYF	市民政局干部
119	GMJ	农民
120	PZP	华侨村官

续表

序号	访谈对象代号	访谈对象身份
121	GZW	农民
122	ZYW	华侨村官
123	ZCL	农民
124	HZX	青田县政府干部
125	ZLM	青田县农办干部
126	CJN	青田县政府干部

说明：访谈对象的代码不是其名字的首字母的缩略，仅仅是为了区分不同访谈对象而编写的英文字母代码。访谈对象按照文中出现的顺序排列。各位受访者的身份在表格中也注出。

参考文献

［法］劳格文、科大卫编：《中国乡村与墟镇神圣空间的建构》，社会科学文献出版社2014年版。

［美］罗伯特·H. 贝茨：《超越市场奇迹——肯尼亚农业发展的政治经济学》，刘骥、高飞译，吉林出版集团有限责任公司2009年版。

［美］麦克·布洛维：《公共社会学》，沈原等译，社会科学文献出版社2007年版。

［美］明恩溥：《中国的乡村生活：社会学的研究》，陈午晴、唐军译，电子工业出版社2016年版。

［美］R. E. 帕克、E. N. 伯吉斯、R. D. 麦肯齐：《城市社会学》，宋俊岭、吴建华、王登斌译，华夏出版社1987［1968］年版。

［英］卡尔·波兰尼：《大转型：我们时代的政治与经济起源》，冯钢、刘阳译，浙江人民出版社2007年版。

［英］雷蒙·威廉斯：《乡村与城市》，韩子满、刘戈、徐珊珊译，商务印书馆2013年版。

［英］齐格蒙特·鲍曼：《共同体》（第二版），欧阳景根译，江苏人民出版社2007年版。

［英］亚当·斯密：《国民财富的性质和原因的研究》（上卷），郭大力、王亚南译，商务印书馆2004年版。

［英］约翰·梅纳德·凯恩斯：《就业、利息和货币通论》（重译本），高鸿业译，商务印书馆2002年版。

包路芳：《单位化的村庄——一个乡村变迁研究的视角》，《学术探索》2010年第1期。

编写组：《青田华侨史》，浙江人民出版社2011年版。

曹海林：《村社会变迁中的村落公共空间——以苏北窑村为例考察村庄秩序重构的一项经验研究》，《中国农村观察》2005 年第 6 期。

曹海林：《乡村权力结构的演变与新农村建设的再组织化》，《社会科学》2008 年第 3 期。

曹锦清、张乐天、陈中亚：《当代浙北乡村的社会文化变迁》，远东出版社 1995 年版。

车裕斌：《浙江山区村落经济社会变迁研究》，中国社会科学出版社 2007 年版。

陈修颖等：《浙江省市场型村落的社会经济变迁研究》，中国社会科学出版社 2007 年版。

陈忠：《大学生村官与中国政治生态：意义、问题与趋势——大学生村官的一种政治学分析》，《苏州大学学报》（哲学社会科学版）2009 年第 4 期。

程瑜、刘思霆、严韶：《一个客家村落的都市化：深圳樟树布村改革开放 30 年的发展与变迁》，广东人民出版社 2010 年版。

戴其文、魏也华、宁越敏：《欠发达省域经济差异的时空演变分析》，《经济地理》2015 年第 2 期。

邓艳葵：《大学生村官成长环境及其优化》，《思想教育研究》2010 年第 7 期。

邓喆：《大学生就业问题分析——以大学生村官为例》，《国家教育行政学院学报》2014 年第 6 期。

董磊明：《村庄公共空间的萎缩与拓展》，《江苏行政学院学报》2010 年第 5 期。

杜春林、张新文：《乡村公共服务供给：从"碎片化"到"整体性"》，《农业经济问题》2015 年第 7 期。

杜润生：《杜润生自述：中国农村体制变革重大决策纪实》，人民出版社 2005 年版。

付建军：《精英下乡：现代国家整合农村社会的路径回归——以大学生村官为例》，《青年研究》2010 年第 3 期。

宫银峰、刘涛：《乡村社会的变动与村民自治的实践——国家与社会视角下的乡村政治解析》，《长白学刊》2010 年第 1 期。

谷荣：《中国城镇化公共政策研究》，东南大学出版社 2007 年版。

郭立新：《劳动合作、仪礼交换与社会结群——广西龙脊壮族村落的社群结构分析》，《社会》2009 年第 6 期。

郭明：《游走在国家政策与农村社会之间：杜镇"大学生村官"的个案》，《青年研究》2012 年第 2 期。

韩长赋：《农业部部长韩长赋谈"十三五"农业大布局》，《吉林农业》2016 年第 4 期。

贺雪峰：《中国农民价值观的变迁及对乡村治理的影响——以辽宁大古村调查为例》，《学习与探索》2007 年第 5 期。

黄金辉、杨富坤、韩冬梅：《大学生村官计划运行现状与优化途径探析——基于中西部部分省市问卷调查的实证分析》，《社会科学研究》2012 年第 6 期。

黄琳、刘翠玉：《农民主体性发展的共同体陷阱》，《辽宁行政学院学报》2008 年第 7 期。

黄亚平、林小如：《欠发达山区县域新型城镇化动力机制探讨——以湖北省为例》，《城市规划学刊》2012 年第 4 期。

黄宗智：《明清以来的乡村社会经济变迁：历史、理论与现实》，法律出版社 2014 年版。

贾先文、黄正泉：《乡村社会结构演进中的农村社区公共产品供给机制变迁》，《学术交流》2009 年第 10 期。

江立华：《乡村文化的衰落与留守儿童的困境》，《江海学刊》2011 年第 4 期。

江苏省委组织部、江苏省委研究室课题组：《大学生"村官"工作长效机制探究——以江苏省为例》，《南京大学学报》（哲学·人文科学、社会科学版）2010 年第 3 期。

江涛：《乡村共同体的衰落——从赣南山区自然村庄的消亡看农村社区的变迁》，《广西民族大学学报》（哲学社会科学版）2007 年第 6 期。

姜新旺等：《苍坡古村落经济社会变迁研究》，中国社会科学出版社 2010 年版。

蒋鸣湄：《社会契约与国家法律在现代乡村社会中的实践方式——

对广西三江侗族自治县多元化纠纷解决机制的考察》，《广西民族研究》2009年第4期。

赖金良：《我们与他们：关于社区内部分隔的观察与思考》，《浙江社会科学》2010年第8期。

李国庆：《关于中国村落共同体的论战——以"戒能—平野论战"为核心》，《社会学研究》2005年第6期。

李佳：《乡土社会变局与乡村文化再生产》，《中国农村观察》2012年第4期。

李静、杨须爱：《交往与流动话语中的村落社会变迁》，中国社会科学出版社2008年版。

李强、张莹、陈振华：《就地城镇化模式研究》，《江苏行政学院学报》2016年第1期。

李永芳：《改革开放30年中国村落家族文化的嬗变》，《内蒙古社会科学》（汉文版）2009年第1期。

李勇华、黄允强：《新农村建设理事会：民主治村的重要制度创新——对赣州"新农村建设理事会"的调查与分析》，《中州学刊》2007年第1期。

李长江：《浙江现代农业型村落经济社会变迁研究》，中国社会科学出版社2007年版。

李祖佩：《混混、乡村组织与基层治理内卷化——乡村混混的力量表达及后果》，《青年研究》2011年第3期。

李祖佩：《项目进村与乡村治理重构——一项基于村庄本位的考察》，《中国农村观察》2013年第4期。

丽水统计局主编：《丽水统计年鉴》，中国统计出版社2016年版。

梁淮平、吴业苗：《村民自治制度安排与农村公共产品供给》，《云南行政学院学报》2007年第3期。

廖荣富：《山陬海隅客家歌——厦门客家古村落研究》，厦门大学出版社2009年版。

林小如、黄亚平、李海东：《中部欠发达山区县域城镇化的问题及其解决方略——以麻城市为例》，《城市问题》2014年第2期。

林毅夫：《制度、技术与中国农业发展》，上海三联书店1992年版，第 68 页。

刘华安:《村落社区权力结构变迁及其影响》,《理论与改革》2007年第 5 期。

刘杰:《乡村社会"空心化":成因、特质及社会风险——以 J 省延边朝鲜族自治州为例》,《人口学刊》2014 年第 3 期。

刘金海:《互助:中国农民合作的类型及历史传统》,《社会主义研究》2009 年第 4 期。

刘良群:《宗族与国家在"第三领域"的互动关系研究——以 XJ 县为实例》,《江西社会科学》2007 年第 6 期。

刘守英:《集体土地资本化与农村城镇化——北京市郑各庄村调查》,《北京大学学报》(哲学社会科学版) 2008 年第 6 期。

刘文慧、宋远军、颜勇、翁阳:《困境与出路:大学生村官的法律地位》,《中国农村观察》2010 年第 5 期。

刘正强:《"甩干"机制:中国乡村司法的运行逻辑》,《社会》2014 年第 5 期。

刘祖云、孔德斌:《乡村软治理:一个新的学术命题》,《华中师范大学学报》(人文社会科学版) 2013 年第 3 期。

龙花楼、邹健:《我国快速城镇化进程中的乡村转型发展》,《苏州大学学报》(哲学社会科学版) 2011 年第 4 期。

楼江、祝华军、蔡建秀:《城镇化快速推进地区村庄改造研究——基于上海市郊区的调查》,《农业经济问题》2010 年第 3 期。

卢芳霞:《论大学生村官之出路——基于浙江绍兴市的调研》,《中共浙江省委党校学报》2010 年第 2 期。

马宝成:《乡村治理结构与治理绩效研究》,《马克思主义与现实》2005 年第 2 期。

毛丹、彭兵:《市场推进、政府干预与农民行动——加拿大乡村的兴衰及启示》,《浙江大学学报》(人文社会科学版) 2010 年第 6 期。

毛丹、王萍:《英语学术界的乡村转型研究》,《社会学研究》2014 年第 1 期。

毛丹:《村落共同体的当代命运:四个观察维度》,《社会学研究》2010 年第 1 期。

牟成文：《关于破解市场化背景下村庄原子化难题的思考》，《当代世界与社会主义》2010年第5期。

聂邦军：《大学生村官创业的长效机制研究》，《中国青年研究》2011年第6期。

彭兵：《超越市场：中国乡村社区发展道路研究》，《丽水学院学报》2010年第4期。

彭大鹏、吴毅：《单向度的农村——对转型期乡村社会性质的一项探索》，湖北人民出版社2008年版。

邱梦华：《新农村视野下的文化建设与农民合作》，《调研世界》2009年第9期。

阮云星、张婧：《村民自治的内源性组织资源何以可能？——浙东"刘老会"个案的政治人类学研究》，《社会学研究》2009年第3期。

孙斐娟：《进入现代世界的农民文化命运与新农村建设中的农民文化认同再造》，《社会主义研究》2009年第6期。

孙敏：《欠发达地区承接产业转移的风险研究——基于宏观政治经济环境的视角》，《经济问题探索》2013年第10期。

覃主元等：《大石山区的祥和村落：广西布努瑶社会经济文化变迁》，民族出版社2007年版。

唐蜜、肖磊：《欠发达地区人口大县城镇化动力机制分析》，《农业经济问题》2014年第8期。

陶传进：《草根志愿组织与村民自治困境的破解：从村庄社会的双层结构中看问题》，《社会学研究》2007年第6期。

仝志辉：《派性的性质与农村组织重建的资源——湖村、路村、岭村三村比较》，《中国农村观察》2007年第4期。

王沣、张京祥、罗震东：《西部欠发达地区城镇化困局的特征与机制——基于宁夏南部山区调研的探讨》，《经济地理》2014年第9期。

王宏森等：《闽南沿海乡村的工业化与城镇化》，中国社会科学出版社2009年版。

王景新等：《溪口古村落经济社会变迁研究》，中国社会科学出版社2010年版。

王康康、祁进玉：《热贡地区土族"六月会"祭祀活动的仪式分析——以同仁县尕沙日村为个案》,《青海民族大学学报》(社会科学版) 2010 年第 4 期。

王露璐:《伦理视角下中国乡村社会变迁中的"礼"与"法"》,《中国社会科学》2015 年第 7 期。

王满四、黄言生:《欠发达地区承接产业转移的关键影响因素研究——以江西省赣州市为例》,《国际商务对外经济贸易大学学报》2012 年第 2 期。

王瑞妮:《大学生村官职业发展长效性解析》,《西北农林科技大学学报》(社会科学版) 2010 年第 5 期。

王守恩:《社会史视野中的民间信仰与传统乡村社会》,《史学理论研究》2009 年第 3 期。

王守恩:《诸神与众生——清代、民国山西太谷的民间信仰与乡村社会》,中国社会科学出版社 2009 年版。

王曙光:《村庄信任、关系共同体与农村民间金融演进——兼评胡必亮等著〈农村金融与村庄发展〉》,《中国农村观察》2007 年第 4 期。

王卫星:《美丽乡村建设:现状与对策》,《华中师范大学学报》(人文社会科学版) 2014 年第 1 期。

王逍:《走向市场:一个浙南畲族村落的经济变迁图像》,中国社会科学出版社 2010 年版。

王志刚、于永梅:《大学生村官的择业动机、满意度评价及长效发展机制研究》,《中国软科学》2010 年第 6 期。

温铁军、董筱丹:《村社理性:破解"三农"与"三治"困境的一个新视角》,《中共中央党校学报》2010 年第 4 期。

吴理财、夏国锋:《农民的文化生活:兴衰与重建——以安徽省为例》,《中国农村观察》2007 年第 2 期。

吴象:《中国农村改革实录》,浙江人民出版社 2001 年版。

吴燕霞:《村落公共空间与乡村文化建设——以福建省屏南县廊桥为例》,《中共福建省委党校学报》2016 年第 1 期。

吴业苗:《农村公共产品供给与"一事一议"制度安排》,《理论与改革》2007 年第 1 期。

吴志华编：《莲都区志·大事记》，http://www.liandu.gov.cn/lsld/kcsz/2009/6/t20100312_648770.htm，2010年。

项继权：《论我国农村社区的范围与边界》，《中共福建省委党校学报》2009年第7期。

肖唐镖：《村庄治理中的传统组织与民主建设——以宗族与村庄组织为例》，《学习与探索》2007年第3期。

肖唐镖：《近十年我国乡村治理的观察与反思》，《华中师范大学学报》（人文社会科学版）2014年第6期。

肖唐镖：《宗族在重建抑或瓦解——当前中国乡村地区的宗族重建状况分析》，《华中师范大学学报》（人文社会科学版）2011年第2期。

谢雨阳：《城镇化：西部经济可持续发展的引擎》，《西安财经学院学报》2016年第1期。

徐晓军：《内核—外围：传统乡土社会关系结构的变动——以鄂东乡村艾滋病人社会关系重构为例》，《社会学研究》2009年第1期。

徐勇：《"服务下乡"：国家对乡村社会的服务性渗透——兼论乡镇体制改革的走向》，《东南学术》2009年第1期。

徐勇：《阶级、集体、社区：国家对乡村的社会整合》，《社会科学战线》2012年第2期。

徐勇：《在社会主义新农村建设中推进农村社区建设》，《江汉论坛》2007年第4期。

许远旺：《社区重建中的基层治理转型——兼论中国农村社区建设的生成逻辑》，《人文杂志》2010年第4期。

杨华、王会：《重塑农村基层组织的治理责任——理解税费改革后乡村治理困境的一个框架》，《南京农业大学学报》（社会科学版）2011年第2期。

杨晓明：《农村老年人协会在本土语境下的诠释：一种制度主义的视角——基于粤东农村的一个个案研究》，《中国农村观察》2009年第6期。

姚东瑞：《大学生村官成长环境分析》，《中国青年研究》2010年第10期。

尹德志：《构建促进大学生村官创业的可持续发展机制》，《理论与改革》2011年第4期。

张家峰、张长江、吴俊:《工业化过程中的产业选择与环境关系研究》,《经济问题探索》2016年第4期。

张建华:《浅析新的历史时期下乡村关系》,《农业经济》2010年第5期。

张仁枫、王莹莹:《承接产业转移视角的区域协同创新机理分析——兼论欠发达地区跨越式发展的路径创新》,《科技进步与对策》2013年第7期。

张维贵:《论大学生村官与新农村建设》,《经济体制改革》2010年第1期。

张文军:《论建立大学生村官长效机制的政策导向》,《河北学刊》2012年第5期。

赵霞:《传统乡村文化的秩序危机与价值重建》,《中国农村观察》2011年第3期。

赵晓峰:《重读税费改革:国家、集体和农民关系的视角》,《人文杂志》2010年第3期。

赵旭东、辛允星:《权力离散与权威虚拟:中国乡村"整合政治"的困境》,《社会科学》2010年第6期。

郑明怀:《论大学生村官退出机制的障碍及改善》,《中国青年研究》2011年第6期。

郑强:《破解大学生"村官"流失困境的路径探析——以威海市大学生"村官"流失问题为个案》,《中国青年研究》2012年第9期。

郑庆杰:《飘移之间:大学生村官的身份建构与认同》,《青年研究》2010年第5期。

周常春、刘剑锋、石振杰:《贫困县农村治理"内卷化"与参与式扶贫关系研究——来自云南扶贫调查的实证》,《公共管理学报》2016年第1期。

周大鸣:《中国乡村都市化再研究:珠江三角洲的透视》,社会科学文献出版社2015年版。

周侃、樊杰:《中国欠发达地区资源环境承载力特征与影响因素——以宁夏西海固地区和云南怒江州为例》,《地理研究》2015年第

1期。

周岚、刘大威等：《2012江苏乡村调查》，商务印书馆2015年版。

朱华友、陈修颖、蔡东：《浙江省现代工业型村落经济社会变迁研究》，中国社会科学出版社2007年版。

朱凌飞：《裂变与统合——对一个普米族村庄社会过程60年变迁的人类学研究》，《中央民族大学学报》（哲学社会科学版）2010年第5期。

朱晓明：《一个皖南古村落的历史与现实》，同济大学出版社2010年版。

朱哲、周慧、李冰梅：《选聘大学生村官工作存在的问题及建议》，《学术交流》2010年第10期。

A. Etzioni, *New Communitarian Thinking*: *Persons*, *Virtues*, *Institutions and Communities*, Charlottesville: University Press of Virginia, 1995.

A. G. Walder, Local Governments as Industrial Firms: An Organizational Analysis of China's Transitional Economy, *American Journal of Sociology*, Vol. 101, No. 2, 1995.

A. G. Walder, Markets and Inequality in Transitional Economies: Toward Testable Theories, *American Journal of Sociology*, Vol. 101, No. 4, 1996.

A. L. Ahlers, Rural Policy Implementation in Contemporary China: New Socialist Countryside, London and New York: Routledge, 2014.

Á. Macken-Walsh, Operationalising Contemporary Rural Development: Socio-Cultural Determinants Arising from a Strong Local Fishing Culture, *Human Ecology*, Vol. 40, No. 2, 2012.

A. Olu Oyinlade, Reverse Migration and Nonmetropolitan Employment in four Great Plains States, 1970–1980, *Great Plains Research*, Vol. 13, No. 2, 2003.

A. Pallotti, Tanzania: Decentralising Power or Spreading Poverty?, *Review of African Political Economy*, Vol. 35, No. 116, 2008.

A. Y. So, Peasant Conflict and the Local Predatory State in the Chinese Countryside, *Journal of Peasant Studies*, Vol. 34, No. 3, 2007.

Alain de Janvry and Elisabeth Sadoulet, Agricultural Growth and Poverty Reduction: Additional Evidence, *The World Bank Research Observer*, Vol. 25, No. 1, 2010.

Amy K. Glasmeier and Tracey L. Farrigan, Poverty, Sustainability, and the Culture of Despair: Can Sustainable Development Strategies Support Poverty Alleviation in America's Most Environmentally Challenged Communities?, *Annals of the American Academy of Political and Social Science (Rethinking Sustainable Development)*, Vol. 590, 2003.

Anna Leon – Guerrero, *Social Problems: Community, Policy, and Social Action (3rd edition)*, Thousand Oaks: SAGE, 2010.

Anthony P. Cohen, Epilogue, in Vered Amit, ed., Realizing Community: Concepts, Social Relationships and Sentiments, London and New York: Routledge, 2002.

Anthony P. Cohen, *The Symbolic Construction of Community*, London and New York: Tavistock, 1985.

B. He, *Rural Democracy in China: The Role of Village Elections*, New York: Palgrave Macmillan, 2007.

B. Sudhir, Onion Prices and State Intervention, *Economic and Political Weekly*, Vol. 39, No. 33, 2004.

Barbara L. Allen, Justice as Measure of Nongovernmental Organization Success in Post–disaster Community Assistance, *Science, Technology, and Human Values (Special Issue: Entanglements of Science, Ethics, and Justice)*, Vol. 38, No. 2, 2013.

Barclay Gibbs Jones, Urban Support for Rural Development in Kenya, *Economic Geography*, Vol. 62, No. 3, 1986.

Benedict Anderson, *Imagined Communities: Reflections on the Origin and Spread of Nationalism*, London and New York: Verso, 1983/1991.

Brian Dill, Community-Based Organizations (CBOs) and Norms of Participation in Tanzania: Working against the Grain, *African Studies Review*, Vol. 53, No. 2, 2010.

Bruce R. Bolnick, Collective Goods Provision through Community Development, *Economic Development and Cultural Change*, Vol. 25, No. 1, 1976.

C. Bell and H. Newby, *Community Studies: an Introduction to the Sociology of the Local Community*, London: Allen Lane, 1971.

C. Chen, L. Chang and Y. M. Zhang, The Role of Foreign Direct Investment in China's Post – 1978 Economic Development, *World Development*, No. 23, 1995.

C. Hedberg, R. M. do Carmo, eds., *Translocal ruralism: Mobility and Connectivity in European Rural Spaces*, New York: Springer, 2011.

C. J. Chen, *Transforming Rural China: How Local Institutions Shape Property Rights in China*, London and New York: Routledge, 2004.

C. W. Howley, Remote Possibilities: Rural Children's Educational Aspirations, *Peabody Journal of Education*, Vol. 81, No. 2, 2006.

Caridad Araujo, Can Non-Agricultural Employment Reduce Rural Poverty? Evidence From Mexico, *Cuadernos de Economía*, Vol. 41, No. 124, 2004.

Carlyn E. Orians, Edward B. Liebow and Kristi M. Branch, Community-Based Organizations and HIV Prevention among Seattle's Inner-City Teens, *Urban Anthropology and Studies of Cultural Systems and World Economic Development (Applying Anthropology in the Inner City)*, Vol. 24, No. 1/2, 1995.

Catherine E. Ross, John R. Reynolds and Karlyn J. Geis, The Contingent Meaning of Neighborhood Stability for Residents' Psychological Well-Being, *American Sociological Review*, Vol. 65, No. 4, 2000.

Charles E. Marske, Durkheim's "Cult of the Individual" and the Moral Reconstitution of Society, *Sociological Theory*, Vol. 5, No. 1, 1987.

Charles Waldheim, Notes Toward a History of Agrarian Urbanism, in Linda Krause, ed., *Sustaining Cities: Urban Policies, Practices, and Perceptions*, New Brunswick: Rutgers University Press, 2013.

Claudia Radel, Women's Community-Based Organizations, Conservation Projects, and Effective Land Control in Southern Mexico, *Journal of Latin American Geography*, Vol. 4, No. 2, 2005.

Cristopher Adair-Toteff, Ferdinand Tonnies: Utopian Visionary, *Sociological Theory*, Vol. 13, No. 1, 1995.

D. Aredo, The Iddir: An Informal Insurance Arrangement in Ethiopia, *Savings and Development*, Vol. 34, No. 1, 2010.

D. Arghiros and J. Moller, Thai Rural Enterprise Development Strategies in the 1990s: A Critical Appraisal, *Sojourn: Journal of Social Issues in Southeast Asia*, Vol. 15, No. 2, 2000.

D. Bell, *Communitarianism and Its Critics*, Oxford: Oxford University Press, 1993; M. A. Glendon, *Rights Talk: The Impoverishment of Political Discourse*, New York: The Free Press, 1991.

D. C. Galvan, The Social Reproduction of Community – Based Development: Syncretism and Sustainability in a Senegalese Farmers' Association, *The Journal of Modern African Studies*, Vol. 45, No. 1, 2007.

D. Kelliher, *Peasant Power in China: The Era of Rural Reform*, 1979-1989, New Haven: Yale University Press, 1992.

D. R. Hall, Rural diversification in Albania, *GeoJournal*, Vol. 46, No. 3, 1998.

D. W. Gegeo and K. A. Watson-Gegeo, Whose Knowledge? Epistemological Collisions in Solomon Islands Community Development, *The Contemporary Pacific*, Vol. 14, No. 2, 2002.

D. Yang, *Calamity and Reform in China: State, Rural Society, and Institutional Change Since the Great Leap Famine*, Palo Alto: Stanford University Press, 1998.

D. Zweig, *Freeing China's Farmers Rural Restructuring the Reform Era*, Armonk, New York, London, England: M. E. Sharpe, 1997.

Daniel Chirot, Review, *The American Historical Review*, Vol. 104, No. 5, 1999.

David C. Korten, Community Organization and Rural Development: A Learning Process Approach, *Public Administration Review*, Vol. 40, No. 5, 1980.

David Clark, Neoliberalism and Public Service Reform: Canada in Comparative Perspective, Canadian Journal of Political Science, No. 4, 2002.

David Harvey, *Social Justice and the City*, London: Edward Arnold, 1973.

David Satterthwaite, Gordon McGranahan and Cecilia Tacoli, Urbanization and its Implications for Food and Farming, *Philosophical Transactions: Biological Sciences*, Vol. 365, No. 1554, 2010.

Dennis L. Poole and Gary Theilen, Community Planning and Organization in an Era of Retrenchment: Structural and Educational Approaches to Serving Human Need, *Journal of Social Work Education*, Vol. 21, No. 3, 1985.

Donald G. Reid, *Tourism, Globalization and Development: Responsible Tourism Planning*, London: Pluto Press, 2003.

Dympna Casey, Community Development in the Third World: Walking a Fine Line, *Development in Practice*, Vol. 9, No. 4, 1999.

E. Florence, P. Defraigne, eds., *Towards a New Development Paradigm in Twenty-First Century China: Economy, Society and Politics*, London and New York: Routledge, 2012.

E. Jeffreys, ed., *China's Governmentalities: Governing Change, Changing Government*, London and New York: Routledge, 2009.

Ed Collom, Motivations and Differential Participation in a Community Currency System: The Dynamics within a Local Social Movement Organization, *Sociological Forum*, Vol. 26, No. 1, 2011.

Edward G. Goetz and Mara Sidney, Community Development Corporations as Neighborhood Advocates: A Study of the Political Activism of Nonprofit Developers, *Applied Behavioral Science Review*, Vol. 3, No. 1, 1995.

Edward T. Walker and John D. McCarthy, Legitimacy, Strategy, and Resources in the Survival of Community-Based Organizations, *Social Problems*, Vol. 57, No. 3, 2010.

Elizabeth Lyttleton Sturz and Mary Taylor, Inventing and Reinventing Argus: What Makes One Community Organization Work, *Annals of the American*

Academy of Political and Social Science (*Policies to Prevent Crime: Neighborhood, Family, and Employment Strategies*), Vol. 494, 1987.

Embry M. Howell, The Role of Community-Based Organizations in Responding to the AIDS Epidemic: Examples from the HRSA Service Demonstrations, *Journal of Public Health Policy*, Vol. 12, No. 2, 1991.

Ernest W. Burgess, The Growth of the City: An Introduction to a Research Project [1925], in Jan Lin and Christopher Mele (eds.), *The Urban Sociology Reader*, London and New York: Routledge, 2005.

F. M. Baye and F. A. Amungwa, Training in Partnership for Development: The Case of Agricultural Family Schools in Rural Cameroon, *Pakistan Economic and Social Review*, Vol. 40, No. 1, 2002.

Ferdinand Tonnies, Community and Society [1887], in Jan Lin and Christopher Mele (eds.), *The Urban Sociology Reader*, London and New York: Routledge, 2005.

G. G. Huang, S. Weng, F. Zhang and M. P. Cohen, Outmigration among Rural High School Graduates: The Effect of Academic and Vocational Programs, *Educational Evaluation and Policy Analysis*, Vol. 19, No. 4, 1997.

G. Halseth and L. M. Ryser, The Deployment of Partnerships by the Voluntary Sector to Address Service Needs in Rural and Small Town Canada, *Voluntas: International Journal of Voluntary and Nonprofit Organizations*, Vol. 18, No. 3, 2007.

G. Smith, The hollow state: Rural governance in China, *The China Quarterly*, Vol. 203, 2010.

Gary Paul Green and Anna Lyn Haines, *Asset Building and Community Development* (3rd edition), Thousand Oaks: SAGE, 2011.

George Jr. Hillery, Definitions of Community: Areas of Agreement, *Rural Sociology*, Vol. 20, No. 4, 1955.

George M. Wilson, Review, *The American Historical Review*, Vol. 90, No. 4, 1985.

Gerald D. Suttles, *The Social Order of the Slum: Ethnicity and Territory in the Inner City*, Chicago: University Of Chicago Press, 1970.

Gerald D. Suttles, Urban Ethnography: Situational and Normative Accounts, *Annual Review of Sociology*, Vol. 2, No. 4, 1976.

Gerard Delanty, *Community*, London and New York: Routledge, 2003.

Glen Peterson, *Overseas Chinese in the People's Republic of China*, London and New York: Routledge, 2011.

Glenn V. Fuguitt and John D. Kasarda, Community Structure in Response to Population Growth and Decline: A Study in Ecological Organization, *American Sociological Review*, Vol. 46, No. 5, 1981.

Graham Day, *Community and Everyday Life*, London and New York: Routledge, 2006.

Grant T. Savage, Jeri W. Dunkin and David M. Ford, Responding To a Crisis: A Stakeholder Analysis of Community Health Organizations, *Journal of Health and Human Services Administration*, Vol. 26, No. 4, 2004.

Gunnar Almgren, Community, in Edgar F. Borgatta, ed., *Encyclopedia of Sociology*, New York: Macmillan Reference, 2000.

H. Fei, Peasant Life in China, London: Routledge, 1939.

H. Long, J. Zou, J. Pykett and Y. Li, Analysis of Rural Transformation Development in China since the Turn of the New Millennium, *Applied Geography*, Vol. 31, 2011.

H. Long, Y. Liu, X. Li, Y. Chen, Building New Countryside in China: A Geographical Perspective, *Land Use Policy*, Vol. 27, 2010.

H. Vandenburgh and J. Liu, Campesino Communities in North Peru: Local Consequences of Globalization, *The Global South*, Vol. 4, No. 1, 2010.

H. Fei, *From the Soil: the Foundations of Chinese Society*, Berkeley: University of California Press, 1992.

Herbert Gans, *Urban Villagers: Group and Class in the Life of Italian-Americans*, New York: The Free Press, 1982.

Howard Newby, Community, in Kenneth Thompson (ed.), *Key Quotations in Sociology*, London and New York: Routledge, 1996.

I. Vanslembrouck, G. V. Huylenbroeck, *Landscape Amenities: Economic*

Assessment of Agricultural Landscapes, Dordrecht: Springer, 2005.

Ira Silver, Strategically LegitimizingPhilanthropists' Identity Claims: Community Organizations as Key Players in the Making of Corporate Social Responsibility, *Sociological Perspectives*, Vol. 44, No. 2, 2001.

J. A. Dorn and X. Wang, eds. , *Economic Reform in China: Problems and Prospects*, Chicago: University of Chicago Press, 1990.

J. C. Oi, Fiscal Reform and the Economic Foundations of Local State Corporatism in China, *World Politics*, Vol. 45, No. 1, 1992.

J. C. Oi, *Rural China Takes Off: Institutional Foundations of Economic Reform*, Berkeley: University of California Press, 1999.

J. C. Oi, The Role of the Local State in China's Transitional Economy, *The China Quarterly*, Vol. 144, 1995.

J. Cox, Active Citizenship or Passive Clientelism? Accountability and Development in Solomon Islands, *Development in Practice*, Vol. 19, No. 8, 2009.

J. D. Barkan and F. Holmquist, Peasant–State Relations and the Social Base of Self-Help in Kenya, *World Politics*, Vol. 41, No. 3, 1989.

J. Eyferth, How not to Industrialize: Observation from a Village in Sichuan, *Journal of Peasant Studies*, Vol. 30, No. 3, 2003.

J. Huang, S. Rozelle, H. Wang, Fostering or Stripping Rural China: Modernizing Agriculture and Rural to Urban Capital Flows, *The Developing Economies*, Vol. XLIV, No. 1, 2006.

J. L. Bajaj and Rita Sharma, Improving Government Delivery Systems: Some Issues and Prospects, *Economic and Political Weekly*, Vol. 30, No. 21, 1995.

J. Unger, State and Peasants in Post-Revolutionary China (Review Article), *Journal of Peasant Studies*, Vol. 17, No. 1, 1989.

J. Unger, *The Transformation of Rural China*, Armonk: M. E. Sharpe, 2002.

J. Zhang, J. Giles, S. Rozelle, Does it Pay to be a Cadre? Estimating the Returns to Being a Local Official in Rural China, *Journal of Comparative*

Economics, Vol. 40, No. 3, 2012.

Jacob L. Weisdorf, From Domestic Manufacture to Industrial Revolution: Long-Run Growth and Agricultural Development, *Oxford Economic Papers*, Vol. 58, No. 2, 2006.

James DeFilippis, Susan Saegert, eds., *The Community Development Reader* (2nd edition), London and New York: Routledge, 2012.

Jehan Loza, Business - Community Partnerships: The Case for Community Organization Capacity Building, *Journal of Business Ethics*, Vol. 53, No. 3, 2004.

Joan Ablon, The Social Organization of an Urban Samoan Community, *Southwestern Journal of Anthropology*, Vol. 27, No. 1, 1971.

Joan Aldous, Emile Durkheim and Ferdinand Tonnies, An Exchange Between Durkheim and Tonnies on the Nature of Social Relations, with an Introduction by Joan Aldous, *The American Journal of Sociology*, Vol. 77, No. 6, 1972.

John B. Harms, Reason and Social Change in Durkheim's Thought: The Changing Relationship between Individuals and Society, *The Pacific Sociological Review*, Vol. 24, No. 4, 1981.

John Bennett and Elisabetta Iossa, Contracting out Public Service Provision to Not-for-profit Firms, *Oxford Economic Papers*, Vol. 62, No. 4, 2010.

John Dixon, Rhys Dogan and Alan Sanderson, Community and Communitarianism: A Philosophical Investigation, *Community Development Journal*, Vol. 40, No. 1, 2005.

Josefina Figueira-McDonough, Community Organization and the Underclass: Exploring New Practice Directions, *Social Service Review*, Vol. 69, No. 1, 1995.

Junko Mimaki, Yukiko Takeuchi and Rajib Shaw, The Role of Community-Based Organization in the Promotion of Disaster Preparedness at the Community Level: A Case Study of a Coastal Town in the Kochi Prefecture of the Shikoku Region, Japan, *Journal of Coastal Conservation*, Vol. 13, No. 4,

2009.

Jurgen von Mahs, *Down and Out in Los Angeles and Berlin: The Socio-spatial Exclusion of Homeless People*, Philadelphia: Temple University Press, 2013.

K. G. Vasquez, A Pluralist Alternative: Mexican Women, Migration, and Regional Development, *The American Journal of Economics and Sociology*, Vol. 70, No. 3, 2011.

K. J. James, From the Tax-for-Free Reform to the Abolition of Agricultural Taxes: The Impact on Township Governments in North-west China, *The China Quarterly*, Vol. 189, 2007.

Khun Eng Kuah-Pearce, *Rebuilding the Ancestral Vllage: Singaporeans in China*, Hong Kong: Hong Kong University Press, 2011.

L. C. Li, Working for the Peasants? Strategic Interactions and Unintended Consequences in the Chinese Rural Tax Reform, *The China Journal*, Vol. 57, 2007.

L. Li, Political Trust and Petitioning in the Chinese Countryside, *Comparative Politics*, Vol. 40, No. 2, 2008.

L. Wirth, Urbanism as a way of life, *American Journal of Sociology*, Vol. 44, No. 1, 1938.

Louis Wirth, Urbanism as a Way of Life, *The American Journal of Sociology*, Vol. 44, No. 1, 1938.

LouisWirth, The Sociology of Ferdinand Tonnies, *The American Journal of Sociology*, Vol. 32, No. 3, 1926.

M. Edin, Local State Corporatism and Private Business, *Journal of Peasant Studies*, Vol. 30, No. 3, 2003.

M. K. Whyte, *Myth of the Social Volcano: Perceptions of Inequality and Distributive Injustice in Contemporary China*, Stanford: Stanford University Press, 2010.

M. Su, *China's Rural Development Policy: Exploring the "New Socialist Countryside"*, Boulder: Lynne Rienner Publishers, 2009.

M. V. Bender, "For More and Better Water, Choose Pipes!" Building

Water and the Nation on Kilimanjaro, 1961 - 1985, *Journal of Southern African Studies*, Vol. 34, No. 4, 2008.

M. Walzer, *Spheres of Justice*, New York: Basic Books, 1983; D. Bell, *Communitarianism and Its Critics*, Oxford: Oxford University Press, 1993.

M. Yang, Reshaping Peasant Culture and Community: Rural Industrialization in a Chinese Village, *Modern China*, Vol. 20, No. 2, 1994.

M. Zhang, *China's Poor Regions: Rural-Urban Migration, Poverty, Economic Reform and Urbanisation*, London and New York: Routledge, 2003.

Malcolm Young, Review, *Man*, Vol. 23, No. 3, 1988.

Margaret E. Banyan, Wiring Organizations for Community Governance: Characteristics of High Organizational Citizenship, *Administrative Theory and Praxis*, Vol. 26, No. 3, 2004.

Marilyn Aronoff, Review, *Contemporary Sociology*, Vol. 13, No. 1, 1984.

Marvin E. Bailey, Community-Based Organizations and CDC as Partners in HIV Education and Prevention, *Public Health Reports* (1974-) (*CDC's HIV Public Information and Education Programs*), Vol. 106, No. 6, 1991.

Marvin M. Smith and Christy Chung Hevener, The Impact of Housing Rehabilitation on Local Neighborhoods: The Caseof Small Community Development Organizations, *The American Journal of Economics and Sociology*, Vol. 70, No. 1, 2011.

Mary L. Ohmer, Citizen Participation in Neighborhood Organizations and Its Relationship to Volunteers' Self- and Collective Efficacy and Sense of Community, *Social Work Research*, Vol. 31, No. 2, 2007.

Mina Silberberg, Balancing Autonomy and Dependence for Community and Nongovernmental Organizations, *Social Service Review*, Vol. 72, No. 1, 1998.

Miranda Joseph, *Against the Romance of Community*, Minneapolis: University of Minnesota Press, 2002.

N. Heerink, M. Kuiper, X. Shi, China's New Rural Income Support

Policy: Impacts on Grain Production and Rural Income Inequality, *China and World Economy*, Vol. 14, No. 6, 2006.

N. Motteux, T. Binns, E. Nel and K. Rowntree, Empowerment for Development: Taking Participatory Appraisal Further in Rural South Africa, *Development in Practice*, Vol. 9, No. 3, 1999.

Nicole P. Marwell, Privatizing the WelfareState: Nonprofit Community-Based Organizations as Political Actors, *American Sociological Review*, Vol. 69, No. 2, 2004.

Nicole P. Marwell, Privatizing the Welfare State: Nonprofit Community-Based Organizations as Political Actors, *American Sociological Review*, Vol. 69, No. 2, 2004.

O. T. Thakadu, K. T. Mangadi, F. E. Bernard and J. E. Mbaiwa, The Economic Contribution of Safari Hunting to Rural Livelihoods in the Okavango: The Case of Sankuyo Village, *Botswana Notes and Records*, Vol. 37, 2005.

P. C. Sanginga, R. Best, C. Chitsike, R. Delve, S. Kaaria and R. Kirkby, Linking Smallholder Farmers to Markets in East Africa: Empowering Mountain Communities to Identify Market Opportunities and Develop Rural Agroenterprises, *Mountain Research and Development*, Vol. 24, No. 4, 2004.

P. Duara, *Culture, Power, and the State: Rural North China*, 1900-1942, Palo Alto: Stanford University Press, 1991.

P. J. Carr, M. J. Kefalas, *Hollowing out the Middle: the Rural Brain Drain and what it Means for America*, Boston: Beacon Press, 2010.

P. K. Dash, T. Dash and P. K. Kara, The role of local institutions in sustainable watershed management: lessons from India, *Development in Practice*, Vol. 21, No. 2, 2011.

P. Nolan, Economic Reform, Poverty and Migration in China, *Economic and Political Weekly*, No. 28, 1993.

P. O. Adjei and P. O. Kyei, Linkages Between Income, Housing Quality and Disease Occurrence in Rural Ghana, *Journal of Housing and the Built Environment*, Vol. 28, No. 1, 2013.

Pamela Ransom and Donna Shelley, What Can Community Organizations Do for Tobacco Control?, *Journal of Health and Human Services Administration*, Vol. 29, No. 1, 2006.

Patricia Fredericksen and Rosanne London, Disconnect in the Hollow State: The Pivotal Role of Organizational Capacity in Community-Based Development Organizations, *Public Administration Review*, Vol. 60, No. 3, 2000.

Paul Born, *Community Conversations: Mobilizing the Ideas, Skills, and Passion of Community Organizations, Governments, Businesses, and People* (2nd edition), Leicester: BPS Books, 2012.

Peter Marris, Community Development, in Kuper, Adam and Jessica Kuper, eds., *The Social Science Encyclopedia*, London, Boston and Henley: Routledge and Kegan Paul, 1985.

Philip Martin, *Importing Poverty?: Immigration and the Changing Face of Rural America*, New Haven: Yale University Press, 2009.

R. A. Cramb, C. J. P. Colfer, W. Dressler, P. Laungaramsri, Q. T. Le, E. Mulyoutami, N. L. Peluso and R. L. Wadley, Swidden Transformations and Rural Livelihoods in Southeast Asia, *Human Ecology*, Vol. 37, No. 3, 2009.

R. A. Thaxton Jr., *Catastrophe and Contention in Rural China: Mao's Great Leap Forward Famine and the Origins of Righteous Resistance in Da Fo Village*, Cambridge: Cambridge University Press, 2008.

R. Blake, A. Nurse, eds., *The Trajectories of Rural Life: New Perspectives on Rural Canada.* Saskatchewan: Saskatchewan Institute of Public Policy Publications, 2003.

R. J. Reeder, Targeting State Aid to Distressed Rural Communities, *Publius*, Vol. 19, No. 2, 1989.

R. Keith Sawyer, Durkheim's Dilemma: Toward a Sociology of Emergence, *Sociological Theory*, Vol. 20, No. 2, 2002.

R. Luo, L. Zhang, J. Huang, S. Rozelle, Village Elections, Public Goods Investments and Pork Barrel Politics, Chinese-style, Journal of Development Studies, Vol. 46, No. 4, 2010.

R. N. Lekoko and M. V. D. Merwe, Beyond the Rhetoric of Empowerment: Speak the Language, Livethe Experience of the Rural Poor, *International Review of Education*, Vol. 52, No. 3/4, 2006.

Robert J. Chaskin, Perspectives on Neighborhood and Community: A Review of the Literature, *The Social Service Review*, Vol. 71, No. 4, 1997.

Robert Redfield, *Peasant Society and Culture*, Chicago: University of Chicago Press, 1956.

Rosario Rodríguez and Katherine L. Frohlich, The Role of Community Organizations in the Transformation of the Health Services Delivery System in the Montreal Metropolitan Area, *Canadian Journal of Public Health*, Vol. 90, No. 1, 1999.

Ruth C. Young and Olaf F. Larson, The Contribution of Voluntary Organizations to Community Structure, *American Journal of Sociology*, Vol. 71, No. 2, 1965.

S. Fan, J. Huang, X. Zhang, L. Zhang, Local Governance and Public Goods Provision in Rural China, *Journal of Public Economics*, Vol. 88, No. 12, 2004.

S. Fan, P. Hazell and S. K. Thorat, Impact of Public Expenditure on Poverty in Rural India, *Economic and Political Weekly*, Vol. 35, No. 40, 2000.

S. Kitano, *Space, Planning, and Rurality: Uneven Rural Development in Japan*, Victoria: Trafford Publishing, 2009.

S. Rogers, Betting on the Strong: Local Government Resource Allocation in China's Poverty Counties, *Journal of Rural Studies*, Vol. 36, 2014.

Sam Hillyard, *The Sociology of Rural Life*, Oxford and New York: Berg, 2007.

Sar A. Levitan, The Community Action Program: A Strategy to Fight Poverty, *Annals of the American Academy of Political and Social Science (Evaluating the War on Poverty)*, Vol. 385, 1969.

Sarah Elwood, Beyond Cooptation or Resistance: Urban Spatial Politics,

Community Organizations, and GIS-Based Spatial Narratives, *Annals of the Association of American Geographers*, Vol. 96, No. 2, 2006.

Satadal Dasgupta, Modernization and Rural Community Organization: Changing Community Structure on Prince Edward Island, *International Review of Modern Sociology*, Vol. 14, No. 2, 1984.

Saumya Chakrabarti, A Critique of Inclusive Growth: Problems of Modernization of Agriculture, *World Review of Political Economy*, Vol. 5, No. 3, 2014.

Scott Greer, *The Emerging City*, New York: Collier Macmillan, 1962.

Service Opare, Strengthening Community-Based Organizations for the Challenges of Rural Development, *Community Development Journal*, Vol. 42, No. 2, 2007.

Shana Bernstein, Interracial Activism in the Los Angeles Community Service Organization: Linking the World War II and Civil Rights Eras, *Pacific Historical Review*, Vol. 80, No. 2, 2011.

Simon Dalby and Fiona Mackenzie, Reconceptualizing Local Community: Environment, Identity and Threat, *Area*, Vol. 29, No. 2, 1997.

Stephen Vaisey, Structure, Culture, and Community: The Search for Belonging in 50 Urban Communes, *American Sociological Review*, Vol. 72, 2007.

Susan F. Bennett, Community Organizations and Crime, *Annals of the American Academy of Political and Social Science (Reactions to Crime and Violence)*, Vol. 539, 1995.

T. B. Wiens, Price Adjustment, the Responsibility System, and Agricultural Productivity, *The American Economic Review*, Vol. 73, No. 2, 1983.

T. Binns, Making Development Work in Africa: Enhancing Sustainability, *Geography*, Vol. 94, No. 2, 2009.

T. Miller, *China's Urban Billion: the Story Behind the Biggest Migration in Human History*, London: Zed Books, 2012.

Tanguy Bernard, Alain De Janvry and Elisabeth Sadoulet, When Does

Community Conservatism Constrain Village Organizations?, *Economic Development and Cultural Change*, Vol. 58, No. 4, 2010.

United Nations Bureau of Social Affairs, *Social Progress Through Community Development*, New York: United Nations Publication, 1955.

V. Nee and F. W. Young, Peasant Entrepreneurs in China's "Second Economy": An Institutional Analysis, *Economic Development and Cultural Change*, Vol. 39, No. 2, 1991.

V. Nee and R. Matthews, Market Transition and Societal Transformation in Reforming State Socialism, *Annual Review of Sociology*, Vol. 22, 1996.

V. Nee, A Theory of Market Transition: from Redistribution to Markets in State Socialism, *American Sociological Review*, Vol. 54, 1989.

V. Nee, Social Inequalities in Reforming State Socialism: Between Redistribution and Markets in China, *American Sociological Review*, Vol. 56, 1991.

Vered Amit, Reconceptualizing Community, in Vered Amit (ed.), *Realizing Community: Concepts, Social Relationships and Sentiments*, London and New York: Routledge, 2002.

Victor Azarya, Community, in Adam Kuper and Jessica Kuper, eds., *The Social Science Encyclopedia*, London, Boston and Henley: Routledge and Kegan Paul, 1985.

Victor García and Laura González, Labor Migration, Drug Trafficking Organizations, And Drug Use: Major Challenges For Transnational Communities in Mexico, *Urban Anthropology and Studies of Cultural Systems and World Economic Development (Transnational Mexican Migration)*, Vol. 38, No. 2/3/4, 2009.

W. A. Byrd, ed., *China's Rural Industry: Structure, Development, and Reform*, Oxford: Oxford University Press, 1990.

W. Richard Scott and Gerald F Davis, *Organizations and Organizing: Rational, Natural and Open Systems Perspectives*, Upper Saddle River: Pearson Education, 2006.

W. Sullivan, *Reconstructing Public Philosophy*, Berkeley: University of

California Press, 1986; M. Walzer, Liberalism and the Art of Separation, *Political Theory*, Vol. 12, 1984.

W. Xu, K. C. Tan, Impact of Reform and Economic Restructuring on Rural Systems in China: A Case Study of Yuhang, Zhejiang, *Journal of Rural Studies*, Vol. 18, No. 1, 2002.

Werner J. Cahnman, Toennies and Social Change, *Social Forces*, Vol. 47, No. 2, 1968.

Wesley G. Skogan, Community Organizations and Crime, *Crime and Justice*, Vol. 10, 1988.

William Alex Pridemore and Tony H. Grubesic, Community Organization Moderates the Effect of Alcohol Outlet Density on Violence, *The British Journal of Sociology*, Vol. 63, No. 4, 2012.

X. Guo, "It's All a Matter of Hats": Rural Urbanization in South-West China, *Journal of Peasant Studies*, Vol. 29, No. 1, 2001.

X. Li, Rethinking the Peasant Burden: Evidence from a Chinese Village, *Journal of Peasant Studies*, Vol. 30, No. 3, 2003.

X. Liu, *In One's Own Shadow: An Ethnographic Account of the Condition of Post - Reform Rural China*, Berkeley: University of California Press, 2000.

X. Lu, The Politics of Peasant Burden in Reform China, *Journal of Peasant Studies*, Vol. 25, No. 1, 1997.

X. Shen, Spatial Inequality of Rural Industrial Development in China, 1989-1994, Journal of Rural Studies, Vol. 15, No. 2, 1999.

Y. Cai, Local Governments and the Suppression of Popular Resistance in China, *The China Quarterly*, Vol. 193, 2008.

Y. Li, H. Long, Y. Liu, Spatio-Temporal Pattern of China's Rural Development: A Rurality Index Perspective, *Journal of Rural Studies*, Vol. 38, 2015.

Y. Zhao, China's Disappearing Countryside: TowardsSustainable Land Governance for the Poor, Aldershot: Ashgate Publishing Company, 2013.

Y. Zhong, *Political Culture and Participation in Rural China*, London and New York: Routledge, 2011.

Yi-Fu Tuan, Community, Society, and the Individual, *Geographical Review*, Vol. 92, No. 3, 2002.

Z. Hong, "Three disconnects" and China's rural election: A case study of Hailian Village, *Communist and Post-Communist Studies*, Vol. 39, 2006.

Zhou Yingying, Han Hua and Stevan Harrell, From Labour to Capital: Intra-Village Inequality in Rural China, 1988-2006, *The China Quarterly*, No. 195, 2008.